TIEDAO FAZHI YANJIU

铁道法治研究

（第1卷）

主　编◎曾明生

副主编◎曾立伟　樊　聪

中国政法大学出版社

2023·北京

图书在版编目（ＣＩＰ）数据

铁道法治研究. 第 1 卷/曾明生主编.—北京：中国政法大学出版社，2023.12
ISBN 978-7-5764-1290-1

Ⅰ.①铁… Ⅱ.①曾… Ⅲ.①铁路法—研究—中国 Ⅳ.①D922.296.4

中国国家版本馆 CIP 数据核字(2024)第 015349 号

出　版　者	中国政法大学出版社
地　　　址	北京市海淀区西土城路 25 号
邮寄地址	北京 100088 信箱 8034 分箱　邮编 100088
网　　　址	http://www.cuplpress.com (网络实名：中国政法大学出版社)
电　　　话	010-58908285(总编室) 58908433（编辑部）58908334(邮购部)
承　　　印	固安华明印业有限公司
开　　　本	720mm×960mm　1/16
印　　　张	15
字　　　数	245 千字
版　　　次	2023 年 12 月第 1 版
印　　　次	2023 年 12 月第 1 次印刷
定　　　价	69.00 元

论铁道法治学者的使命

　　"铁道法治"这一概念，当前在我国法学界尚不甚通用。依我愚见，铁道法治是广义的铁路法治，是涉及地上铁道（包括空中铁道）和地下铁道的法治。铁道法治是由"铁道"（广义的铁路）和"法治"结合而生的有关铁路法治建设的有机系统。它也是指涉及铁道（铁路）的法治理论及其相关实践。而且，铁道法治，是采用相对完善的法律制度，运用规范有效的施治手段，调控和推动铁路建设、铁路运输、铁路监管领域法秩序的高效且良性运作之治。[1]铁道法治，作为法治实践活动中的重要组成部分，并不是处于我们法律生活的边缘，恰恰相反，而是通常处于人民群众的日常生活之中……譬如，"县县通铁路"，正逐渐变为现实。[2]铁路车站安检、列车上霸座行为、铁路沿线环境整治等问题，已逐渐进入边远小城甚至农村村民的日常谈资之中。大城市铁路交通大动脉源源不断的人流、物流及其相关问题的涌入更是"家常便饭"。

　　但是，通常认为，有关铁路的法治理论研究，处于法学研究的边缘领域，正所谓"作为铁道学与法治学的边缘学科的'铁道法治学'""……是这样的……新兴边缘学科"。[3]即使我国铁路法的研究至今也少有法学学者长期涉足并以之为志业（而是散兵游勇居多）。其实，当今高铁已是我国一张亮丽的

---

　　[1]　参见曾明生主编：《铁道法治学导论》，中国政法大学出版社2022年版，第7页。

　　[2]　根据2016年《中长期铁路网规划》，到2030年，将基本实现内外互联互通、区际多路畅通、省会高铁连通、地市快速通达和县域基本覆盖。参见曾明生主编：《铁道法治学导论》，中国政法大学出版社2022年版，第135~136页。

　　[3]　参见曾明生主编：《铁道法治学导论》，中国政法大学出版社2022年版，序第1页。

名片,[1]我国于 2008 年就已进入飞速发展的高铁时代。当前我国已拥有世界上最庞大的铁路网和运输体系。铁路交通四通八达,"八纵八横"高速铁路网将在 2030 年完成,截至 2020 年 9 月 30 日的统计,其网络主骨架就已搭建七成。[2]另据 2020 年 8 月 13 日央视新闻报道,我国铁路运营总里程居世界第二,其中高铁运营里程居世界第一。在运输经营上,我国铁路一些主要运输经济指标持续保持世界领先,其中,旅客周转量、货运量、货物周转量、换算周转量、运输密度等指数多年稳居世界第一。[3]然而,其相关的法治研究却严重滞后于高铁技术及其运用的发展,严重滞后于铁路交通新问题新挑战的产生……那么,法学和法律如何为其世界顶级的安全、便捷、舒适和文明保驾护航呢?这是目前令我们法律学人(特别是铁道法治学者)汗颜之事……铁道法治学者必须奋起直追,应加足马力,当与之并驾齐驱,应力求在铁道法治研究上稳步走在世界前列……[4]

我们应当"竭力倡导与建构一种以现实社会关心与终极人文关怀为底蕴的、以促进学科建设与学术成长为目标的、一体化的"[5]铁道法治学研究模式。

《铁道法治研究》虽孕育于 2021 年春天,但却历经两个春秋,终于结出果实,即将在 2023 年秋季诞生于世。这是一个平凡而又不平常的季节……历经疫情的反复考验,在经费严重短缺、优质稿源不足、物欲横流和人心浮躁、人员变动比较频繁的时期,需要默默耕耘,需要默默坚守……

本论丛为铁道法治研究提供了一个理论阵地。它将为那些达到相当学术水准且有独立见解的长篇论文(篇幅可达 5 万字)提供发表的机会。我们深

---

[1] 参见訾谦:《高铁,新时代亮丽的"中国名片"》,载《光明日报》2018 年 12 月 18 日,第 14 版。
[2] 参见矫阳:《创新引领 中国高铁"八纵八横"已建七成》,载《科技日报》2020 年 9 月 30 日,第 3 版。
[3] 参见曾明生主编:《铁道法治学导论》,中国政法大学出版社 2022 年版,第 132 页。
[4] 我们认为,可以在《铁道法治学导论》一书的基础上,公开出版与其配套的《铁道法治研究》系列集刊,为铁道法治学学科发展不断地输送知识养分,使之理论发展完善;与此同时,公开出版《铁道法治学配套案例教程》,如此形成"三套飞奔的(千里马)马车",推进铁道法治学理论和学科的阔步前进!
[5] 参见陈兴良主编:《刑事法评论》(第 1 卷),中国政法大学出版社 1997 年版,卷首语。

信，《铁道法治研究》必将为推动和繁荣我国铁道法治理论研究和铁道法治学科发展做出独特的贡献。

本卷作为《铁道法治研究》的创始卷，在内容上为配合笔者主编的《铁道法治学导论》（中国政法大学出版社 2022 年版）一书的发展与完善，我们安排了三大法治专题，名曰"铁路民商经济法治""铁路行政法治""铁路刑事法治"。考虑到必须探究和发展其基础理论，因此在"三大法治专题"之前，特设"铁道法治基础理论"专栏。其中转载了曾立伟博士研究生与我合作的拙文《论铁路法治的两大基本原则》（该文对原文略作了修改）。"吃水不忘挖井人"，在本卷开头还转载了两篇特稿，以深刻表达我们研究院对两位高级顾问专家学者的大力支持和帮扶的特别的敬意。

在"铁路民商经济法治"栏目中，献给读者的是两篇论文。其中一篇是由我国著名铁路法学家张长青教授和其弟子房昀玮合作撰写的《论铁路旅客运输合同的特征、成立与责任期间》一文。该文对铁路旅客运输合同的特征、成立及其责任期间作了比较细致的探讨，并对未来铁路立法完善提出若干颇有启发意义的建议。关宁宁博士撰写的《国际多式联运中统一运单法律适用对策研究》一文，以依法保障后疫情时期中欧班列运行效率为研究视角，对其相关问题展开了若干有益的讨论。

在"铁路行政法治"栏目中，只有一篇论文。该文是由研究生王睿与我合作撰写的拙文《铁路发展规划变更的法治化探讨》。其中从铁路发展规划变更的界定、法律问题、原因及其对策等方面展开了初步探究。

在"铁路刑事法治"栏目中，献给读者的是一篇学术论文和一篇调研论文。其中转载了刑法学博导熊永明教授撰写的《铁路刑事法律责任问题研究》一文。该文从《中华人民共和国铁路法》刑事罚则设置原则、刑事罚则模式、伪造变造倒卖车票问题等三方面展开比较细致的研讨，对铁路立法和铁路司法提出了若干有益的建议。另一篇是由南昌铁路运输中级人民法院课题组撰写的《扫黑除恶常态化对铁路货运营商环境优化研究》的调研论文。其中以中国铁路南昌局集团有限公司车务站段 136 家货场为样本展开实证研究。尽管其研究方法仍有所缺憾，但其中比较务实的调研和案例材料仍可能给读者带来有益的启发。

另外，还在其后安排"铁道防灾减灾专题探究""调研报告"等栏目。将来亦可根据需要增设"域外视野""典型案例评析""书评"等栏目，以促进铁道法治理论研究和学科建设的更好发展。

在"铁道防灾减灾专题探究"栏目中，入选了两篇论文。其中一篇是由研究生孙栋与我合作撰写的拙文《地铁火灾事故防范问题研究》。其中从地铁火灾事故的现象、类型特点、原因以及对策几方面进行初步系统化的探讨，文中也提出若干建议。另一篇是研究生张雯钰和我合作撰写的拙文《铁路交通事故应急救援和调查处理法律适用问题实证研究》。其中对我国铁路交通事故应急救援和调查处理的法律适用问题进行实证分析，对其原因及对策也展开了初步的研讨。

在"调研报告"栏目中，我们安排了联合课题组合作撰写的《关于南昌铁路运输两级法院赴赣州、厦门、福州调研的研究报告》。其中调研组采取视察走访、数据分析、座谈交流等形式开展调查研究，发现和查找其工作中的差距和不足。其中对各地工作现状、调研发现的主要问题以及完善工作的对策和建议展开探讨，对有关单位部门改进工作可能会有一定的启示。

正如大诗人杜甫云："随风潜入夜，润物细无声。"还有，想象那西藏的酥油茶，想象《天路》那激动人心的旋律："清晨我站在青青的牧场/看到神鹰披着那霞光……那是一条神奇的天路/把人间的温暖送到边疆……幸福的歌声传遍四方……"但愿《铁道法治研究》能够成为如同陈兴良先生主编的《刑事法评论》那样的学术园圃，在其中，"我们可以保持漂泊的安宁"；在其中，"耕者有其田，收获待其时"；在其中，记录思想之点滴，见证时代之发展，驱动铁道法治学学科奋勇向前！

曾明生[*]

谨识于南昌梅岭山麓寓所

2023 年 6 月 30 日

---

[*] 华东交通大学铁路法治研究院常务副院长、教授，法学博士，硕士生导师。研究方向：刑事法学和交通法治。

CONTENTS

【铁道防灾减灾专题探究】

【调研报告】

【《铁道法治研究》征稿启事】

■【特稿】

铁道法治理论体系的垦荒之作

——《铁道法治学导论》序[*]

屈学武[**]

曾明生教授携其同仁、研究生共同完成的垦荒之作——《铁道法治学导论》行将付梓，邀我做序。实实在在地说，对"法治学"这一新兴学科，我研之甚少；对铁道学更是彻头彻尾的门外汉。进而，对作为铁道学与法治学的边缘学科的"铁道法治学"，我其实并无多少发言权。然而，明生是我的法学硕士开门弟子，时至今日，他早已成长为一方知名教授了。既然今日之他仍然至希获得当年导师的支持，我便欣然决定勉力序之。

正如明生在"绪言"中所说，本书原题名为《铁路法治研究——铁路法治学引论》。而我一向主张，除非特别必需，否则不必为有关著述添加副标题。因为两标题易致重复啰嗦，冲淡了主题不说，还会令主题失却其一针见血性；此外，简明扼要的标题也"上口好记"，容易令读者印象深刻。当然，我也明白，之前明生之所以没有直接将本书命题为《铁路法治学引论》，或许是心生"低调"出书以更加"名正言顺"的顾虑。

但在我看来，既要在荆天棘地的荒原中开垦出一片熟地，总需要承前与启后者等诸多学人的多代接力，方才可望最终耕耘出青葱沃原。而华东交通大学铁路法治研究院作为交通运输与法学的交叉研究机构，首挑此一拓荒重担，实在责无旁贷。而况，当今中国，全面推进法治中国，建设法治强国，

[*] 原载曾明生主编：《铁道法治学导论》，中国政法大学出版社 2022 年版，第 1~6 页。

[**] 中国社会科学院法学研究所研究员、博士生导师，华东交通大学铁路法治研究院高级顾问。

已经成为实现中华民族伟大复兴的中国梦的核心战略要素。惟其如此，早在 2017 年 5 月 3 日，习近平总书记在考察中国政法大学时，就曾一针见血地指出，我国目前的法学教育和研究的主要问题正在于"学科结构不尽合理，法学学科体系、课程体系不尽完善，社会急需的新兴学科开设不足，法学学科和其他学科交叉融合还不够"。为解决这一问题，2019 年 10 月，中国法学会会长王晨也提出了加强"法治学"等新兴学科建设的明确口号。

实际上，我们也知道，新兴学科的构建，并不仅仅基于领袖或领导者们的指示或号召。恰恰相反，习近平总书记和王晨会长等之所以会提出创建新兴学科、交叉学科的口号，实乃顺应扶摇直上的时代跃迁与急遽发展的社会需要之举。质言之，社会不仅仅是法律的真正塑模者，还是法学的真正塑模者。就此意义看，作为工程技术学与社会科学的边缘学科的铁道法治学，不仅是传统法学针对现代社会日新月异的时代诉求的积极回应；而且是对现代"法治学"分支学科的创新构建。

据考证，中国的第一部《铁道学》，于 1948 年龙门联合书局出版，作者是倪超。全书共 10 章，包括交通概论、定线、土工、隧道工程、桥梁与涵洞、轨道建筑、轨道联接及交叉、车站设计、保安设备、铁路管理等。显而易见的是，这部《铁道学》主要述论的是铁路工程建设，虽然也涵括了"铁路管理"的内容，但总体看，该书在性质上仍属工程技术学类著述。

而从中文角度看，铁道与铁路，可谓同义词。若说有何不同，也只在前者比后者可能更书面化一些而已。但据我所知，国内的大专院校，包括技校，设铁道专业者，大多偏重研习"铁路建设"；设铁路专业者，则偏重研习铁路的"运行与管理"。就此意义看，铁道与铁路，似乎略有不同。

但本书之所以宜更名为《铁道法治学导论》，主要缘由在于：其一，本书研讨的内容不仅关涉到铁路运行管理，也关联到了铁路建设管理。就此意义看，对本书的铁道、铁路，宜做同义且广义的理解，即本书论及的铁道、铁路，均包摄铁路建设管理与铁路运行管理等多方面。其二，以更书面化、而非口语化的语词概定书名，多少有助于强化作品之书卷气。其三，"研究"类著述，主要是针对特定课题所做的专项研究；本书却是按总论、分论之篇、章、节、目的学科体例结构，就关涉"铁道法治学"的集成课题所做的体系性探究，虽然仅属起步性初探，仍不失为一部导引学人们就此迈入"铁道法治"学域之轨的抛砖引玉之作。故而，在我看来，直接以《铁道法治学导论》命名本书，不仅是对本书内容与形式的总体肯定；也是对参与编著本书的全体编者、作者的学术气魄的嘉许与首肯；还是对未来有志参与此项学科探究的启后学者的无声鼓动与呼唤。故而，"高调"一点也罢……

许是我的"凡此种种"，令明生打消了顾虑，他最终决定接受我的建议，将本书更名为《铁道法治学导论》了。

然而，书名作为著述的外在形式固然重要，但较之"形式"更为关键的究竟还是作品的"内容"。而论及本书的内容，似有必要先从法治、法治学谈起。先从字面上看，法治与法制，可谓一动一静。与"法治"相比，"法制"犹如一幅壁画——无论画作多么优美生动，也无论画工如何涂抹调适，此画自始至终是静态的、平面的，犹如社会生活的横向剖面。"法治"则不然，"法治"是纵向的、动态的、历史的；是腾挪动跃、起伏不平的社会运行治理过程体。因而，若称"法制"为二维面的话，"法治"则是含空间、时间元素及人为"能动"要素的多维体。

论及法治，古希腊哲学领袖亚里士多德，可谓世上系统证立"法治"思想的第一人。亚里士多德在其《政治学》一书中指出，"法治应包含两重意义：已成立的法律获得普遍的服从，而大家所服从的法律又应该是本身制定得良好的法律。"[1]由此可见，在亚里士多德的视界里，"法治"起码涵括两大要素，即法律的权威性与良善性。法律的权威性表现为法律至上、法治优于人治；法律的良善性则强调立法主体的正当性、立法目的的正当性，同时强调"法"应当具有"善"的品格，即"法治之法应以善为其终极追求"。

今天，有国内学者在承继与借鉴亚里士多德法治思想的基础上，提出了当今的"法治"精神，实乃"良法善治"。[2]然而，何谓"法治之法"应予

---

[1] 参见［古希腊］亚里士多德：《政治学》，吴寿彭译，商务印书馆1965年版，第199页。

[2] 参见杨宗科：《论法治学的创建及其学科范围》，载《法律科学（西北政法大学学报）》2020年第5期，第66页。

终极追求的"善"？应当说，不同历史阶段、不同国家的人各有其不同的内涵释定。我的理解是，从终极意义看，"法治"应予终极追求的"善"，便是"以人为本"的法治根本目标。"以人为本"就是要以"人"为"根本"。即：与国家、社会乃至法治本身相比，人才是最根本的、是第一位的。因为，我们绝非为国家而设置国家、也不是为社会而建立社会。人类之所以要设置国家、构建社会并订立法律制度，只是为了令所有人之为"人"者，能在国家保护伞的荫庇与协调下获得最大限度的自由与福荫；能获得最大限度的人性张扬及人生价值的实现，等等。有鉴于此，无论是良法还是善治，乃至整个法治学，都应遵循"以人为本"这一终极目标而设置有关研究宗旨、研究范畴与对象、任务，等等。

再回到铁道法治学上来看。众所周知，改革开放以来，无论是铁道建设，还是铁路运行，已经成为我国国民经济生活、政治生活、家庭生活的重要组成部分。据悉，截至 2020 年 12 月，中国铁路营业里程已达 14.6 万公里，其中高铁达 3.8 万公里，居全世界第一。2020 年 8 月，中国国家铁路集团有限公司出台了《新时代交通强国铁路先行规划纲要》。纲要明确，到 2035 年，全国铁路网运营里程将达到 20 万公里左右，其中高铁 7 万公里左右。由此可见，运行中的铁路环境，俨然已成特殊的"移动公共走廊"。毫不夸张地说，在中国大地上，每天均有数千万名高铁及普通班列上的乘客、包括工作在列车上的铁路员工们，生活、工作在此特定的"移动小社区"之中。漫道我国现在还开通了多条通往国外的国际班列，如中俄、中越、中朝、中蒙、中哈、中欧班列，等等。故而，窃以为，铁道法治学的研究任务乃在：如何在此建设或行进的移动环境之中，实现最大限度的良法善治？从而令整个铁道社会环境步入"法治铁道"并促进"以人为本"的终极目标的最终实现。

实践表明，良法善治的最大课题乃在"良法"的制订与完善、良法的施行人员素质、施行保障、施行监督等。[1]而"稳定性"乃法律的基本品格，可稳定性的"副产品"又同时带来了"滞后性"的负效应。故而囿于"稳定

---

〔1〕 参见杨宗科：《论法治学的创建及其学科范围》，载《法律科学（西北政法大学学报）》2020 年第 5 期，第 69~70 页。

性"的局限,"良法"的颁行实效乃至修订时间、尺度等,均会产生难以把控的问题。以突飞猛进的我国多条高铁的同时开通及车内法秩序的维系与稳定举例,便可见一斑。

2018 年 8 月 21 日,在从济南开往北京的 G334 次列车上。当事男子孙某在某女乘客上车前,先行霸占了该女乘客的座位。女乘客上车后,孙某继续"霸座",并拒绝了列车长、乘警的再三劝说,称自己"无法起身,不能归还座位"。乘务人员只好把女乘客安排到商务车厢去就座。此事件后,孙某自己只是以一纸"道歉信"了却此事。第三天,即 2018 年 8 月 23 日,济南铁路局方面尚称"涉事男乘客的行为属于道德问题,不构成违法行为"。次日,在民意汹汹的压力之下,时至 8 月 24 日,中国铁路济南局集团公司方才表示,孙某的行为已构成治安行政违法,被处以治安罚款 200 元,并在一定期限内限制其购票乘坐火车。

此一高铁霸座事件之后,尽管全国各地的官媒、自媒均异口同声地口诛笔伐此类车霸行为,不少行为人还被科以治安行政处罚。然而,诸如此类的车霸行为似乎并未受到有效遏阻,继后,多条高铁上仍然不时爆出各色"车霸"行为。诸此种种,不免令人反思:看来,绳禁铁路车霸的我国有关铁路法治确有程度不一的"滞后性"、"低效性",才会导致高铁上的车霸如此横行霸道、禁而不绝。此外,除立法完善外,在此禁而不绝的"移动小社区"中,作为执法者的列车警务人员,今后能否综合采取其他法外补救措施?诸此种种,看来均属铁道法治应当逐一探究的法治践行课题之一。

然而,诸此个案,其实只是凸显出铁路法治的表象问题,就深层次意义看,铁道法治学研究的本质,应为如何发掘出在此"移动走廊"实现良法善治的基本规律、施治方略与技术手段等。然而,社会规律的探寻,不仅需要卷帙浩繁的理论研究打基础,还须巨量的实证调研结果的归纳与演绎;更须经年累月的经验积累与知识积淀,以升华出可资抽象出"规律"的理论来。可见,如此浩繁且长期的工作,绝非一两辈人的付出与努力便可完成。

惟其如此,我们无比欣慰地看到,呈现在读者面前的、尚处于补白新作的本书,虽有其青涩和遗缺的一面,但仍可称其乃为"铁道法治学"的学科建设,做出了引领性贡献的力作。归总起来看，全书的主要亮点如下：（1）作为一门学科，本书开设并论述了较为完整、规范的铁道法治学研究的基本范畴。各不同范畴之间，也有一定有机联系，全书因而被融会贯通为"一体"。（2）本书融入了一定的铁路建设、铁路运行、铁路监管"场景"来说法论范。而诸此空间、时间与人的能动、被动、互动作用及反作用的融入，令本书的多维"法治"性更强，使其更具"铁道法治"的表现张力与论证功力。（3）从知识体系上看，本书既非单纯的法理学，也非单纯的民法、商法、刑法等部门法学，甚至并非单纯的法学，而是综合了法理学、部门实体法学、部门程序法学、犯罪学、政策学、治理学、法哲学、铁道学等有关学科知识的集成研究成果。（4）分论篇中的每一章，作者均增加了典型案例的摘引、解剖与分析，从而达到了"以法治论法治"的效果。（5）最后，作者还以附录的形式，展示了若干有关铁路法治建设的调研报告，进而，为中国的铁道法治如何走向良法善治，蹚出了一条不妨长年跟踪的实证调研之路。

当然，如前所述，本书难免存在若干缺憾。主要表现在：第一，虽然本书的铁路"场景性"较强，但总体看，本书仍存在"重制轻治"，即重法制、轻法治研究的状况。从理论上讲，铁道法治学中，铁道"法制"只是研究的出发点，"法治"才是研究的归宿点。故而，研究的重点，理当向"法治"倾斜。否则，法治学将无异于一般法学。本书对法治研究的不足主要表现在，首先，良法善治须有"良法"，故而如何废弃"滞后法"、完善"低效法"十分重要。然本书中，对铁路"法制"的述论较多；分论篇中的各章节，虽然均设有专门的"目"来探究立法、司法、执法"完善"问题，但立论较多，证论较少，个别章节对立法完善问题之证立可谓"浅尝辄止"。第二，对有关法治问题做类型化梳理、反思不够。良法还需要善治。如何实现善治？在中国的"移动公共走廊"中，如何以契合公平正义原则且高效的铁路法治来治理铁路公共环境？进而，在维系"移动小社区"法秩序的过程中，究竟发生了哪些可类型化为"法治"问题的弊况？针对诸此弊象，有何解困良策？该对策于"铁道法治"而言，又有何勘值抽象为"一般法则"的正价值？诸此种种，本书系统述评不够。

　　话虽如此，如前所述，法治学不仅是新兴学科，它本身还属法学与治理学的交叉学科；而铁道学恐怕也可谓工程学与技术学的交叉学科。而当今与日俱进的社会跃迁，更是致使各类学科既不断整合、分化，又在此过程中不断衍生出更多的融合性学科、分支性学科直至交叉学科。铁道法治学便是这样的多重融合、分化、再融合、再分化而出的新兴边缘学科，其攻坚难度可想而知。惟其如此，对华东交通大学铁路法治研究院的学人们竟有如此筚路蓝缕、以启山林的学术勇气，我们不禁肃然起敬。为此，我们有理由相信：今日他等之抛砖、必将引来他日琳琅满目之美玉。

　　是为序。

屈学武*

谨识于北京和平里寓所

2021 年 11 月 29 日

---

　　* 中国社会科学院法学研究所研究员、博士生导师，华东交通大学铁路法治研究院高级顾问。

高铁安全防护立法理念、原则及相关问题的思考*

王岳森**

我国高速铁路发展迅猛，到目前为止营业里程已达 3.8 万公里，超过中国之外世界上所有国家高铁营业里程的总和。[1]因舒适、快捷，高铁已成民众出行的重要选择。在如此超长里程和高强度运营的情况下，确保高铁安全是一项高难课题，需要从技术到管理等以多重手段加以保证。本人主持承担了国家铁路局《高速铁路安全防护条例立法准备及相关重点问题研究》的课题。通过深入调研，深感高铁安全防护立法十分必要，同时对立法过程中的相关问题有些不成熟的粗浅认识和思考。

一、提高政治站位，以习近平法治思想和立法理念指导高铁安全防护立法

高铁建设和运营，事关人民群众生命和财产安全，必须要从讲政治的高度认识、把握和处理这类涉及面广、对社会影响大的敏感问题。具体到高铁安全防护立法，更要以习近平法治思想为指导，从立法理念的层面厘清和把控几个重要问题。

一是要把以人民为中心的立法思想贯穿到高铁安全立法及未来条例出台后执法落实的全过程。高铁安全立法的价值追求是保障人民群众的生命和财

---

* 原载曾明生主编：《铁道法治学导论》，中国政法大学出版社 2022 年版，第 557~561 页。

** 原石家庄铁道大学党委书记、校长，博士生导师，河北省法学会交通法学研究会会长，华东交通大学铁路法治研究院高级顾问。

〔1〕 参见《国务院新闻办就〈中国交通的可持续发展〉白皮书有关情况举行发布会》，载 https://www.gov.cn/xinwen/2020-12/23/content_5572784.htm，最后访问日期：2021 年 10 月 20 日。

产安全。因此，应在建议稿总纲中明确人民至上、生命至上，把保护人民生命安全摆在首位。同时在紧急救援、事故处理等具体条款中，应突出先救人等关键性内容，防止出现过往网络上对铁路部门事故处理中优先救人还是优先保通车的议论。生命至上的理念，应在紧急救援先后次序的设置、救援重点的安排和事故等级的认定中明白无误地显示出来，尽量减少理解上的差异和未来落实执行中的不当行为。

二是要增加坚持党的领导的内容。在我国，法是党的主张和人民意愿的统一体现。从执行落实层面上看，安全工作对铁路系统、地方政府、相关单位都是十分重要的工作，是一把手工程。任何单位的党组织都必须把安全工作置于十分重要的位置，要一把手亲自抓。从各类组织的实际情况看，一把手都是党委（党组）书记。因此，增加这方面的内容与现实工作体系和工作摆布亦是一致的。另外，2021 年 6 月通过的《全国人民代表大会常务委员会关于修改〈中华人民共和国安全生产法〉的决定》中，亦增加了"坚持中国共产党的领导"等内容。[1]

三是关于条例名称中"防护"和"治理"争议的问题。课题组在讨论过程中，有的同志提出将名称改为"高速铁路安全治理条例"，认为这样与已有的《高速铁路安全防护管理办法》相一致，且符合党中央关于治理体系和治理能力现代化的要求。但本人和部分同志认为，还是回归到国家铁路局原拟的名称"高速铁路安全防护条例"为好。因这涉及如何坚持以人民为中心的立法理念等关键问题，同时也影响到法的实施主体及效率问题。法是人民意愿的体现。法的执行和落实需要全体民众的共同参与，不是少数人的治理就能达成目标，现行《中华人民共和国铁路法》（以下简称《铁路法》）中亦有"公民有爱护铁路设施的义务"等条款，用"防护"亦是突出了人民在高速铁路共建共治共享中的地位。同时，高铁安全需要广泛的"社会监督""公民监督"，对不良行为的举报都需要民众行动起来。国内外的实践证明，短期安

---

〔1〕 参见《全国人民代表大会常务委员会关于修改〈中华人民共和国安全生产法〉的决定》，载《人民日报》2021 年 6 月 11 日，第 19 版。

全靠措施，长期安全靠管理和文化，[1]而安全文化和氛围的营造，必须在人民群众广泛参与的情况下才能实现。

二、突出预防为主，坚持正确的安全防护立法原则

《中华人民共和国安全生产法》（以下简称《安全生产法》）第 3 条明确要求，安全生产要坚持以预防为主，从源头上防范化解重大安全风险。该法第 4 条规定要"构建安全风险分级管控和隐患排查治理双重预防机制"。高铁建设工程量大，任务艰巨，质量要求高，风险系数也高。高铁运营由于列车速度快，车体动量和动能都非常大，一旦出现问题将会发生严重的后果。尽管已经采取了诸多技术手段强化安全保障，但仍需通过扎实有效的超前预防去杜绝或者减少事故的发生。从管理措施和制度设计等方面，应转变重处罚轻预防的监管理念。[2]从当前铁路部门现实工作来看，坚持每天夜间安排一定的窗口期，对列车、轨道、路基、供电线路、信号设备等进行巡检，实质上也是按预防为先的原则实施有效防护。基于现实，在《高铁安全防护条例》（立法建议稿）中突出和强调预防为主、预防为先。这既与中央政策和立法精神相一致，又与铁路部门现实工作高度契合，容易得到有效的贯彻执行。因之建议稿在多个章节用了较大篇幅列出检测、维修、检查、查验等预防性制度条款。

立足于现实工作和现有制度基础完善安全防护立法，亦是铁路法规和制度建设应坚持的基本方针。在习近平法治思想中，坚持从客观实际出发立法执法是其核心理念。从当代中国的国情条件出发，谋划和推进法治中国建设是总书记多次强调的重要原则。坚持一切从实际出发，是党的思想路线的重要内容，也是科学立法的基础，民主立法的前提，依法立法的基本要求。为了落实这一重要精神，在建议稿撰写过程中，课题组走访调研了几十个单位，涉及几百位铁路一线工作人员和乘高铁次数较多的社会公众。为了与上位法和其他铁路法规相协调，课题组参考借鉴了上百部相关法律、法规和规章，以使其

---

[1] 参见曾明生主编：《铁路法治学导论》，中国政法大学出版社 2022 年版，第 558 页。

[2] 参见刘畅：《论我国药品安全规制模式之转型》，载《当代法学》2017 年第 3 期，第 50~58 页。

最大限度地符合基层工作实际，同时又确保能执行落地且高于现实工作目标。

在调研过程中对课题组触动最大的是地方政府、单位与铁路部门的合作问题。课题组走访的多数人员，特别是参与过事故处理的人员，反复强调铁路安全防护必须要想办法争取地方政府和相关单位、组织的配合。曾长期在基层负责安全工作的中国国家铁路集团有限公司安全总监康高亮认为，借助地方政府部门的力量共保铁路安全是铁路安全工作应遵循的最基本工作思路。[1] 课题组部分同志亦认为高铁安全防护任务特殊，工作涉及面广，制定防护条例应将路地协同作为一项立法原则加以认识和把握。世界各国对高铁运行安全涉及到的方面都提出了要求，德国等亦采取了多主体共同合作模式。[2] 因此在建议稿中多处强调了争取地方政府配合的问题，许多条款亦对地方政府和相关单位提出了要求。在其中有一个问题比较难把握，就是对地方政府的要求规定到多少较为适宜。规定得少了，担心落实中出现主体缺位问题；规定得太多了，又担心社会公众和相关方会认为制定草案的铁路部门本位主义太强。对于这个尺度怎么拿捏，课题组也没有想出更好的办法，只是参照《铁路法》及已出台的相关法律，大致地从相同或相近程度上加以把握。

三、深入调查研究，着力探索安全防护立法中各类复杂和存在争议的问题

高铁安全涉及范围广，关联事项多。安全防护立法牵扯到众多领域和方面，需要深入探讨的问题很多。不少条款应更加具体化，增强可操作性，以防多是原则性要求和难以落实的套话。这就需要在建议稿的草拟过程中扎实充分地调研，全面客观地分析，广泛深入地参考借鉴，反复辩证地权衡比选，慎重有据地做出判断和结论。对各类复杂和存在争议的问题不回避、不躲闪，尽量在听取各方意见的基础上提出明确性的建议。

正确处理好路地关系，是高铁安全十分重要的保障条件。尽管在条例中

---

〔1〕 参见康高亮：《中国高速铁路安全保障体系研究与实践》，载《铁道学报》2017年第11期，第1~7页。

〔2〕 参见亢道远等：《德国高速铁路安全立法的经验及启示》，载《铁道运输与经济》2020年第4期，第89~93页。

不宜过多地对此作出具体的规定，但在各自的职责界定、路外安全环境的要求、监督管理的实施、安全保护区违禁事项处置责任等诸多方面，都会涉及这个问题。在建议稿中课题组有意识地在多个条款中强调了铁路部门的职责和义务，在遣词用字上与对地方政府的要求有些细微的差异。同时在建议稿之外，建议铁路部门以政策性文件的形式，对此类问题再行细化。具体的实践导向是争取地方政府和相关组织的支持。特别是出现事故时，铁路部门和单位要主动承担责任，不要把过失和过错推给地方政府。另外在地方铁路相关事项的管控、审批以及铁路专用线建设与运营等方面，对地方政府给予更多的支持和更大的权限，以争取地方政府对铁路部门和行业的支持。

与上述情况相关的如特定自然条件下保护区外人工物对高铁安全形成影响的问题，铁路部门亦应尽全力防护并及时排除影响，不宜将此类问题推给地方政府。因之，条例建议稿中对类似的事项没有过多地强调主体责任，此类事多数属于自然灾害。如某地瞬时大风将高铁两边保护区外的蔬菜大棚塑料薄膜吹起，挂附在接触网导致电力中断影响了动车运行。这类事项难以定性谁的责任，属自然灾害，只能采取相关技术措施加以预防。类似的事项还有很多。

与自然灾害给高铁安全运行带来的危害相比，人的不当行为给高铁安全造成的麻烦也不容忽视。如建议稿中对铁路沿线保护区外的放牧、烧荒、过度开采地下水、采砂、采矿、放孔明灯、玩动力伞、设置小型无人机和航模等，都做了明确的规定。座谈走访时部分一线工作人员提出现实中个别民事主体的行为虽无主观故意，但确实影响了高铁安全，这应该在条例中予以规定，如精神病人、有自杀倾向的人员等，对此建议稿中提到了监护人的责任等。再如还有个别民事主体做出有违道德的行为，尽管没有危害高铁安全的故意，也应在新条例中加以规定，如霸座问题。课题组采纳了一线人员的意见。

对于部分存在争议的问题，课题组进行了深入调研，充分地听取了各方面的意见，但多是持慎重的态度，没有明确表态，在建议稿中也没有体现，仍需要持续深入地研究。如列车晚点索赔问题、站坐同价问题等均属此类。

面对科学技术快速发展带来与新业态、新模式相伴生的安全问题，课题组仍在深入持续地跟踪和研究。由于认识深度还不够，趋势把握也不准，未能列入条例中。如电子购票顾客相关信息保密问题，只能原则性地提些要求。如网络抢票中的一些问题还难做出具体的规定。包括前面提到的站坐同价问题亦是如此。对这类事项，课题组将持续跟踪研究，适时地向相关部门提出意见和建议。总的原则是按习近平总书记"把改革发展决策同立法决策更好结合起来"，[1]待条件成熟时，再通过立法程序明确解决这类争议问题。

---

[1] 参见张璁等：《毫不动摇坚持、与时俱进完善人民代表大会制度——习近平总书记中央人大工作会议重要讲话引发热烈反响》，载《人民日报》2021年10月17日，第2版。

【铁道法治基础理论】

论铁路法治的两大基本原则[*]

曾立伟[**]　曾明生[***]

铁路法治是由"铁路"（铁道）和"法治"结合而生的有关铁路法治建设的有机系统。这一系统的正常运行，需要追求一定的价值目的，完成一定的使命，在铁路法治系统运行的各个环节和不同法治类型维度[1]中，不可各行其是和自娱自乐，而是应当遵循一定的法律原则，才能更好地实现其共同的目标（公正与秩序的统一[2]）。对于铁路法治的基本原则问题，学界研究甚少。这与学界对其重视不够不无关系。我们认为，铁路法治的基本原则，是铁路法治的基本范畴之一。[3]对其进行深入研究，有利于推进我国铁路法治理论体系的发展，并且可能更好地指导铁路立法和司法实践。法律原则本身存在与否，这是一个有争议的问题。有的学者否认或者不重视法律原则的存在及其作用，而又有许多学者非常重视法律原则的存在及其作用。其实，

---

　　[*]　原载曾明生主编：《铁道法治学导论》，中国政法大学出版社 2022 年版，第 33~44 页。本文已略作修改。

　　[**]　中国社会科学院大学经济法博士研究生。

　　[***]　华东交通大学铁路法治研究院常务副院长、研究员，法学博士，硕士生导师。研究方向：刑事法学和交通法治。

　　〔1〕　其中涉及"第二章 铁路法治的基本类型与维度"的内容，包括铁路民商经济法治、铁路行政法治和铁路刑事法治。参见曾明生主编：《铁道法治学导论》，中国政法大学出版社 2022 年版，第 24~32 页。

　　〔2〕　此处公正包括个人安全、自由、平等和效率等。参见李步云主编：《法理学》，经济科学出版社 2000 年版，第 61 页。另外，美国学者 E. 博登海默也认为，法律是秩序与正义的综合体。参见［美］E. 博登海默：《法理学：法律哲学与法律方法》，邓正来译，中国政法大学出版社 1999 年版，第 321~325 页。

　　〔3〕　参见曾明生：《铁路法治的基本范畴及其理论体系论纲》，载《铁道警察学院学报》2021 年第 4 期，第 9 页。

从法理角度看，法律原则不仅存在，而且是法理的重要载体。无论从客观经验层面看，还是从理论逻辑层面看，法律原则通常都是一个法律体系不可或缺的部分。[1]另外，对于法律原则的定义，法学界也有不同认识。但是，通常认为，法律原则是法律的基础性的原理或者为其他法的要素提供基础或本源的综合性原理或出发点。一般认为，法律原则的作用是法律规则不能替代的。其主要表现在三点：一是法律原则为法律规则提供基础或出发点，法律原则对立法具有指导意义，对法律规则的解释也有指导作用；二是法律原则可直接作为审判的依据；三是法律原则可作为疑难案件的断案依据，纠正有时因严格执法可能导致的不公正的偏差。而且，法律原则可以分为基本原则和具体原则。[2]其中基本原则，是指法律本身所具有的、贯穿法律始终的、必须获得普遍遵循的全局性、根本性的准则。[3]它体现法律的根本价值，是整个法律活动的指导思想和出发点，构成法律体系的神经中枢。[4]因此，我们认为，铁路法治的基本原则，是指铁路法治运行系统本身所具有的、贯穿铁路法治始终的、必须获得普遍遵循的全局性、根本性的准则。其中体现铁路法治的根本价值，是整个铁路法治活动的指导思想和出发点，构成铁路法治体系的神经中枢。有鉴于此，铁路法治的基本原则，主要包括依法治路原则和铁路法益保护原则等两大基本原则。或许有人会认为，其基本原则还包括其他原则。对此值得进一步探讨。这里着重对其最基本的两大原则的思想基础（或理论基础[5]）、基本内容和实现途径等方面展开研究，以期抛砖引玉。

---

〔1〕 参见张文显主编：《法理学》（第5版），高等教育出版社2018年版，第120页。
〔2〕 参见张文显主编：《法理学》（第5版），高等教育出版社2018年版，第120~122页。
〔3〕 参见张明楷：《刑法学》（第6版），法律出版社2021年版，第52页。
〔4〕 参见张文显主编：《法理学》（第5版），高等教育出版社2018年版，第122页。
〔5〕 思想基础和理论基础是有区别又有联系的范畴。思想基础主要指的是主观上的思想观念方面的基础，是相对客观方面的基础而言的。而理论基础是相对实践基础而言。既有关于思想观念的理论，也有关于客观实践的理论，因此其形成的理论基础也有这几个方面。

一、铁路法治两大基本原则的基础和依据

（一）依法治路原则的思想基础和主要根据

1. 法治思想和原则

通常认为，亚里士多德首创了法治的完整体系，他揭示了"法治"的含义，认为法治包含两个基本要素，即良法和公民普遍服从。[1]在中国历史上也有"法治"思想，先秦法家已广泛使用"法治"一词，并赋予它特定的历史含义。[2]有学者从整体上对韩非与亚里士多德的法治思想进行了比较，认为他们在"法是公正无私的""依法治国""法是可变"的三方面，两人思想有很大一致性，但是两人的法治思想还有较大相异之处。其主要表现在对立法执法的主体认识不同，出发点与手段不同以及对历史的影响不同。[3]还有人认为，近代梁启超对西方"法治"理论进行了本土化移植，即用先秦法家的君主法治推衍西方资产阶级民主法治，让国人面对熟悉的概念符号品味西方的法律文化。这种移植方式为我们认识中西方不同的法治观念设置了新的障碍。而孙中山用西方资产阶级法治理论否定中国封建专制法治思想，并结合优秀传统文化，为中国近代法治增添了适合本国国情的丰富内容，为当今建立法治国家提供了丰富的经验和宝贵的资料。[4]

中华人民共和国成立以后，经过曲折的过程，人们逐渐普遍形成了必须"依法治国"的法治观念。这是在"依法办事"观念基础上发展而来的思想观念。"依法办事"观念，是在现代社会活动中，一切社会关系的参加者，基于在宪法法律的范围内活动的原则而形成的自觉服从法律，执行法律的观念。在社会主义国家，"依法办事"观念是社会主义法治观念的核心，也是社会主义民主政治的基本思想要素。它在国家机关和国家公职人员中体现为带头守法、依法行使职权和依法治理的观念。增强这一观念，对巩固社会主义国家

〔1〕 参见〔古希腊〕亚里士多德：《政治学》，吴寿彭译，商务印书馆1965年版，第199页。

〔2〕 参见李鸣：《中国"法治"思想的历史考察》，载《社会科学家》1997年第5期，第62页。

〔3〕 参见宋继和：《韩非与亚里士多德法治思想的比较》，载《政法论丛》2000年第1期，第55页。

〔4〕 参见李鸣：《中国"法治"思想的历史考察》，载《社会科学家》1997年第5期，第62页。

政权，依法实现国家对各项公共事务的管理职能，防止滥用国家权力，反对任何超于法律之上的特权，起着重要的思想保障和思想约束作用。[1]但是，必须指出的是，1956 年董必武同志在党的八大就强调"依法办事"。[2]直到党的十五大报告才正式提出"依法治国、建设社会主义法治国家"的治国方略。这一治国方略的确立，是对邓小平民主法制思想的继承与发展，是以江泽民同志为核心的党的第三代领导集体作出的战略性决策。[3]正如有学者指出，在我国改革开放之前，受多种因素制约，党和国家当时是不可能提出依法治国方略的，而在改革开放之后，依法治国方略经过三个阶段才逐步提出。[4]

当前习近平法治思想，是在全面依法治国的伟大实践中创立的，是马克思主义法治理论中国化的新发展新飞跃。它是内涵丰富和系统完备的科学理论体系，是马克思主义法治理论中国化的最新成果，是习近平新时代中国特色社会主义思想的重要组成部分，是全面依法治国的根本遵循与行动指南。其中从理论逻辑上可以分为关于全面依法治国的政治方向、重要地位、工作布局、重点任务、重大关系和重要保障等六个方面。[5]其中法治思想和法治原则是密切关联的。思想是主观层面的，而原则主要是客观层面的法则或标准。

当代世界，对法治原则的理解充满了争议。有学者认为，法治原则是指实现法治目标所需要运用的手段（原则）或者所要具备的基本要素。循沿其

---

〔1〕 参见孙国华主编：《中华法学大辞典（法理学卷）》，中国检察出版社 1997 年版，第 479 页。

〔2〕 参见《董必武选集》，人民出版社 1985 年版，第 418~419 页。

〔3〕 参见孙国华、黄文艺：《依法治国：治国方略的最佳选择》，载《法学家》1998 年第 1 期，第 3 页。

〔4〕 其中第一阶段：1978 年底至 1988 年 8 月，是依法治国方略的孕育阶段；第二阶段：从 1988 年 8 月至 1995 年，是依法治国方略的初步形成阶段；第三阶段：从 1996 年至今，是依法治国方略的正式提出和实施阶段。这一阶段的"依法治国"是治国方式的根本转变，不仅在党的政治报告中确定下来而且已载入宪法。参见万其刚、雷晓霞等：《依法治国方略提出过程的回顾》，载《当代中国史研究》1999 年第 5~6 期，第 236、238、240 页。

〔5〕 参见王晨：《习近平法治思想是马克思主义法治理论中国化的新发展新飞跃》，载《中国法学》2021 年第 2 期，第 5~9 页。

变迁史可以看到，法治原则具有普遍性，但受制于现实社会语境的差异而具有相对的特殊性。[1]

还有学者认为，法治原则是指实现法治目标所应遵循的一系列原则，并且指出我国需要履行的十大社会主义法治原则。其中包括民主原则、人权原则、自由原则、平等原则、法律至上原则、依法行政原则、司法公正原则、权力的制约与监督原则、秩序原则以及党的领导原则。[2]也有人认为，法治原则是指以法治本身作为原则，以厉行法治（依法治国，建设法治国家）作为原则。[3]这是狭义的观点（即一个原则说）。相对而言，前述有关法治原则是指一系列原则的观点，是一种广义的立场（即系列原则说）。因此，无论广义还是狭义的法治原则，与法治思想都是紧密相连的，其中强调依法办事和依法治国。这是依法治路原则的思想源头和理论基础。

2. 相关政策和宪法依据

1997年，党的十五大报告明确提出"依法治国，建设社会主义法治国家"的伟大目标。而且报告指出，"依法治国，就是广大人民群众在党的领导下，依照宪法和法律规定，通过各种途径和形式管理国家事务，管理经济文化事业，管理社会事务，保证国家各项工作都依法进行，逐步实现社会主义民主的制度化、法律化，使这种制度和法律不因领导人的改变而改变，不因领导人看法和注意力的改变而改变。"

据此可知，依法治国，就是依照体现人民意志和社会发展规律的宪法法律而不是依照个人意志和主张来治理国家。亦即，它要求国家政治、经济运作、社会各方面的活动都依照宪法法律进行，而不受任何个人意志的干预、阻碍或破坏。

报告还指出，依法治国，是中国共产党领导人民治理国家的基本方略，也是发展社会主义市场经济的客观需要，又是社会文明进步的重要标志，更

---

[1] 参见严海良：《作为法治要素的法治原则》，载《金陵法律评论》2015年第1期，第143页。

[2] 参见刘海年：《略论社会主义法治原则》，载《中国法学》1998年第1期，第7~13页。

[3] 类似观点"依法治国基本方略 上升为宪法原则"参见张文显主编：《法理学》（第5版），高等教育出版社2018年版，第415页。

是国家长治久安的重要保障。其中依法治国是要把坚持党的领导、发扬人民民主与严格依法办事统一起来，从制度与法律上保证党的基本路线与基本方针的贯彻实施，保证党始终发挥总揽全局和协调各方的领导核心作用。[1]

其中，依法治国的主体是中国共产党领导下的广大人民群众；而依法治国的本质则是否定人治，确立宪法法律（作为一个有机整体）至上的权威地位，即崇尚宪法法律在国家政治、经济和社会生活中的权威，使社会主义民主制度和法律不因领导人的改变而改变，不因领导人看法和注意力的改变而改变。还有，依法治国的根本目的是保证人民依法充分行使当家作主的权利，维护人民当家作主的地位。特别是，全国人大在 1999 年，就已将"实行依法治国，建设社会主义法治国家"的方略和目标载入《中华人民共和国宪法》（以下简称《宪法》）第 5 条之中。

另外，2014 年 10 月党的十八届四中全会通过了《中共中央关于全面推进依法治国若干重大问题的决定》，对全面推进依法治国作出全面的战略部署。2017 年 10 月，为了加强党对法治中国建设的统一领导，习近平在党的十九大报告中提出，成立中央全面依法治国领导小组。2018 年 3 月，中共中央印发《深化党和国家机构改革方案》，组建中央全面依法治国委员会，其办公室设在司法部。需要指出的是，全面推进依法治国基本方略的新方针是："科学立法、严格执法、公正司法、全民守法。"我们认为，全面推进依法治国不仅对立法、执法、司法和守法提出了明确要求，而且还可以再考虑增加"全民监督"的要求。如此可以依法治理国家的各方面各行业以及各地方各层级各单位等事务。

由此可见，依法治国的基本方略，为我国依法治路原则提供了党的政策依据、国家宪法根据以及目标指南。

（二）铁路法益保护原则的理论基础

1. 法益。学界对法益的定义也有不同认识。但是通常认为，法益是指法律上要保护的利益。我们认为，法益的定义，必须与宪法法律相关，与公民、

---

〔1〕 参见江泽民：《高举邓小平理论伟大旗帜，把建设有中国特色社会主义事业全面推向二十一世纪——在中国共产党第十五次全国代表大会上的报告（1997 年 9 月 12 日）》，载《求是》1997 年第 18 期，第 15 页。

社会或者国家的利益相关，而且可能被违法犯罪行为所侵害或威胁。[1]因此，法益的内容通常可以从宪法法律中直接发现或者间接推知。它包括国家法益（如国家安全）、社会法益（如社会秩序）和个人法益（如公民人身权利、民主权利以及财产权利）等。

2. 法益保护的理念和原则。以下从法益保护的含义、法益保护与社会秩序保护、人权保障的关系等方面展开讨论。

（1）法益保护的含义。对法益保护的理解，可以从不同角度来区分其广义和狭义的认识。从法律角度看，广义的法益保护，是指各种法律共同保护的利益受到不同法律保护，其中包括民事法律保护、行政法律保护和刑事法律保护；而狭义的法益保护，是指某一部门法的法益保护。从法益角度看，广义的法益保护，是指各种法益受到法律保护；而狭义的法益保护，是指某一具体的法益受到法律保护。另外，也可从刑法学角度看，广义的法益保护，是指社会秩序的法益和人权自由的法益受到刑法保护，是社会秩序保护（保护机能）和人权保障（保障机能）的统一，有人称之为刑法的目的和任务；而狭义的刑法法益保护，一般是指社会秩序的保护（保护机能），是相对于人权保障（保障机能）而言的。[2]本文主要是从广义角度来讨论。对于法益保护，有的也称之为法益保护目的（理念）[3]、法益保护原则[4]。其中目的（理念）和原则是相关联的。但是法律理念，是对法律目的、价值、机能、原则、精神等（认识对象）的理性认识和主观判断（认识结果）。认识结果与认识对象不能完全等同，其中存在认识与被认识的关系。主观认识和客观事实之间可能相符合，但是不可混为一谈。[5]

（2）法益保护与社会秩序保护、人权保障的关系。对此三者的关系，刑法学界存在争论。有学者认为，刑法对被害人利益的保护是刑法对个人利益

〔1〕 参见张明楷：《刑法学》（第6版），法律出版社2021年版，第77~78页。

〔2〕 参见张明楷：《刑法学》（第6版），法律出版社2021年版，第24~25、84~85、87页。

〔3〕 参见吴沈括：《贯穿意大利刑法的基石理念》，载《检察日报》2016年8月9日，第3版。

〔4〕 参见冀洋：《法益保护原则：立法批判功能的证伪》，载《政治与法律》2019年第10期，第105页。

〔5〕 参见曾明生：《我国企业产权保护的刑法理念问题新探》，载赵秉志等主编：《改革开放新时代刑事法治热点聚焦》，中国人民公安大学出版社、群众出版社2018年版，第383~400页。

的保护，它和刑法对国家利益、社会利益的保护一同属于刑法的社会保护机能，而刑法的人权保障机能则表现为刑法对被告人权利的保障和刑法对全体公民的个人自由权利的保障。[1]值得指出的是，这属于狭义的人权保障机能的观点。而人权保障机能有广义、中义和狭义之分。广义的保障机能包括对犯罪人人权的依法保护，同时又包括对被害人及广大守法公民人权的保护。然而，把刑法对被害人利益的保护从"刑法的社会保护机能"的阵营转移到"人权保障"中来，这种能够涵括对犯罪嫌疑人、被告人、罪犯和被害人甚至被害人近亲属的个人人权的保障机能，是一种中义的人权保障机能。[2]

那么，若从狭义上理解（刑法的）法益保护，则它仅指社会秩序的保护（保护机能），它与人权保障（保障机能）是对称关系。关于人权保障、社会保护（两个机能性目的[3]）之间的关系，国内外法学界素有争论。通常认为，在任何社会，人权保障与社会保护都应当相互协调，从而在更大程度上实现刑法机能。但在现实生活中，两者不可避免地存在冲突，此时何者优先，国内外学界及实务界众说纷纭。其中大致有如下观点：①个人本位说；②国家本位说；③折衷说。折衷说又可分为：其一，衡平基础上的保护优先说；其二，平行基础上的保障优先说；其三，并重说；其四，综合考虑说；其五，并重基础上的倾斜说；其六，总体并重基础上的保障优先说。[4]

对此，我们更赞同"总体并重基础上的保障优先说"。刑法在保障国家行使刑罚权以惩罚犯罪、维护秩序的同时，假若它和保障人权的机能性目的发生冲突，通过人权保障机能一般优先的实现，充分保障犯罪嫌疑人、被告人和犯罪人的合法权益，同时兼顾被害人利益保护，使刑法奠定牢固的社会正义基础，获得社会伦理支持，才能具有强大的生命力、震慑力与感召力，从而为合理的现实政治提供更长效的服务。这才是刑法为现实政治服务的更好

---

[1] 参见陈兴良：《当代中国刑法新视界》（第2版），中国人民大学出版社2007年版，第209~210、233页。

[2] 参见曾明生：《试论人权保障一般优先》，载《中国社会科学院研究生院学报》2008年第4期，第63页。

[3] 机能性目的，特指以客观的刑法机能作为目标性基础而生成的那些刑法目的。参见曾明生：《刑法目的论》，中国政法大学出版社2009年版，第243页。

[4] 参见曾明生：《刑法目的论》，中国政法大学出版社2009年版，第245~250页。

方式。也只有尽力兼顾人权保障和社会保护的两个机能性目的之实现的刑法，才是更高程度正义的刑法，才能获得民众的广泛认同并确立公民对刑法的长期忠诚信念，也才能更有效地教育公民自觉遵守法律，最终树立法律至上的权威。对《中华人民共和国刑法》（以下简称《刑法》）第2条刑法任务的规定可以看作是保护法益，而且是既保护犯罪嫌疑人、被告人和罪犯的合法权益，又保护社会公众和国家的合法权益。

若从广义角度理解法益保护，先从刑法学角度看，则广义的法益保护，是指社会秩序保护和人权保障的统一，这是刑法的目的和任务。其中社会秩序保护和人权保障是对立统一关系，它们与广义的法益保护又是被包含与包含的关系。再从法益角度看，广义的法益保护，是指各种法益受到法律保护，不仅社会秩序的法益受到法律保护，而且人权法益也要受到法律保障。从法律角度看，广义的法益保护，是指各种法律共同保护的利益受到不同法律保护。其中包括宪法对社会秩序和自由人权的保护，也包括铁路法对社会秩序和公民自由权利的保护，还包括刑事法对社会秩序的保护与公民自由人权的保障。本文主要就是从这一广义方面来研讨的。

需要指出的是，我们应当最大限度地发挥法律的积极机能，并将其消极机能控制在最低的限度，由此努力充分实现保障人权与保护社会的机能性目的，使各种法益获得充分保护，力求实现价值性目的[1]中秩序与正义的更高程度的统一。

二、铁路法治两大基本原则的基本内容和相互关系

（一）依法治路原则的基本内容

1. 依法治路是依据宪法、法律、法规、规章治理铁路行业和领域的相关活动。"依法治路"中的"路"是指"铁路"以及"与铁路（或铁道含城市轨道）相关的建设、运输和监管活动"；其中"治"是指"治理"；"依法"

---

［1］ 价值性目的，特指以刑法的价值（如正义、秩序）作为目标性基础而生成的刑法目的，即刑法理想。它是机能性目的的对称。参见曾明生：《刑法目的论》，中国政法大学出版社2009年版，第236页。

中的"法"是指包括"宪法、法律、法规、规章"的广义的"法",其中还可以包括党内法规。亦即,此处"依法"中的"法"也指"党规国法"。

2. 依法治路原则是依法治国方略和法治原则的具体体现。(1)依法治路原则是依法治国方略的具体体现和必然要求。正如因依法治国而要求依法治省、依法治市、依法治县、依法治校一样,依法治路则是顺理成章的。因为铁路行业和领域,属于国家行业和领域的重要组成部分。无论是地上铁道还是地下铁道,它们涉及的企业、行政监管部门和单位的执法活动以及相关的司法活动等,都应当依法进行。这是依法治国方略在铁路行业和领域的贯彻落实。(2)依法治路原则也是法治原则的具体体现。对广义的法治原则而言,依法治路原则也是法治原则(法律至上原则、民主原则、人权原则、自由原则、平等原则等)在铁路行业和领域的具体化。即使就狭义的法治原则而言,以厉行法治(依法治国,建设法治国家)作为方略原则,依法治路原则也是该方略原则在铁路行业和领域的具体运用和落实。

(二)铁路法益保护原则的基本内容

铁路法益保护原则,是指铁路法益应当受到法律保护的重要原则。它在铁路法治领域,是一个贯穿法治运行始终的、全局性和根本性的原则。铁路法益,是指法律上保护的与铁路相关的各种利益。亦即,依法保护铁路行业、铁路领域和铁路事业发展中涉及的各方合法利益。依据有关法律可知,其中包括铁路建设工程质量安全、铁路专用设备质量安全、铁路线路安全、铁路运营安全、铁路车票购票秩序、铁路运输正常秩序、铁路军事运输秩序、铁路治安秩序、高铁安全防护管理秩序、传染病防治秩序、铁路企业的合法权益、旅客人身和财产安全等。其中也涉及国家法益(如国家军事安全、国防安全)、社会法益(如社会秩序、公共安全)和个人法益(如公民人身权利、民主权利以及财产权利)。

1. 铁路法益保护原则是宪法权益保护原则在铁路法治领域的具体化。宪法权益保护原则,是宪法中的人民主权原则、尊重和保障人权原则、民主集中制原则、权力监督与制约原则、党的领导原则等几个基本原则的统称。其中涉及人民当家作主的权利、公民的人权、民主决策权、监督权、党的领导权等权利与权力的保护或保障。因为宪法是根本法，所以铁路法治涉及的其他法律不得违反宪法中有关权益保护的规定。对此，铁路法治领域也应当贯彻落实。

2. 铁路法益保护原则也是相关实体法和程序法的法益保护原则（或机能性的目的）在铁路法治领域的体现。

其一，铁路法益保护原则是民法、行政法和刑法的法益保护原则（或机能性的目的）在铁路法治领域的具体化。法益保护原则是否是民法、行政法和刑法的基本原则？法学界对此有不同的认识。然而，《中华人民共和国民法典》（以下简称《民法典》）第 1 条规定："为了保护民事主体的合法权益……维护社会和经济秩序……根据宪法，制定本法。"该法典第 3 条又明确规定："民事主体的人身权利、财产权利以及其他合法权益受法律保护，任何组织或者个人不得侵犯。"而且，《中华人民共和国行政处罚法》（以下简称《行政处罚法》）第 1 条规定："为了……维护公共利益和社会秩序，保护公民、法人或者其他组织的合法权益，根据宪法，制定本法。"由此可见，《民法典》第 3 条就是有关民事法益保护原则的明确规定。其第 1 条也是有关民事法益保护的目的性条款。《行政处罚法》第 1 条与此类似，也是有关法益保护的目的性规定。另外，我国刑法学界有学者强调刑法的法益保护原则，可仍有不同意见。尽管如此，但是必须看到，我国《刑法》第 2 条规定刑法的任务是"用刑罚同一切犯罪行为作斗争，以保卫国家安全，保卫人民民主专政的政权和社会主义制度，保护国有财产和劳动群众集体所有的财产，保护公民私人所有的财产，保护公民的人身权利、民主权利和其他权利，维护社会秩序、经济秩序，保障社会主义建设事业的顺利进行。"这是明确的刑法法益保护的任务条款（机能性的目的条款）。因此，在铁路法治领域涉及的相关实体法中离不开其相关目的与原则的要求。对此必须有所体现，否则就会有损法制的统一。

其二，铁路法益保护原则也是《中华人民共和国民事诉讼法》（以下简称《民事诉讼法》）、《中华人民共和国行政诉讼法》（以下简称《行政诉讼法》）和《中华人民共和国刑事诉讼法》（以下简称《刑事诉讼法》）的法益保护原则（或机能性的目的）在铁路法治程序领域的体现。也许有人会认为，我国三大诉讼法中没有法益保护原则。但是，我国三大诉讼法中均存在保护法益的任务性规定或者目的性条款的规定（这些类似于机能性的目的、原则性的目的）。例如，我国《民事诉讼法》第 2 条明确规定："保护当事人行使诉讼权利，……保护当事人的合法权益，……维护社会秩序、经济秩序，保障社会主义建设事业顺利进行。"我国《行政诉讼法》第 1 条明确规定："为保证人民法院公正、及时审理行政案件，解决行政争议，保护公民、法人和其他组织的合法权益，监督行政机关依法行使职权，根据宪法，制定本法。"还有，我国《刑事诉讼法》第 1 条规定："为了……保障国家安全和社会公共安全，维护社会主义社会秩序，根据宪法，制定本法。"而且该法第 2 条明定法的任务是"……维护社会主义法制，尊重和保障人权，保护公民的人身权利、财产权利、民主权利和其他权利，保障社会主义建设事业的顺利进行。"据此可见，否定程序法的法益保护目的或原则是不符合实际情况的。而在铁路法治领域的程序中离不开三大诉讼法的运用，由此必然要体现三大诉讼法中相关目的与原则的要求。

（三）两大基本原则的相互关系

两大基本原则，既有区别又有联系，在总体上它们是相辅相成的。两者在含义、思想渊源、基本内容、功能作用上有所差异，但也有互补合作关系。

1. 两者的区别。（1）含义不同。依法治路原则是指治理铁路行业和领域的相关活动，必须依法进行。而铁路法益保护原则，是指铁路法益应当受到法律保护。（2）思想渊源不同。依法治路原则的思想渊源主要是法治思想和"依法办事"观念。而铁路法益保护原则的思想源头主要源于法益保护理念。（3）基本内容不同。依法治路是依据宪法、法律、法规、规章治理铁路行业和领域的相关活动，它是依法治国方略和法治原则的具体体现。而铁路法益保护原则，是采用法律方式保护铁路法益；它是宪法权益保护原则在铁路法治领域的具体化，也是相关实体法和程序法的法益保护原则（或机能性的目的）在铁路法治领域的体现。（4）功能作用不同。其中治理是手段，保护是目的。

2. 两者的联系。（1）含义中的联系。其中都涉及法律的作用（法律治理作用和法律保护作用）。（2）思想渊源中的联系。在法治思想中涉及依法保护法益的内容。（3）基本内容中的联系。依法治路原则，强调依法治理铁路交通行业秩序。而铁路法益保护原则，强调依法保护涉铁各方合法权益（公正的利益秩序）。其中两者都强调依法治理和依法保护。（4）功能作用中的联系。其中治理是（实现公正的利益秩序的）手段，而保护（公正的利益秩序）则是目的。这两大基本原则都是铁路法治系统中全局性、根本性的原则，两者相辅相成，它们共同承担着确保铁路法治系统中的秩序与公正的重大使命。

三、铁路法治两大基本原则的实现途径

有学者型法官指出，全面推进依法治国的实现路径涉及诸多方面，覆盖依法执政、科学立法、依法行政、公正司法和全民守法等多个领域。当前，要在"全面推进"上狠下功夫。[1]因此，在依法治路原则的实现方面，也应全面推进，狠抓落实。其中涉及立法、执法、司法、守法和法律监督等。而在铁路法益保护方面，也要在法治运行的各个环节把关落实，才能更好地充分地保护各种法益。

（一）立法环节的贯彻落实

积极全面提高铁路法治领域的立法质量。在全面推进依法治国背景下，在铁路法治领域要按照建设中国特色社会主义法治体系（涉及铁路法治体系）的部署，坚持铁路法治体系中铁路立法先行，充分发挥铁路立法的引领和推动作用，抓住提高铁路立法质量这个关键。通过加强党对铁路立法工作的领导，充分发挥国家权力机关在铁路立法工作中的主导作用。通过优化铁路立法体制机制，增强铁路立法的民主性和科学性，优化铁路立法程序，使铁路立法更具系统性、针对性与可操作性。[2]

在铁路立法中，无论是铁路民商经济立法、铁路行政立法还是铁路刑事

---

〔1〕 参见江必新：《全面推进依法治国的使命、原则与路径》，载《求是》2016年第20期，第48页。

〔2〕 参见江必新：《全面推进依法治国的使命、原则与路径》，载《求是》2016年第20期，第48页。

立法，或者无论是有关高速铁路、普速铁路的立法还是有关地铁的立法，都要依据宪法法律来制定。在《铁路法》第 1 条"制定本法"的依据中，可增加"根据宪法"几个字，强调宪法的权威性和依法治国的重要性。在该法"第一章 总则"中增加两大基本原则的条文规定，依法保护合法权益。例如，可以考虑增加规定："一切单位和个人从事有关铁路事务和管理工作都必须依法进行，贯彻落实依法治国方针。依法保护铁路行业、铁路领域和铁路事业发展中涉及的各方合法权益。"特别是，为了强化对铁路安全权和自由权的保护，需要进一步加强和完善铁路民商经济立法保护、铁路行政立法保护和铁路刑事立法保护。[1]

加强和完善相关立法，保护铁路旅客及其相关人员的生命安全权、健康安全权、财产安全权。依法惩治在火车站或列车上出售过期的、变质的食品或食品中含有对人体有害物质的行为，依法惩治出售其他伪劣产品的行为以及其他危害铁路公共安全的侵权行为。其中包括依法打击破坏铁路安全的恐怖主义违法犯罪行为、在火车站或列车上违法携带危险物品或者其他违禁物品，违反铁路道口安全管理规定的以及其他危害铁路安全管理秩序的违法犯罪行为。

进一步加强和完善相关立法，保护铁路旅客及其相关人员的自由权，其中主要包括人身自由（出行自由）、言论自由、通信自由等。在铁路领域的乘车安检问题、人脸识别问题、霸座问题以及货物安检通关问题，涉及是否遵守铁路旅客运输合同、铁路货物运输合同的规定，涉及自由权的限制问题。对于其中问题情节严重而构成犯罪的，应当依法追究刑事责任。其中对于倒卖车票行为，侵害公平自由购票选择权以及正常购票秩序，构成犯罪的，也要依法追究刑事责任。需要进一步完善倒卖车票行为的行政处罚的相关规定，使其与相关刑事责任规定更好地衔接。

总之，立法保护是执法保护、司法保护和依法监督的前提与基础。在《铁路法》中应当在现有的基础上进一步确立依法治路原则和铁路法益保护原

---

〔1〕 参见何恒攀：《铁路改革发展的法治保障——"'一带一路'倡议背景下的铁路法治问题研讨会"综述》，载《铁道警察学院学报》2018 年第 1 期，第 120~122 页。

则，进一步完善铁路立法。

（二）守法环节的贯彻落实

在铁路守法方面，无论是铁路民事（领域的）守法、铁路行政（领域的）守法还是铁路刑事（领域的）守法，或者无论是铁路建设领域、铁路运输领域还是铁路监管领域的守法，或者无论是高速铁路上的守法、普速铁路上的守法还是地铁上的守法，都要求全民守法，遵守其守法的义务。强调单位和公民个人履行守法义务，是依法治路原则的必然要求，这也是铁路法益有效保护的基本前提。

权利义务是相对而言的，相辅相成的。若无人履行义务，则何来享受权利？若无人依法执法、无人依法司法、无人依法监督，则如何达成执法保护、司法保护？因此，若铁路民事违法和铁路行政违法越少，则表明其铁路民事守法和铁路行政守法就越多，进而说明铁路民事法律保护和铁路行政法律保护就越好。相反，涉及铁路的违法犯罪越多，则表明其守法状况就越差，其法益保护的情况也越糟。

据此，重视和加强铁路守法和依法治路的宣传教育，也是加强铁路法益保护的重要途径。

（三）执法环节的贯彻落实

无论是铁路监管部门行政执法、铁路口岸海关行政执法、铁路公安行政执法还是地铁执法部门的行政执法，或者无论是铁路建设、铁路运输还是铁路监管领域的执法，或者无论是联合执法还是单独执法，都要依法办事、依法行政、依法执法。而且，必须把依法治国基本方略同依法执政基本方式统一起来，把党总揽全局、协调各方同人大、政府、政协、审判机关和检察机关依法依章履行职能、开展工作统一起来，把党领导人民制定与实施宪法法律同党坚持在宪法法律范围内活动统一起来。

其中，依法行使铁路执法权，包括依法行使监督管理权和行政处罚权。国家铁路局应当依法行使监督管理权和组织实施权等权力。地区铁路监督管理局（督察室），要依法监督管理铁路运输安全工作、铁路工程质量安全工作、铁路运输设备产品质量安全工作，依法监督有关铁路的法律法规规章制度和标准规范执行情况，依法负责铁路行政执法监察工作，依法受理相关举报与投诉，依法组织查处有关铁路的违法违规行为等。另外，铁路口岸海关也要依法开展对铁路货物出入境监督管理、查验和放行等通关作业中的行政执法活动。铁路口岸海关要依法行使铁路执法权（铁路货运监管权和行政处罚权）。而且，铁路公安机关在有关铁路安全工作中的行政执法活动，也要依法行使铁路安全管理权和行政处罚权。地铁执法部门也要依法行使相关的执法权。当前铁路执法机关依法行政的情况总体良好，在铁路法治建设中取得了一些可喜的成绩，但是，其中仍存在诸多值得改进之处。[1]

总之，铁路执法机关要依法行政，严格执法，承担和完成铁路执法保护的使命，依法治理铁路事业，维护铁路法律秩序。执法保护环节是铁路法益保护中的重中之重，是实现铁路法益保护的主要环节和途径之一。这是通过执法方式（监管相关行为，处罚违法行为，鼓励合法行为）来保护铁路法益。

（四）司法环节的贯彻落实

积极全面提高铁路司法的公信力。这不仅要强调铁路司法的公正与高效，而且要在维护铁路司法权威和提升铁路司法公信上发力。一要通过提供制度、体制和机制保障，依法有效排除地方保护主义及其他因素的干扰；二要创新监督管理方式，建立完善责任追究机制，防止铁路审判权的滥用和误用。[2]

无论是铁路民事司法、铁路行政诉讼还是铁路刑事司法，或者无论是有关铁路建设、铁路运输还是有关铁路监管的司法，或者无论是有关高速铁路、普速铁路还是有关地铁的司法，都应当依法通过公正司法来保护法益。其中涉及适用民事法律的铁路民事司法活动、适用行政法律的铁路行政诉讼以及适用刑事法律的铁路刑事司法活动。例如，其中涉及倒卖车票案的刑事裁判活动。究竟是否构成犯罪？罪与非罪的界限如何把握？究竟是一般违法行为还是犯罪行为？采用行政处罚还是刑事处罚？这些既是涉及司法保护的问题，又涉及行政法律保护和刑事法律保护的问题。

---

〔1〕 参见韩春晖、盛泽宇：《协同执法：铁路安全监管体制变革之维》，载《行政管理改革》2018 年第 10 期，第 69~74 页。

〔2〕 参见江必新：《全面推进依法治国的使命、原则与路径》，载《求是》2016 年第 20 期，第 48 页。

当前铁路司法的情况总体较好，但仍然要进一步改进铁路司法工作，进一步提升办案质量，努力做到案结事了，继续提升铁路法治文明程度。需要指出，中华人民共和国成立至今铁路司法在探索中前进。其司法透明度增强，司法公正水平总体提升。[1] 依法、及时和正确履行司法职责，既是依法治路原则对铁路司法部门的要求，也是铁路法益保护原则贯彻落实的重要保证。司法保护环节，也是铁路法益保护中的重点环节，是实现铁路法益保护的主要途径之一。

（五）法律监督环节的贯彻落实

无论是铁路民事法律监督、铁路行政法律监督还是铁路刑事法律监督，或者无论是铁路建设、铁路运输还是铁路监管领域的法律监督，或者无论是有关高速铁路工作的法律监督、有关普速铁路工作的法律监督还是有关地铁工作的法律监督，都必须依法进行。这是依法治路原则的基本要求。

其中涉及依法对铁路民事案件、铁路行政案件和铁路刑事案件合法性的监督。其中涉及的公民监督，由公民依法通过批评建议、举报和控告等方式，监督有关铁路立法、铁路守法、铁路司法、铁路执法的活动。这是铁路法益保护原则涉及环节最多的一个重要部分，也是其中难点之所在。如此通过依法监督来保护法益，其实现法益保护的程度，取决于多种主客观的因素。一般认为，法律监督越有效，其法益保护作用就越大，反之则越小。

要进一步完善铁路执法司法的体制机制，在确保铁路执法司法权有效行使的同时，继续强化对铁路执法司法权的有效监督，排除权力、人情关系和利益对铁路执法司法的干扰，有效防止铁路执法司法人员被相对人和当事人所"俘获"的现象，构建更为科学严格的铁路执法司法追责机制，进一步防止铁路执法权和司法权的滥用、误用和怠用。[2] 亦即，要积极全面规范涉及铁路公权力的行为。通过完善宪法法律实施和监督的体制、机制和程序，可

---

〔1〕 2012年我国铁路检察院和铁路法院，与铁路运输企业全部分离，将铁路检察院和铁路法院纳入国家司法管理体系，省级以下两级铁路检察院和铁路法院全部移交地方实行属地管理。我国铁路检察院和铁路法院独立公正司法因此明显增强。而且，自2014年以来，我国铁路司法裁判文书也越来越多地在中国裁判文书网上公开。因为强化了铁路司法的独立公开，所以其中司法的公正性有了更好的保障。

〔2〕 参见江必新：《全面推进依法治国的使命、原则与路径》，载《求是》2016年第20期，第48页。

以给涉及铁路的国家机关安上"紧箍咒",使其在制度的笼子里,积极有效规范行使,为基本人权、个人和组织合法权益上好"安全阀"与"防卫盾"。涉及铁路的国家机关及其工作人员要率先垂范和尊法守法,尤其应抓住领导干部这个"关键少数"。我国当前铁路刑事监督的情况总体良好,但也要进一步加强铁路刑事监督工作,更好地改善其法律监督状况,进一步提升我国铁路法治的文明程度。

综上所述,依法治路原则和铁路法益保护原则,是相互关联而又有所区别的两大基本原则。它们共同肩负着确保铁路法治系统中的秩序与公正的重大使命。

【铁路民商经济法治】

论铁路旅客运输合同的特征、成立与责任期间

房昀玮* 张长青**

一、引言

运输合同是《民法典》合同编的典型合同类型，在铁路运输领域，根据运输对象的不同将运输合同划分为旅客运输合同和货物运输合同。其中根据《民法典》第 809 条的规定，旅客运输合同是承运人将旅客从起运地点运输到约定地点，旅客支付票款的合同。但是《民法典》这一立法定义，难以揭示旅客运输合同，尤其是铁路旅客运输合同的本质特征，从而将其与其他的民事合同相区分，因此需要重新探讨铁路旅客运输合同的特征。

在铁路旅客运输合同成立的问题上，《民法典》第 814 条规定："客运合同自承运人向旅客出具客票时成立，但是当事人另有约定或者另有交易习惯的除外。"立法将客运合同定性为实践合同，即原则上旅客与承运人达成运输的合意不足以成立铁路旅客运输合同，还需承运人向旅客出具客票。但是这一立法上的界定与学理通说以及旅客运输实践不相符合，尚有进一步讨论的余地。

更为重要的问题是，旅客在承运人履行合同的过程中受到人身损害时，应如何界定承运人的责任，即铁路旅客运送责任期间的认定问题。1997 年《铁路旅客运输规程》第 8 条曾经规定："旅客运输的运送期间自检票进站起

---

* 北京交通大学法学硕士。研究方向：民商法。

** 北京交通大学法学院教授，法学博士、博士生导师。研究方向：民商法、交通运输法。

至到站出站时止计算"。[1]基于此，2020 年修正的《最高人民法院关于审理铁路运输损害赔偿案件若干问题的解释》（以下简称《铁路运输损害赔偿司法解释》）第 11 条规定："铁路运输企业对旅客运送的责任期间自旅客持有效车票进站时起到旅客出站或者应当出站时止。不包括旅客在候车室内的期间。"对比这两个条文，不免令人疑惑：旅客运输的运送期间和旅客运送的责任期间是同一内涵的不同表达，还是截然不同的概念因而需要进行辨析？旅客从检票进站至到站出站，根据旅客所处位置的不同，可进一步划分为从进站经过站台上车、上车到下车在车上期间、离开列车到出站三个阶段，在不同的阶段，承运人对旅客伤亡承担的责任是否相同？

学界对上述问题讨论较少，已有的研究也较为零散，尤其是对于铁路旅客运送责任期间这一问题，立法上存在混乱之处，学术研究尚处空白。本文将围绕上述铁路旅客运输合同的特殊问题进行探讨，一是强化对这一问题的系统认识，二是期望引起学界对以上问题的关注和讨论。

二、铁路旅客运输合同的特征

按照传统的民法理论，铁路旅客运输合同是双务合同、有偿合同。但是，相较于一般的民事合同，铁路旅客运输合同又具有明显的特殊性。其一，铁路旅客运输合同的主体为承运人和旅客，承运人为专门从事铁路旅客运输的企业，虽经过一定程度的公司化改革，但仍处于行业垄断地位，合同相对方的旅客为零散的社会个体，合同主体地位事实上不平等。其二，合同自由受到极大限制，铁路旅客运输合同采用格式条款，承运人根据法律法规事先拟定合同，旅客只能接受这一条款，而承运人在运力允许的情况下没有拒绝旅客与之订立合同的权利。其三，铁路运输中，旅客的人身、财产安全关涉社会公共利益，因而法律法规对承运人的资格、铁路旅客运输合同的内容以及旅客人身损害的赔偿责任专门作出规定，体现国家对经济社会生活的规制。进一步而言，铁路运输较水路、航空等运输方式，运量大、速度快，对国民

---

[1]《铁路旅客运输规程》于 2022 年修改通过，并自 2023 年 1 月 1 日起施行。原规程已失效。但是新规程中没有前述第 8 条的明确规定。

经济活动的影响比其他运输方式更为明显，因此，国家一般要对铁路旅客运输实行严格的控制，对这一问题的研究具有重大意义。

（一）承运人须具有特定资质

铁路旅客运输的高风险、高技术性质要求承运人具备多种条件才能进行运输生产活动。一般来说，承运人首先应拥有适当的运输工具，配备掌握运输技术的运输专业人员并具有较雄厚的经营资本。因此，承运人一般不能是个人，而是较大规模的企业。其次，从现代企业制度角度来说，运输企业必须是企业法人，能够独立承担法律责任，其资格首先应符合法人的一般法律规定，组织形式和组织机构应符合《中华人民共和国公司法》（以下简称《公司法》）的规定，其运输经营活动必须符合专门运输法的规定。更进一步来讲，铁路承运人从事旅客运输具有公共性，其面向不特定多数的社会公众开展运输活动，影响范围广，决定其不仅须具有开展运输活动的能力，还需要达到一定的标准，符合特定的资质，即承运人须经过行政许可，方可进行运输经营活动，这一许可行为是国家管理社会经济事务的手段。

具体而言，根据《铁路安全管理条例》，从事铁路建设工程勘察、设计、施工、监理活动的单位应当依法取得相应资质，并在其资质等级许可的范围内从事铁路工程建设活动。设计、制造、维修或者进口新型铁路机车车辆，应当符合国家标准、行业标准，并分别向国务院铁路行业监督管理部门申请领取型号合格证、制造许可证、维修许可证或者进口许可证。铁路机车车辆的驾驶人员应当参加国务院铁路行业监督管理部门组织的考试，考试合格方可上岗等等，都是明确承运人的资质，以保障铁路运输的安全。

（二）铁路旅客运输合同采用格式条款

格式条款，是当事人为重复使用而预先拟定，在订立时未与相对人协商的条款。以格式条款订立合同，与一事一议这种通常的订立合同的过程不同。铁路旅客运输合同采用格式条款，这些条款是承运人为重复使用而预先拟定，在订立时未与旅客协商的条款。

其一，铁路旅客运输中格式条款的采用，目的在于重复使用。在快节奏的现代社会，高效便捷成为当事人开展生产活动的必然追求，尤其是对于开展商业活动的自然人、法人和非法人组织。通过采用格式条款，民商事主体可以与不特定的相对人高效完成同种类型的交易；而且，社会交易日渐频繁，格式条款的反复使用有助于节约交易成本，因而格式条款得到了广泛应用。在铁路旅客运输合同中，承运人每天都要面对众多的旅客，根据铁路运输行程满足其出行的需要，采用可以重复使用的格式条款高效便捷，能够降低承运人交易成本，消费者也不必耗费时间和精力与承运人讨价还价。

其二，铁路旅客运输格式条款是预先拟定的。格式条款于当事人进行接触交易前即已确定，其表现形式多种多样。格式条款既可以表现为店堂告示"偷一罚十"，更衣室的"请保管好随身物品，丢失本店概不负责"等，也可以表现为某一行业基于交易习惯或者惯例使用的定型化文本，如商事交往中当事人使用的建设工程施工合同书、保险合同等。拟定格式条款的一方多为固定提供某种商品或服务的公用事业部门、企业和有关的社会团体等。[1]铁路运输合同由承运人预先拟定，主要以书面形式呈现。首先，铁路客票构成铁路运输合同的组成部分，其内容即为格式条款。承运人依据法律法规中的强制性规范，并针对铁路旅客运输的具体情况，单方印制了纸质客票或者形成电子客票，在客票中对承运人和旅客双方的某些权利义务做了规定，从而为铁路旅客运输提供了依据，客票便成为客运合同的表现形式。客票上所记载的车次、乘车区间、发车时间、铺别、座号、有效期限等，即为运输合同的格式条款。[2]其次，除了铁路客票上所载的格式条款，承运人有关客票售卖以及相关事项的公告亦构成格式条款。

其三，铁路旅客运输格式条款的订立未经过缔约当事人的协商过程。格式条款缔约相对方对于合同条款"要么接受，要么拒绝"，不能对于具体的条款进行另外的约定。以要约和承诺订立合同的过程中，受要约人实质性变更要约内容的，不构成承诺，充分尊重了当事人双方的意思自治，合同成立于双方当事人就合同的主要条款达成一致。而在格式条款场合，预先拟定的格

---

〔1〕 参见王利明：《合同法研究　第一卷（第三版）》，中国人民大学出版社 2015 年版，第 405 页。
〔2〕 参见张长青：《关于铁路客票法律性质问题的探讨》，载《政法论坛》2004 年第 4 期，第 174 页。

式条款于交易之时并没有交易相对方意思发挥作用的余地，合同的相对方不能讨价还价。因此，为保护弱势、被动一方，立法对格式条款进行了必要的规制。铁路旅客运输合同的订立未与旅客协商，具有单方性。旅客在车站或者在网上购买车票时，虽然可以选择所乘坐列车的车次、乘坐区间，但是这样的选择被限定在承运人已有的列车行程安排内，且选定车次后，并不能就发车时间、具体的座位号等与承运人协商，只能按照承运人拟定好的格式条款安排自己的行程。旅客的合同自由虽然受到了限制，但是从公共利益的角度来看，旅客不必与承运人进行复杂冗长的协商便可订立运输合同并在特定的时间内乘坐列车，通过让渡部分合同自由，旅客获得了出行的极大便利，这是现代社会的一大进步，更是一种具有更高表现形式的自由。

（三）承运人负有强制缔约义务

强制缔约又称为契约缔结之强制，或强制性合同，是指在特殊情形下，个人或企业负有应相对人之请求，与其订立合同的义务，即对相对人之要约，非有正当理由不得拒绝承诺。[1]相对人负有强制缔约义务的场合，合同的订立仍须经过要约和承诺的过程。不同的是，强制承诺人的意思自治和合同自由受到限制，在相对人有条件或者有能力予以承诺时，不得拒绝要约人的请求，必须做出承诺的意思表示。如果相对人做出拒绝的意思表示，应当承担合同法上的责任。笔者认为，这一责任性质为缔约过失责任。因为相对人拒绝承诺之时，尚处于合同订立的阶段，合同还未成立，难以要求强制承诺人承担违约责任。

《民法典》第810条规定："从事公共运输的承运人不得拒绝旅客、托运人通常、合理的运输要求。"该条为授权一方当事人规范，明确了承运人的强制缔约义务，在其运力允许的情况下，旅客向其提出订立运输合同的请求，承运人不得拒绝。

合同自由是合同法的基本原则，而法律施以承运人强制缔约义务是对这一原则的突破，而这一突破须具有特别的理由方可成立。承运人负有强制缔约义务的根本原因在于铁路旅客运输具有公益性和垄断性。其一，铁路旅客

---

〔1〕 参见王利明：《合同法研究 第三卷（第二版）》，中国人民大学出版社2015年版，第509页。

运输业对一国的公共利益具有重大影响。乘坐交通工具出行，尤其是乘铁路列车进行中长途旅行为公众日常生活的必需，而承运人向不特定的人提供运输服务，如果依照合同自由原则，承运人享有是否订立合同的自由以及与特定旅客订立或不订立合同的自由，会给旅客的出行带来极大的不便。其二，自 2013 年实行交通运输大部制，原铁道部并入交通运输部以来，国务院批准设立了中国铁路总公司，公司之后改名为中国国家铁路集团有限公司（简称"国铁集团"），是由中央管理的国有独资公司，其下属 18 个铁路局集团公司、川藏铁路有限公司、3 个专业运输公司等。形式上国铁集团及其下属企业依据《公司法》设立，并开展企业化运营，实质上尚未建立完善的现代企业制度，仍是一家独大，在市场上居于垄断地位，难以引入社会资本从而形成充分、有效的竞争。如果承运人无正当理由拒绝旅客的缔约请求，旅客无法选择其他铁路运输企业作为替代，那么旅客乘坐铁路列车出行的需求就难以得到满足。因此，从事公共运输的承运人，在列车尚有余席并且旅客发出要约的时间合适时，承运人应当与之订立运输合同。

（四）铁路旅客运输合同内容法定

铁路旅客运输关涉旅客的人身、财产安全等重大利益，旅客运输具有连续性和普遍性，而且作为承运人的运输企业具有公用性，在经济上又具有绝对的优势，并形成了法律上的垄断，因此法律有必要对客运合同涉及旅客权益保护和公共利益方面的内容进行特别规定。其一，承运人采用格式条款，如果法律没有特别规定，承运人基于对自己利益的衡量，通常会在拟定格式条款时，利用其经济上的优势地位，制定于己有利但于旅客不利的条款，如制定造成旅客伤亡、故意或重大过失造成旅客财产损失的免责条款，不合理地免除或减轻其责任、加重旅客责任、限制旅客主要权利以及排除旅客主要权利等，而且旅客运输合同较一般的合同更具有广泛性和持久性，承运人拟定格式条款时不仅要依照规制格式条款的法律规定，还要遵照对于铁路旅客运输合同的特别规定。其二，在国铁集团独掌乾坤的背景下，如果任由其对旅客运输合同的内容进行格式化的规定以及变更，旅客的合法权益将难以获得有效保障。所以运输合同须采用一定的格式，要求运输票证应根据有关运输法的规定制定，运输合同条款应表明法律规定的合同双方的基本权利义务，重要的格式条款应当经国家运输主管部门审查批准。其三，法律规定铁路旅客运输合同的内容与合同自由原则并不矛盾，合同自由取得了法的表现形式。具体合同当事人的自由不再完全以其个别表现为基本形式，而是取得了共同的表现形式。后者的内容是较前者更高程度的、更丰富的自由。现代社会中，每个具体运输合同当事人行使其全部个人合同自由，既是不可能的，又是不需要的。当事人的合同自由法律化，更加符合当事人的利益；当事人利益的集合形成社会利益，二者在本质上并无矛盾之处。

基于铁路旅客运输合同的特殊性，立法对其内容进行了特别规定。首先，《民法典》合同编第二分编对保障旅客人身、财产安全和规制铁路旅客运输的垄断性都做出了明确规定。其中，第 811 条、第 819 条、第 822 条、第 823 条以及第 824 条集中规定了承运人保障旅客人身、财产安全义务及其对旅客人身、财产损害的赔偿责任。第 812 条、第 813 条、第 815 条第 2 款以及第 821 条以强制性规范明确了承运人的义务，是对旅客作为弱势一方的保护。其次，《铁路法》第 25 条规定："铁路的旅客票价率和货物、行李的运价率实行政府指导价或者政府定价，竞争性领域实行市场调节价。政府指导价、政府定价的定价权限和具体适用范围以中央政府和地方政府的定价目录为依据。"对铁路票价进行了规制。2022 年公布的《铁路旅客运输规程》（自 2023 年 1 月 1 日起施行）从规章层面对铁路旅客运输合同的内容进行了详细规定：合同的主要条款包括客票应当载明的主要信息以及承运人应当公布的信息、客票的票价包括儿童票、学生票、残疾军人票等、合同的期限、承运人和旅客基本的权利和义务、合同或车票的变更、合同的终止或者退票等。承运人无权自行单方制定旅客运输合同的权利义务条款，合同双方的基本权利义务均应由运输法和运输法规规定。因此，铁路旅客运输合同采用的格式条款并非由承运人任意拟定，而是承运人根据铁路运输法律法规的强制性规范，对合同内容的进一步明确。格式条款规制的是承运人与旅客之间的民事法律关系，而合同内容法定更多体现的是国家规制市场运行、规范承运人行为的经济法律关系，后者从根本上实现了实质公平和旅客合法权益的保护。

由此观之，铁路旅客运输合同具有不同于一般民事合同的性质，对其的认识不能仅从传统民法理论的角度予以概括；在司法实践以及行政执法的过程中，更不能局限于民法或者行政法的领域，而应当在传统民法的基础上，更多地看到法律为保护处于弱势地位的旅客的利益，对承运人资格、合同订立的过程以及合同的内容进行的种种限制，形式上这种干预是对传统民法合同自由的突破，实质上是法律基于公平正义价值，为实现更高层级的自由所做的努力，这一认识深刻地揭示了铁路旅客运输合同的特性，也能够为司法裁判提供有益的借鉴。

三、铁路旅客运输合同的成立与生效

《民法典》第 814 条规定："客运合同自承运人向旅客出具客票时成立，但是当事人另有约定或者另有交易习惯的除外。"从该条规定可知，立法认为客运合同为实践合同，承运人与旅客达成合意时合同尚未成立，客运合同的成立时间一般是纸质客票的取得的时间，或者通过网上购票的方式，承运人出具电子票据时合同即宣告成立。[1] 1997 年《铁路旅客运输规程》第 8 条曾经规定："铁路旅客运输合同从售出车票时起成立，至按票面规定运输结束旅客出站时止，为合同履行完毕。旅客运输的运送期间自检票进站起至到站出站时止计算。"其中对铁路旅客运输合同成立及生效的时间规定得非常模糊，甚至使用了"售出车票时"这一不具有法学意义的通俗表述，再结合运送期间自检票进站时起的规定，有观点认为，"火车客运合同在检票的时候生效"。[2] 但是，本文认为，从合同法理论、铁路客票的性质以及实践做法来看，客运合同尤其是铁路旅客运输合同为诺成合同，并且合同在成立之时即生效。

第一，铁路旅客运输合同自承运人与旅客达成合意时成立，出具客票为合同的履行行为。就合同成立的一般要件而论，具有缔约主体并就主要条款达成合意，即为已足，合同即可成立，唯于法律规定的特殊情形，除当事人

〔1〕 参见黄薇主编：《中华人民共和国民法典释义（中）》，法律出版社 2020 年版，第 1219 页。
〔2〕 参见隋彭生：《合同法（第 9 版）》，中国人民大学出版社 2020 年版，第 210 页。

双方意思表示一致外，还需交付标的物或完成其他现实给付才能成立合同。[1]两相比较，诺成合同将合同成立生效的时间与合同履行的时间区分开来，使得当事人在合同实际履行之前即受合同的拘束。在铁路旅客运输合同场合，立法没有特别的理由将出具客票作为合同的成立要件，而且，按照实践合同的思路，双方达成合意后，承运人未出具客票的仅构成违反先合同义务而非违反合同义务，对旅客的救济途径为缔约过失责任而非违约责任，这一认定对处于弱势地位的旅客来说是不利的。

第二，铁路客票性质上是铁路客运合同的凭证，客票的出具不能决定合同的成立。客票具有原始证据的效力，是运输合同的具体体现，是涉及运输事宜的形式。它虽可构成原始证据，但它也可被其他证据取而代之；作为司法审判中的证据，当事人可以提出反证予以推翻，只要没有提出反证，法院即推定运输合同存在并具效力。虽然承运人与旅客双方没有签订书面的铁路运输合同，但就运输合同而言，双方是否有建立法律关系的意思表示远比这种意思表示是否以书面形式出现重要。[2]所以，铁路客票构成铁路客运合同订立的初步证据，是合同订立的基本凭证，即客票持有人凭票可以证明其与承运人之间存在运输合同关系。铁路客票亦可作为报销凭证。客票持有人受到人身损害请求承运人承担违约责任时，客票可用于证明违约责任的前提，即运输合同的存在。基于铁路客票这一性质认定，铁路客票本身仅为运输合同的组成部分，客票出具与否不影响合同的成立。

第三，在铁路客运实践中，客票的出具为承运人的合同义务，票款的支付为旅客的合同义务，二者在合同成立并生效基础上构成对待给付。在车站购票的场景中，旅客在售票处询问特定时间、特定区间的列车并发出购票的要约，承运人根据列车日程表及已售车票情况，做出承诺之时合同即已成立，旅客支付票款后工作人员打印车票并交付，构成合同义务的履行。在互联网时代，网上购票更为普遍，电子客票往往是在旅客完成线上支付之后生成的，

---

〔1〕 参见韩世远：《合同法总论》，法律出版社 2018 年版，第 83 页。

〔2〕 参见张长青：《关于铁路客票法律性质问题的探讨》，载《政法论坛》2004 年第 4 期，第 174 页。

旅客不支付票款承运人不会出具电子客票，如果不仅认为承运人不出具电子客票合同不成立，也认为旅客支付票款是客运合同成立的要件的话，就会得出背离合同法理论和铁路客运实践的结论。

另外，在有交易习惯的情况下，铁路客运合同的成立应根据交易习惯确定。有些铁路车站特别是上下旅客较少的车站，承运人允许旅客在这些车站上下车，但车站不售票，允许旅客上车后买票。承运人同意先上车后买票的，客运合同自旅客上车时成立。未经承运人许可而先上车的，客运合同应自承运人向旅客做出同意补票的意思表示之时成立。

因此，铁路客运合同成立的节点一般为承运人和旅客达成合意之时，那么，合同何时生效呢？本文认为，客运合同基于双方当事人真实的意思表示成立，且其内容不违反法律、行政法规的强制性规定，不违背公序良俗的，该合同于成立时生效，并非于检票时生效。根据《民法典》第 502 条，法律没有特别规定或者当事人没有另外约定时，合同自成立时生效。因法律没有对铁路客运合同的生效另行规定，客运合同自成立时生效，随后旅客检票进站时，承运人开始履行合同的主要义务。另外，根据交易习惯先上车后买票的，旅客已经开始接受承运人提供的服务，在此情况下，旅客上车时客运合同成立时即生效。

四、铁路旅客运送责任期间

1997 年《铁路旅客运输规程》第 8 条曾经规定："铁路旅客运输合同从售出车票时起成立，至按票面规定运输结束旅客出站时止，为合同履行完毕。旅客运输的运送期间自检票进站起至到站出站时止计算。"基于其中关于运送期间的规定，《铁路运输损害赔偿司法解释》第 11 条认定，铁路旅客运送的责任期间"自旅客持有效车票进站时起到旅客出站或者应当出站时止。"在张文旭与中国铁路沈阳局集团有限公司铁路运输人身损害责任纠纷二审民事判决书的裁判理由中，法院引用了该条规定，但并未加以说明便直接转入对承运人侵权责任或违约责任的分析中，[1] 司法解释对旅客运送责任期间的规定

---

[1] 参见沈阳铁路运输中级法院（2019）辽 71 民终 1 号二审民事判决书。

因内涵不明、责任不清，导致旅客运送责任期间的规定对于司法裁判缺乏指导意义。那么，铁路旅客运送的责任期间是什么？立法上旅客运送责任期间与旅客运送期间重合，两者之间有什么关系？应当如何认定旅客运送责任期间的范围？

在黄玲诉上海铁路局铁路旅客运输合同纠纷案中，旅客下车后在出站电梯上跌倒受伤，法院认为旅客受损这一事实发生于运送责任期间，经审查认定承运人尽到了安全保障义务以及及时救助义务，已全面履行合同义务，因而不应当承担责任，[1] 从论证过程可知，法院对承运人责任的认定采用了过错责任的归责原则。但是在隋桂荣诉中国铁路沈阳局集团有限公司及中国沈阳铁路局集团有限公司四平站铁路旅客运输合同纠纷案中，法院认为，旅客行走在出站的楼梯上摔伤，虽然承运人举证证明其在运营过程中采取了防滑措施，尽到了安全注意义务，且已尽到了救治义务，法院仍判决承运人承担损害赔偿责任，[2] 实则采用了严格责任归责原则。旅客在运送责任期间受到损害时，承运人应承担的违约责任和侵权责任构成责任竞合，那么，铁路旅客运送责任期间承运人承担的责任的性质是什么？该责任是过错责任还是严格责任？具体到旅客进站经过站台上车、上车后到下车在车上的期间、离开列车到出站三个不同的阶段，承运人所承担责任的归责原则是否同一？进言之，旅客进站经过站台上车与离开列车出站期间旅客人身损害责任应为同一类型的责任，这一责任是否与旅客在车上受到损害时的责任同一？

旅客从站台登上列车至到站下车的期间归于运送责任期间没有争议，因而认定旅客运送责任期间的关键，在于判断旅客在第一和第三阶段，即从车站检票进站经过一段距离后到达站台以及到站离开站台经过过道、楼梯等出站途中遭受人身损害，承运人是否承担铁路旅客运送责任（没有实行运送）。

（一）运输责任期间的界定和现行立法

对于运输责任期间的研究最早开始于海商法领域。有学者认为，责任期

---

〔1〕 参见上海铁路运输中级法院（2016）沪71民终23号二审民事判决书。
〔2〕 参见长春铁路运输法院（2019）吉7101民初36号一审民事判决书。

间是双方必须遵守海上运输法规定的"强制性责任的期间",[1]这一概念是为了"适应海上货物运输法的强制性",尤其是针对国际公约《统一提单的若干法律规则的国际公约》《1978 年联合国海上货物运输公约》《联合国全程或者部分海上国际货物运输合同公约》海上运输部分即承运人承担运输任务的期间。在此期间内,承运人应当承担法律规定的各项强制性义务,货物发生损坏或灭失,承运人没有法定免责事由的,必须予以赔偿,不能"用合同约定减轻或者免除这一责任",因而责任期间实为"强制责任期间"。旅客运输与货物运输不同,对应的责任期间含义也不同,但是现有货物运输责任期间的研究对于铁路旅客运送责任期间的界定有借鉴意义。

在海上运输、水路运输和航空运输领域,现行立法均对旅客运输责任期间做出了明确规定。我国《中华人民共和国海商法》(以下简称《海商法》)第 111 条规定:"海上旅客运输的运送期间,自旅客登船时起至旅客离船时止。客票票价含接送费用的,运送期间并包括承运人经水路将旅客从岸上接到船上和从船上送到岸上的时间,但是不包括旅客在港站内、码头上或者在港口其他设施内的时间。"《水路旅客运输规则》与该条规定同一。[2]根据《中华人民共和国民用航空法》(以下简称《民用航空法》)第 124 条,航空旅客运输责任期间是"在民用航空器上或者在旅客上、下民用航空器"的期间。[3]这一规定与 1999 年《蒙特利尔公约》第 17 条的责任期间认定一致。对于"上、下航空器的过程中"的解释,有"位置要素决定说"和"代伊模式"两种观点。[4]"位置要素决定说"以航空运输固有风险区域作为责任期

---

[1] 参见郭瑜:《海商法教程(第 2 版)》,北京大学出版社 2002 年版,第 105 页。

[2] 《水路旅客运输规则》第 8 条:"旅客运输的运送期间,自旅客登船时起至旅客离船时止。船票票价含接送费用的,运送期间并包括承运人经水路将旅客从岸上接到船上和从船上送到岸上的期间,但是不包括旅客在港站内、码头上或者在港口其他设施内的时间。旅客的自带行李,运送期间同前款规定。"

[3] 《民用航空法》第 124 条规定:"因发生在民用航空器上或者在旅客上、下民用航空器过程中的事件,造成旅客人身伤亡的,承运人应当承担责任;但是,旅客的人身伤亡完全是由于旅客本人的健康状况造成的,承运人不承担责任。"

[4] 参见宋刚、耿绍杰:《探析 1999 年〈蒙特利尔公约〉"上、下航空器的过程中"的判定》,载《中国民航飞行学院学报》2021 年第 3 期,第 16~17 页。

间的分界点。具体而言，旅客下飞机后到达廊桥〔1〕、到达航站楼〔2〕、到达行李区〔3〕，旅客即已离开航空器，脱离航空器这一高速运载工具给旅客带来的风险而到达安全区域，此时旅客遭到人身损害，因航空旅客运输责任期间已终止，承运人不承担严格责任；旅客"上航空器"的解释同理。"代伊模式"则综合活动性质、位置要素和承运人控制三个因素判断责任期间的起止时间。如旅客为了登机，在登机专用区域排队等待工作人员的安全检查以通过航站楼的最后一道门，此时旅客正处于承运人的引导、控制之下，尽管旅客处于航站楼内，仍然可以认定旅客处于上航空器的过程。〔4〕与"位置要素决定说"相比较，"代伊模式"对"上、下航空器的过程中"作了从宽解释，更注重对旅客的保护。虽然"代伊模式"有一定的合理性，但是"代伊模式"是在例外情形下如恐怖袭击、劫机等，为对旅客进行充分救济而提出的，试图将这类事故列入航空运输的固有风险中，不具有普适性，"位置要素决定说"仍为界定运输责任期间的主流观点。

（二）铁路旅客运送责任期间的界定

旅客运送责任期间规制的主体是承运人，相对人为旅客。承运人在旅客运送责任期间的责任承担主要适用于旅客人身伤亡的情形。《民法典》第811条规定："承运人应当在约定期限或者合理期限内将旅客、货物安全运输到约定地点。"其中第819条明确承运人应当严格履行安全运输义务。其中第823条规定，"承运人应当对运输过程中旅客的伤亡承担赔偿责任；但是，伤亡是旅客自身健康原因造成的或者承运人证明伤亡是旅客故意、重大过失造成的除外。"旅客的生命权、健康权是旅客最重要的权利，保障旅客在铁路运输期间的安全是承运人的主要义务，法律将旅客的人身权保护贯彻到责任期间中，对旅客人身受损时承运人的责任以强制性规定的方式固定下来，排除当事人约定的可能，是合同内容法定的表现，更体现出对旅客生命健康权的尊重与保障。

旅客运送责任期间的性质为严格责任期间，除非有法定的免责事由，旅

〔1〕 See Maugnie v. Compagnie Nat'l Air France, 549 F. 2d 1256.
〔2〕 See Klein v. K. L. M Royal Dutch Airlines, 360 N. Y. S. 2d 60.
〔3〕 See MacDonald v. Air Canada, 439 F. 2d 1402.
〔4〕 See Day v. Trans World Airlines, Inc. , 528 F. 2d 31.

客在该期间发生损害的，承运人应当承担损害赔偿责任。旅客运输责任期间是合同期间的一部分但也是合同履行期间最为重要的部分。铁路旅客通过网上订票或者窗口购票的方式与承运人签订旅客运输合同，自合同成立并生效，到旅客下车出站，为双方当事人享有合同权利、履行合同义务的期间。旅客运送责任期间是对旅客运输合同的法定限制，在责任期间内承运人的权利和义务、责任等由法律加以规定，不允许当事人做出低于这一标准的约定。该责任采用严格责任原则，因责任期间排除当事人对免责事由的约定，因此承运人除非举证证明存在法定的免责事由即《民法典》第 823 条规定的："伤亡是旅客自身健康原因造成的或者是旅客故意、重大过失造成的，应当承担赔偿责任。"因此，铁路旅客运送责任期间为承运人在实际运送旅客的过程中对旅客人身伤亡承担严格责任的期间。

前述 1997 年《铁路旅客运输规程》规定了铁路旅客运送期间的范围，《铁路运输损害赔偿司法解释》规定了铁路旅客运送责任期间的范围，这两个范围在立法上完全重合，但是铁路旅客运送责任期间与旅客运送期间并非同义反复，二者在内涵上有一定的区别。

立法和法理都没有对铁路旅客运送期间的概念进行界定，但是立法在铁路旅客运送期间认定的基础上曾经对于该期间内承运人的责任作了进一步的明确。前述 1997 年《铁路旅客运输规程》明确了旅客在铁路运送期间发生人身伤亡的，承运人应当承担损害赔偿责任，除非伤亡是不可抗力、旅客自身健康原因造成的或者承运人证明伤亡是旅客故意、重大过失造成的。[1]原《最高人民法院关于审理铁路运输人身损害赔偿纠纷案件适用法律若干问题的解释》（2020 年修正）第 12 条曾经规定，铁路运送期间旅客人身受损时，法院应当根据赔偿权利人的请求适用相应的法律规定来认定承运人的责任，即请求承担违约责任的，法院应当依照《民法典》合同编有关客运合同的规定进行归责，请求承担侵权责任的，依照侵权责任编的相关规定。但是该司法解释 2021 年 12 月修改并删除了其第 12 条的规定。由此可知，运送期间是承运人履行合同主要义务即将旅客从出发地载至目的地的起止时间，在该期间

---

〔1〕 新修改的现行规程中无此规定。

旅客人身受损的，承运人应当承担违约责任或者侵权责任。旅客运送期间概念本身没有承运人责任承担的应有之义，立法上需要以旅客运送期间为基础，明确该期间内不同情形下承担的责任类型。而责任期间是法律基于对旅客人身权益的保护规定的严格责任承担的法定期间，该概念本身即包含严格责任承担的要义。

铁路旅客运送责任期间与旅客运送期间虽然在内涵上存在上述区别，但是二者在范围的认定上具有关联性和一致性。首先，旅客运送期间和运送责任期间都是旅客运送活动发生的期间。"运送"意为用运输工具输送，铁路旅客运送期间和运送责任期间都以用列车实际输送旅客为基础，不处在运输过程则不属于铁路旅客运送期间和运送责任期间。其次，我国《海商法》只在第111条规定了承运人海上旅客运输的运送期间，没有提及旅客运送的责任期间。学理上，有学者认为海上旅客运送责任期间即为运送期间，[1]因而将两者的认定等同。《民用航空法》第124条虽然没有使用旅客运送责任期间这一术语，但是该条规定的是旅客在民用航空器上或者其在上、下民用航空器过程中受损时承运人的严格责任，实则为对航空旅客运输责任期间的规定，原则上运送期间与运送责任期间范围重合。因此，铁路旅客运送期间和运送责任期间在范围的认定上应当一致。

(三) 铁路旅客运输中运送责任期间的认定

基于法理上对铁路旅客运送责任期间的界定，本文借鉴其他交通运输立法中比较成熟的规定，并结合铁路运输实际，认定铁路旅客运送责任期间应为旅客从上车到下车的期间，不包括旅客进站经过站台上车的期间以及下车经过站台出站的期间。

首先，按照前述界定，《铁路运输损害赔偿司法解释》所述的责任期间不完全属于旅客运送责任期间，旅客在进站后、上车前、前往列车途中以及下车后离开站台出站时受到损害的，旅客已经脱离高度危险工具，未处于运输过程中，不属于高度危险责任，承运人应当承担过错责任而非严格责任。第一，前述期间不符合铁路旅客运输责任期间的界定。旅客进站后上车前以及

---

〔1〕 参见司玉琢：《海商法专论（第4版）》，中国人民大学出版社2018年版，第213页。

下车后出站前，承运人尚未开始履行或者已经履行完运输旅客的主合同义务，虽然这一期间尚处于承运人运输合同义务的履行过程中，但是这并不意味着法律一定要强制承运人承担旅客运输责任期间的严格责任。第二，旅客在前述期间受到损害的，承运人的责任不构成高度危险责任。《民法典》第 1240条规定，因铁路运输致人损害的，承运人承担严格责任，此为高度危险责任。根据规范目的理论，只有当损害处于法规保护范围之内时，这一损害方能得到救济。铁路列车运行具有高速性和不可避让性，〔1〕为对因铁路列车高速行进受到损害的旅客或者第三人予以及时救济，《民法典》第 1240 条规定承运人对受害人承担严格责任。而旅客在进站后上车前前往列车途中以及下车后离开站台出站时受到的损害与列车高速运行造成的损害性质不同，承运人不因此承担严格责任。第三，旅客在前述期间受到损害的，承运人应当承担违反安保义务的过错责任。站台以及连接站台的通道、楼梯、电梯等本质上是车站的延伸，旅客在这一地域范围内受到损害的，原则上铁路运输企业应当承担过错责任，即旅客根据《民法典》第 1198 条的规定，举证证明其损害是铁路运输企业未尽到安全保障义务造成的，而不是按照旅客运送责任期间的规定由运输企业承担严格责任。因此，以过错责任原则认定旅客进站到上车前以及下车后到出站期间旅客伤亡的赔偿责任与法理、与司法实践中大多数法院的观点一致，更有利于法律规定、法律适用的统一。

其次，参照《海商法》和《民用航空法》，海上旅客运输责任期间及航空旅客运输责任期间将上、下交通工具作为期间的分界点，因而以上、下列车作为铁路旅客运输责任期间的起止点更为合理。依照"位置要素决定说"，铁路旅客在上车前或者下车后所在的过道、扶梯等位置是安全区，不会直接面对列车运行带来的安全风险；即使按照"代伊模式"，旅客进站后上车前以及下车后出站前多按照自身的意愿活动，在这一状态下的旅客也不符合承运人控制这一要素。因此铁路旅客运送责任期间应当始于登上列车，终于旅客离开列车。

最后，从铁路事业发展的角度，明确承运人对旅客进站后前往列车途中

〔1〕 参见黄薇主编：《中华人民共和国民法典释义（下）》，法律出版社 2020 年版，第 1895 页。

以及下车后出站过程中受到的损害承担过错责任，有利于规范承运人的行为，提高铁路经营的科学性。如果立法按照《铁路运输损害赔偿司法解释》的规定，将旅客从车站检票进站经过一段距离后到达站台以及离开站台经过过道、楼梯等出站纳入运送责任期间，旅客在此期间遭受人身损害的，一律要求承运人承担严格责任，承运人无法因举证证明其已尽到安保义务而免责，换言之，承运人是否采取相应措施保障旅客安全，不影响其侵权责任的构成，一定程度上使得承运人怠于管理，反而不利于旅客安全的保障，徒增铁路运输纠纷。相反，若采用过错归责，承运人根据法律规范的指引，保障出入站基础设施设备的安全性，加强旅客进出站管理，维持车站、站台的公共秩序，尽到合理的安保义务，则不必为旅客因自身过错或者不可预见的第三人过错造成的损害负责，进而引导承运人加强硬件和软件的安保义务，构建安全保障体系，规范铁路经营。因此，将进出站的阶段排除出运送责任期间，分段按照不同的归责原则认定承运人的责任（第一阶段和第三阶段为承担过错责任的阶段，中间阶段为承担严格责任的阶段），有助于发挥立法的导向作用，明确承运人的义务与责任，协调承运人与旅客之间的利益关系，发挥铁路交通运输在陆上交通运输中的骨干力量，推动铁路运输事业的发展。

综上所述，从旅客检票进站到其到站出站，旅客受到人身损害时承运人承担的责任性质因旅客所处的位置而有所区别。结合旅客运送责任期间的认定，承运人承担的责任具体如下：

在旅客运送责任期间，即旅客上车到旅客下车期间受到人身损害时，承运人应当承担严格责任。铁路旅客运送责任期间为承运人在旅客运输中对旅客人身伤亡承担严格责任的期间，在责任期间内，根据《民法典》合同编第823条的规定，承运人应当对旅客的人身损害承担赔偿责任，除非承运人举证证明伤亡是旅客自身健康原因造成的或者证明伤亡是旅客故意、重大过失造成的；或者按照《民法典》侵权责任编第1240条的规定，承运人因使用高速轨道运输工具致使旅客伤亡的，承担严格责任，即在责任的认定上不考虑承运人的过错，但责任的成立需要考虑受害人的过错，承运人可因受害人故意或者重大过失而免责。

在旅客运送责任期间以外，即旅客从车站检票进站到上车前以及下车后出站前的阶段人身受损的，承运人未尽到安全保障义务的，应当承担侵权损害赔偿责任。《民法典》第 1198 条第 1 款规定，车站、机场等经营场所、公共场所的经营者、管理者，未尽到安全保障义务，造成他人损害的，应当承担侵权责任。根据该条，其一，承运人负有保障旅客人身、财产安全的义务。承运人的安全保障义务主要有两个方面的内容：一为硬件方面，场所的设施设备应当符合安全标准；二为软件方面，应当加强管理，提供安全的外部环境，并且对于潜在的危险，应尽必要的提示说明义务。其二，旅客检票进站后，通往站台的必要场所如电梯、楼梯、地下通道以及站台等是车站的延伸，属于公共场所，旅客在此期间受到人身伤害的，若承运人未尽到安保义务，基于过错责任原则的要求，其应当承担损害赔偿责任。

五、结论

针对以上对铁路旅客运输合同特征的探讨，成立生效问题的分析以及运输责任期间的研究，未来可从以下几个方面对铁路旅客运输法律法规进行完善。

第一，在明确铁路旅客运输合同特征的基础上修改现行立法的表述。1997 年《铁路旅客运输规程》第 7 条规定："铁路旅客运输合同是明确承运人与旅客之间权利义务关系的协议。"基于铁路旅客运输合同的格式条款以及内容的法定性，运输合同并未经过当事人的协商过程，因而以"协议"界定旅客运输合同的性质并不恰当。2023 年开始实施的新的《铁路旅客运输规程》中，已删除了"铁路旅客运输合同是明确承运人与旅客之间权利义务关系的协议"的内容和表述。按照《民法典》对于旅客运输合同的规定，未来《铁路法》的修改、《铁路运输条例》的起草也可以将类似条文修改为"铁路旅客运输合同是承运人将旅客从起运地点运输到约定地点，旅客支付票款的合同"。

第二，立法规范运输合同和铁路旅客运输合同成立及生效规则。《民法典》《铁路法》、正在起草的《铁路运输条例》以及将来仍要修订的《铁路旅客运输规程》可以明确铁路旅客运输合同自承运人与旅客达成合意时成立，但是当事人另有约定或者另有交易习惯的除外。铁路旅客运输合同自成立时生效，但是法律另有规定或者当事人另有约定的除外。

第三，立法明确界定铁路旅客运送责任期间。建议《铁路旅客运输规程》中明确："铁路运输企业对旅客运送的责任期间始于旅客上车，终于旅客下车。在此期间因列车运行造成旅客民事权益损害的，承运人应当承担违约责任或者侵权责任。"

国际多式联运中统一运单法律适用对策研究

——以依法保障后疫情时期中欧班列运行效率为视角

关宁宁*

一、引言

全球疫情在较长时期内表现出来的不可控的特性，在一定程度上对全球经贸活动造成了严重冲击。国际货物运输，特别是国际多式联运也随之受到了很大的挑战与冲击。此背景对于依法规范国际货约/国际货协统一运单（以下简称"统一运单"），从而保障我国以亚欧铁路为主导的国际多式联运主体的合法利益，提出了更高的要求。

中欧班列是运行于中国与欧洲间的集装箱铁路国际联运列车，自2011年3月起开始运行，截至2021年6月，其开行总量已超过4万列，累计货值超过2000亿美元，73条运行线路通达欧洲22个国家的160多个城市，构建了一条全天候、大运量、绿色低碳的陆上运输新通道。[1]中欧班列业已成为"一带一路"的重要组成部分，开创了亚欧陆路运输新篇章，铸就了沿线国家互利共赢的桥梁纽带。[2]

2006年，在两大国际铁路运输组织——《国际铁路货物运送公约》（以

---

* 经济法博士，美国密西西比法学院访问学者，泰国格乐大学法学院硕博导师，华东交通大学特聘研究员，山东康桥律师事务所律师。

〔1〕 参见顾阳：《中欧班列累计开行4万列——带动沿线通道经济快速发展》，载《经济日报》2021年6月21日，第1版。

〔2〕 参见《外交部：中欧班列欣欣向荣充分说明"一带一路"的旺盛活力》，载 https://www.thepaper.cn/newsDetail_ forward_ 13255386，最后访问日期：2021年6月22日。

下简称《国际货约》）与《国际铁路货物联运协定》（以下简称《国际货协》）主要成员国之间联合达成的《欧亚联运多式联运的组织和运营问题协定》而制定的《国际货约/国际货协运单指导手册》（以下简称《指导手册》）中，第一次将适用统一运单提上了议事日程。我国于 2011 年正式颁布该《指导手册》，2015 年、2017 年、2019 年、2022 年先后对适用该手册做出了进一步的配套完善与修订。该手册对于中欧班列运输范围内的统一运单的样式、使用文字、填制内容、参加国铁路、适用条件、费用支付、运输径路及转发地点、协议原则等内容，均已达成了一致性的规定。

根据运输法原理，运单是国际铁路货物运输的必备单证，是运输合同的证明，代表了运输合同当事人之间的运输关系。根据国际结算惯例，在托收或信用证支付方式下，托运人可凭运单副本办理托收或议付[1]而统一运单是中欧班列运行范围内各国包括我国法律认可的，用以证明铁路货运运输协议和货物已由承运人接收或者完成装运，以及承运人保证据以交付货物的法定单证。但是对于这一单证的适用，各国通常采用的是与国内运输法规衔接适用的方式，而非强制适用的原则。因此，明确界定统一运单的性质与标准，不断提高其适用性，并以此为基础，进一步完善和规范统一运输规则的建立，有利于保障国际货物买卖的安全性及效率，同时也有利于将统一运单作为国际融资业务中关键的融资担保权证。只有进一步重视和加强统一运单的适用，重视统一运输规则的建立与完善，才能够与以蓬勃发展的亚欧铁路运输为主导的国际多式联运业态相匹配，进一步服务于新的、更加多样化的经济发展模式。

二、中欧班列所涉及的国际多式联运统一运单在法律适用中存在的问题

（一）法律适用的理论规范与现实适用之间存在不协调、不一致的情况

中欧班列是由中国铁路总公司（现为国铁集团）组织，按照固定车次、线路、班期和全程运行时刻开行，运行于中国与欧洲以及"一带一路"沿线

---

[1] 参见黄力华、帅馨：《中欧班列签发多式联运提单之法律瑕疵分析》，载《西南石油大学学报（社会科学版）》2018 年第 3 期，第 67 页。

国家间的集装箱等铁路国际联运列车。[1]由于国际货物运输跨越地理范围，决定了一次国际运输过程可能涉及多种运输方式。中欧班列在广义的理解上，应指中欧班列国际联运，即以中欧铁路运输通道为支撑，联合海运、空运、公路运输的国际货物联合运输，本文所讨论的中欧班列即建立在此定义之上。

国际铁路组织及相关成员国之间的协作，是实现中欧班列国际联运的顺利交接的前提和基础，而统一的国际铁路联运规则，特别是统一运单规则的建立，对于简化口岸联检手续和压缩作业时间、畅通欧亚多种运输方式的衔接无疑具有非常重要的基础性作用。

中欧班列沿线的国家、地区分别属于《国际货协》和《国际货约》两大国际铁路规章体系，即使采用了统一运单作为运输单据，却仍然未就最终的运输责任承担做出统一规范和界定。而按照《指导手册》规定：国际铁路合作组织，可以在各自范围内，分别适用不同的运输法规。这看似为承运人选择适用不同的运输规则留下了伏笔，结果却会导致在同一班列发生货损后，最终的责任归属、赔偿限额、赔偿请求的诉讼程序等环节均出现极大的差异。

而在事实上，随着俄罗斯的加入，目前中欧班列所途经的原欧洲缔约国已全部加入《国际货约》。因此，有学者认为，根据目前欧盟各国缔结条约的相关情况，上述理论上的冲突已经基本解决。[2]

而根据《国际货约》，对于任何批准加入国际铁路运输政府间组织（简称OTIF）时未作保留声明的国家来说，OTIF（包括《国际货约》）优先于其国内法适用。[3]

譬如，根据《国际货约》第 26 条之规定"如果一个独立运输合同项下的运输由不同连续承运人承担，每个承运人一旦接收货物与随附运单，即按照

---

〔1〕 参见 2016 年推进"一带一路"建设工作领导小组办公室印发的《中欧班列建设发展规划（2016-2020 年）》。
〔2〕 参见莫世健、陈石：《论国际铁路运输公约对"一带一路"的重要性》，载《山东科技大学学报（社会科学版）》2016 年第 2 期，第 28 页。
〔3〕 参见中华人民共和国上海海事法院民事判决书（2016）沪 72 民初 2017 号。

运输合同条款规定成为运输合同当事人，将承担由此产生的责任。"〔1〕根据此条规定，即使根据《国际货约》的适用范围推导出运输所涉及的沿途各国都应当按照该规则确定责任，但得出的结论仍然只是每个承运人应当对整个运输过程负责。也就是说，只有当具体的承运人被确立下来之后，其所应当承担责任的法律适用才能够得以确立。而假设最终的责任归属，要按照运输过程的不同而分阶段适用不同的运输法规，则意味着不同运输阶段承运人所需承担的责任以及限额赔偿的具体额度等实体权利义务存在极大的不确定性，因此，理性的当事人必然更倾向于一次运输过程适用一个统一的运输规则。

在《国际货约》第 27 条中规定，替代承运人及其雇员，以及为替代承运人运输提供服务的其他人在承担赔偿责任时，享有公约所赋予承运人的不超过公约所规定的责任限额。〔2〕因此在运输合同签订初始，《国际货约》成员国的当事人基于已签署的《国际货约》，必然要求运输合同适用《国际货约》之规定，否则其将无法受到公约所规定的限额赔偿的保护，也就是说，如果选择适用公约之外的其他运输规则，承运方将可能承担更大的责任与风险。基于上述规则的存在，事实上，理性的运输合同当事人主动选择《国际货协》的可能性已经比较小，而这一理论上可能被选择适用的运输规则，其对于中欧班列运输的影响力也正在日益下降。

（二）我国发出的中欧班列运行实践中统一运单适用率低的困境

1. 在中欧班列运输实践中，运输单据适用规范仍然处于多元化状态

从目前我国发出的中欧班列运行数据来看，统一运单的适用率并不高。〔3〕而

---

〔1〕 参见史冬雪：《深化跨欧亚铁路交通领域多边协作推进 CIM/SMGS 单联货运单制度法律互操作性》，载《世界轨道交通》2011 年第 5 期，第 56 页。原文参见 CIM（Uniform Rules Concerning the Contract of International Carriage of Goods by Rail）第 26 条。

〔2〕 参见史冬雪：《深化跨欧亚铁路交通领域多边协作推进 CIM/SMGS 单联货运单制度法律互操作性》，载《世界轨道交通》2011 年第 5 期，第 56 页。原文参见 CIM（Uniform Rules Concerning the Contract of International Carriage of Goods by Rail）第 27 条。

〔3〕 国际货协运单是指全程使用国际货协运单，因我国是《国际货协》的缔约国，故以我国为起始点的中欧班列适用国际货协运单。中欧班列路线较多，不少目的地所属国家非《国际货协》缔约国，一味适用国际货协运单并不可行。国际货协运单＋国际货约运单是指在起始站填写国际货协运单，到达《国际货约》缔约国时更换运单重新填写，因中途填写运单耗时、运单内容填写易出错，此做法并不理想。

我国除了中欧班列（重庆—杜伊斯堡）使用统一运单外，其他中欧班列通常采用国际货协运单发运。

究其原因，第一，因为统一运单的适用并无法律强制力。虽然统一运单是两大国际铁路运输组织为解决运单格式不统一引起的问题而协调制定的，按照《国际货约》的约定也应当适用，但由于铁路运输行业垄断、准垄断的性质以及中欧班列途经的很多国家对于铁路运输长期以来所采取的特殊行政或准行政管理的要求，国际货约/国际货协的运单长期以来，已经在以铁路运输为主体的中欧货物多式联运运输方式中事实上占据了主导位置。

第二，在更换和适用统一运单的过程中，事实上存在一些程序性的具体困难与问题。首先，因为增加了一种文字，统一运单的制作稍显复杂；其次，随车单据需要提前提供给沿途铁路、联检部门以及收货人，得到回复后方可成行。[1] 目前在中欧班列的沿途经过的国家中，国际货约/国际货协的成员国，基本上仍然采用了各行其是的处置方案，导致统一运单的适用，必须以得到最终抵达国及沿途各国的批准与认可为前提。而正是这一前置性程序的设定，不仅将运输的准备时间无限期拖延至不合理的长度，而且直接导致统一运单的实用性被压缩在一个很小的范围内，从目前我国发出的中欧班列运行数据来看，只有很少一部分中欧班列已采用了统一运单。

2. 统一运单是否具有物权效力的认定问题

虽然根据《指导手册》确立了统一运单，作为中欧班列运输中统一运输凭证的地位，甚至根据国际结算惯例，托运人可以凭借该运单（配合其他附随资料）办理提前收款，却不能因此而赋予该运单以相应的物权效力。

（1）运单概念厘清及法律性质辨析。

第一，曾被赋予法律上的"物权凭证效力"的是"提单"而非"统一运单"。曾被赋予物权效力的"提单"，是一个海上货物运输领域的概念，而铁路货物运输领域从未采用过这一概念。且提单被国际公约明确赋予效力只有早在 1924 年的《统一提单的若干法律规则的国际公约》（以下简称《海牙规

---

〔1〕 参见康颖丰：《亚欧铁路国际联运运输法的协调———谈统一运单的推广使用》，载《大陆桥视野》2016 年第 6 期，第 39 页。

则》）中，而在其后的 1978 年《联合国海上货物运输公约》（以下简称《汉堡规则》）和 2008 年的《联合国全程或者部分海上国际货物运输合同公约》（以下简称《鹿特丹规则》）都没有类似"提单具有物权凭证效力"的规定。

"多式联运提单"也不是国际公约所采用的表述。《鹿特丹规则》中已经转而采用"运输单证"，而在铁路货运中，自始就不存在提单的概念，中欧班列应采用"运单"（Waybill or Consignment note）或"多式联运单据"（Multimodal transport Document）的表述，而非"多式联运提单"。[1]

第二，统一运单从未被赋予"物权凭证效力"，在此之上设立质权忽视了其法律性质。提单"物权凭证效力"早已饱受诟病，中欧班列"以提单做物权质押"的表述显然忽视了提单表证债权的法律性质。

尽管提单的性质在翻译时一度被确立为物权凭证，但早有学者指出大陆法系中的"有价证券"与英美法系的"documental of title"更契合，提单的法律性质应采取"有价证券说"，为了实现权利的转移，才导致现代商品经济生活中把权利表现在证券上，形成有价证券。[2]而由于物权是不能被证券化的，因此，有价证券天然是与财产形式中的债权而非实体财产相结合的，即物权是不能通过证券来进行表征、记载的，物权对物支配的本质属性排除了物权的证券化。[3]由于动产物权的证券化，动产物权变动领域发生了以交付表彰该动产物权的证券来代替交付动产本身的现象。例如，仓单、提单所载物品之交付，让与人将该证券交于有受领权人时即产生与交付动产本身同样的法律效力，而无须实际交付物品本身。[4]

因此，提单所表征的权利是一种债权而不是物权，提单所记载的是持有人对承运人享有的提货请求权（债权）。因此，即便是提单设立质权也是基于其所表征的对实际控制占有托运物之人的请求交付的债权，而不是因为提单

---

〔1〕 参见邓翊平：《签发具有物权凭证属性铁路提单的思考》，载《金融理论与实践》2018 年第 6 期，第 84~87 页。

〔2〕 参见谢怀栻：《票据法概论》，法律出版社 1990 年版，第 6~11 页。

〔3〕 参见陈芳、郑景元：《论提单的法律性质》，载《法学评论》2011 年第 4 期，第 63 页。

〔4〕 参见梁慧星主编：《中国物权法研究》，法律出版社 1998 年版，第 211 页。

代表货物所有权。提单是不能作为货物的所有权凭证而进行物权质押的。[1]

第三，以运单设立权利质押，不能违反物权法定原则。我国原《中华人民共和国担保法》其中所指的提单应是指海运提单或全部或部分涉及国际海上运输的多式联运提单，中欧班列签发的"多式联运提单"不属于我国民法中"提单"概念的范畴，以其设立权利质押，可能违背物权法定原则。

（2）运单的功能及法律效力。

运单正本及其他随附资料一经签署，即要转由承运人保管，跟随货物完成流转与运输，包括沿途各国海关和边境的过程。而在这一过程中，运单正本及其他附随资料所承担的主要功能有三：一是作为承运人装卸和运输货物的依据与凭证；二是在运输完成后，成为收货人检查核对交运货物的状态的依据；三是在海关通关时，作为货物流转等行政手续的凭证与载体。

而运单副本则在签发后退回至托运人，托运人可用运单副本及其他所需文件，依据相关国际结算惯例，提前履行接收货款等权利。显然，这里的运单副本只是作为结算单据，而并未被赋予物权法律效力。

笔者认为，运单副本并不是物权凭证，其所表征的权利是一种债权而不是物权，所记载的是持有人对承运人享有的提货请求权（债权）。

在此期间，运单的记载缺失、不规范或者遗失不影响运输合同的存在与效力，运输合同应仍然适用《国际货约》，但如果因托运人在运单上的记载不规范、不正确、不完整，或者未在指定位置记载，或未记载《国际铁路运输危险货物规则》规定的事项，而造成承运人实施损失或者发生费用的，责任由托运人承担。尤其是运单中未记载"不管有任何相反的规定，本运输必须遵照本统一规则之规定"内容的，承运人将承担权利人所遭受的所有费用和损失。故中欧班列签发货约运单时，记载类似"本运输遵照本统一规则之规定"的表述为好，否则承运人将面临更大的责任与风险。

（三）单证收集和保管的实际困难

由于采用国际多式联运方式的运输过程，通常都要经过多个在地域、法

---

〔1〕 参见黄力华、帅馨：《中欧班列签发多式联运提单之法律瑕疵分析》，载《西南石油大学学报（社会科学版）》2018 年第 3 期，第 71 页。

域、文化、语言、时差等方面存在巨大不同的国家或地区，而上述因素的差异具体表现在货运运输特别是铁路运输安全管理方面，也存在巨大的不同甚至分歧，于是在收集相关运输单证的过程中，所需花费的时间更长、沟通成本更高，必将影响单证收集的效率。

在国际多式联运责任制度的适用中，作为商务记录凭证的运输单证，对于证明货损是否发生、责任的构成、货物损失的程度及数额等相关证据，承担着非常关键的证明作用，发挥着十分重要的证明效力。但由于货物的所有权尚未转移，如果不出具相关单证及商务记录，很难证明境外运输承运人或代理人，所应当承担的相关责任；而如果承运人或代理人在运输过程中存在履行安全保障义务不到位等情况，有可能根据相关归责原则，承担过失责任，此时，作为单证及商务记录的持有人，承运人很可能选择不将上述单证交付给托运人，对于托运人来说，一旦事故发生，想要取得相关单证，通常都比较困难。[1]

三、中欧班列运行中适用国际多式联运统一运单所涉法律问题的原因分析

（一）两大国际铁路运输组织采用不同运输规则，统一运单尚未全面普及，国际运输基础规则适用仍然各行其是

铁路运输自诞生以来，一直是大宗货物运输的最佳方式，而由于地缘分布、意识形态分歧等历史、政治、经济等诸多因素的制约，分布在欧亚大陆板块之上的铁路不仅规格和制式上存在较大差异，而且，铁路运输所依存的人文环境、政治和法律制度上也一直存在着很大的不同。

但不管怎样亚欧两大洲同处世界上最大最完整的地理板块之上，因此，亚欧铁路运输仍然具有不可替代的天然优势。以铁路运输为主体的多式联运的跨境运输本质属性决定着中欧班列运行过程中有更多复杂的法律关系需要协调，基于上述问题的存在，两大国际铁路运输组织长期以来致力于通过各种形式的对话、交流与合作，不断修正和弥合双方之间存在的鸿沟和分

---

[1] 参见吕光富：《单证托运人制度研究》，载《经济与社会发展》2015年第2期，第104~105页。

歧。[1]

两大国际铁路运输组织分别为铁路合作组织（OSJD）和国际铁路运输政府间组织（OTIF）。其中 OSJD 主要由传统东欧国家构成，其主要是直接吸收各国的铁路企业作为成员，目前成员包括俄罗斯、捷克、哈萨克斯坦、波兰等 28 个国家的铁路企业，他们主要以《国际货协》为依据，使用"国际货协运单"。而 OTIF 则主要由来自欧洲大部分地区、北非、西亚等 50 个国家的政府和政府组织组成，以《国际货约》为依据，发生在成员国之间的运输主要使用"国际货约运单"。[2]由于两大国际铁路运输组织在成员类型、组织理念、宗旨与目的等问题上存在重大分歧，两大国际铁路运输组织只能分别制定了相应的运输规则，各自应对跨境铁路运输问题。

特别是上世纪 80 年代之前，由于两个组织分属不同的法域，政治体制和意识形态分属不同的阵营，分别适用不同的运输法规，曾一度在以运输单据为代表的运输规则上存在巨大的分歧与冲突，各成员国仅依自己加入的公约作为跨境铁路运输的依据，未形成统一的国际铁路运输规则。这样带来的问题是跨境联运的货物必须在适当的边境站重新办理发运手续，重新制作另一运输法律体系的单据，制约了运输效率和运力。

这一问题随着国际格局的不断转变，经过长期的斡旋与协商，2006 年，双方最终达成了《欧亚多式联运组织和运营问题协定》，制定了《指导手册》，并据此拟定了统一运单，加入并接受《指导手册》的国家铁路成员，既包含《国际货协》铁路组织的成员国，也包括《国际货约》铁路组织成员国，基本上将亚欧大陆桥铁路运输的主要发运国及通过国涵盖在内，形成了真正的横跨亚欧大陆的"大陆桥"铁路直通运输通道。因此，《指导手册》出台后，成为初步整合两大国际铁路运输组织、能够为国际多式联运运单提供统一规范效力的国际协定。

但由于《欧亚多式联运组织和运营问题协定》的达成及《指导手册》的

---

〔1〕 参见康颖丰：《亚欧铁路国际联运运输法的协调——谈统一运单的推广使用》，载《大陆桥视野》2016 年第 6 期，第 36 页。

〔2〕 参见曾明生主编：《铁道法治学导论》，中国政法大学出版社 2022 年版，第 534～535 页。

签订，都是两大国际铁路运输组织搁置了对运输责任承担以及赔偿规则等本质问题后才达成的。因此，《指导手册》只是从形式上规范了统一运单的外观样式，而规定最终的责任判定和归属问题，仍然只能适用各自体系内本应适用的运输实体法。[1]因此，《指导手册》中对统一运单的规范，基本上是采取了将国际货协运单和国际货约运单进行简单的物理性合并的方法，既保留了国际货协运单原有各栏内容，同时新增了国际货约运单部分内容，以及与办理转发运手续相关的内容，明显能够看到各方妥协和保留的印记。

（二）其他国际运输条约中存在规则模糊，海关监管执法水平存在参差不齐问题

除去铁组与铁联之外，目前国际多式联运中，很多环节处于缺乏统一规定，或存在规则冲突，或虽然存在统一规定但又不易操作等问题，这些问题的存在日益成为中欧班列提档升级的隐忧。

以从我国出发的中欧班列国际多式联运为例，目前为止，其发货所采取的主要还是商定电报回复模式，需要在发货前首先由国内的铁路外事部门与目的地与途经国铁路管理方或铁路企业联系，在这个沟通过程中，联系的对象根据各个国家铁路运营管理体制的不同而不同。另外，商定电报需要预先估算并报告协商本月经过该国列车的班数，在得到相关国家商定回复后，货物才能够得以发出。而很明显，采用此种名为商定回复实为审批模式，沟通主体不明确，沟通事项处在不停变动中等诸多不确定因素，导致沟通成本极高、沟通效率低下，还存在不能根据最近实时的货物情况，充分、及时沟通全部事项等问题。在实际运输过程中，常常对于运输途中货物的交接时间、交运方式、货物存储等重要环节，无法根据实际情况进行及时沟通和调整。[2]

又比如，目前开行的中欧班列还常常遇到在抵达沿线某国时，被当地海关要求换用该国海关编码的情况。而沿线国家和目的地国的规定并不统一，导致货物如果是按照过境国的要求换用其本国海关编码，等到抵达目的国时，

〔1〕 参见史学敏：《"一带一路"倡议下新国际铁路货物联运协定之法律规范解读》，载《国际经济法学刊》2018年第3期，第10页。

〔2〕 参见张晓君、胡劲草：《国际陆海贸易新通道跨境铁路运输规则现状、问题与完善》，载《国际商务研究》2020年第3期，第69~70页。

仍然必须按照目的国的要求再次重新更换，这一频繁更换的过程，对于跨境运输的托运方和收货方来说，不仅增加了不必要的高额换码成本，企业还要承担货物滞留甚至因为时间问题而损坏的风险。而在实际运输过程中，中欧班列途经国家较多，除去跨境运输通常会遇到的重大政治、经济或意外事件的影响外，在检疫和通关等方面存在的上述问题，势必对跨境运输的安全性、快捷性和确定性造成了更多的困扰和阻力。[1]

另外，即使在我国国内，海关与铁路联检落实也比较难，如此容易影响通关效率。上级发文要求海关与铁路联检，但因海关与铁路检查所侧重的方向、目的和标准均存在着较大差异，因此，即使是在国内运输环节中，需要多部门协同联检的实施，也是很难落到实处，迟迟难以推行。[2]

（三）国际多式联运纠纷解决机制存在的分歧也在一定程度上制约着中欧班列的运行质效

上文中我们提到，由于《国际货协》与《国际货约》是由不同主体制定并采用的规范，从其滥觞之日起就天然存在着巨大分歧。两者的规范之间不仅在权利义务承担等实体问题规范上存在巨大差异，其争议解决机制与普通民事诉讼相比，在程序方面也存在着很大的区别与分歧。

例如，在争议解决程序上，《国际货协》一直坚持着"先和解后诉讼"的程序规范，也就是必须先在和解程序中提出赔偿请求后，才能进入诉讼程序，很显然，这样的规范是将和解作为诉讼的强制性前置程序，这样的程序规定其制定的目的肯定也是及时定分止争，但强制性的前置和解程序的存在常常导致保全查封程序无功而返，不能够很好地起到对诉讼程序的保障作用。而《国际货约》对和解与诉讼的提起以及相应的前置性顺序关系并未做出硬性要求，对争议解决和提起赔偿的形式与程序也未作出强制性规定。而很显然采用两种不同的争议解决方式，对托运方和收货方的权利义务实现有着很大的影响。

另外，在跨境运输中，还常常遇到涉及铁路口岸站货物纠纷的法律适用

---

〔1〕 参见曾文革、王俊妮：《"一带一路"视野下亚欧铁路运输条约体系的冲突与协调》，载《国际商务研究》2019 年第 1 期，第 62~63 页。

〔2〕 参见曾明生主编：《铁道法治学导论》，中国政法大学出版社 2022 年版，第 538 页。

问题。国际铁路联运沿途需要经过不同国家，由于途经各国参加的国际条约不同，其法律适用也存在不同。因此，对于其中涉及纠纷而没有达成一致意见的合同，容易影响问题解决的效率，这些问题的存在势必会影响和制约中欧班列的运行效率和安全等问题。

四、依法规范国际多式联运统一运单的对策及建议

以目前中欧班列运行范围为界，从国际法角度看，《国际货协》和《国际货约》在运输的连带责任、费用清算、交货条件等主要条款上有很大的差异，目前虽然有更多国家加入 OTIF，事实上《国际货约》的应用也更为广泛，但作为立法层面，仍然缺少一个可供遵循的统一规则。[1] 面对这样的立法现状，笔者认为，应当将进一步普及、推广和规范统一运单的适用作为重要契机，着力推动国际铁路运输统一规则的适用，并以此为基础，在适当时机推动"统一铁路法"的制定与推广，从制度规范层面为以中欧铁路联运为基础的国际多式联运的健康发展保驾护航。

1. 明确规范统一运单的适用范围及标准，进一步提高统一运单的规范性与可适用性

（1）应从立法层面，增强统一运单的确定性、合法性与可辨识性。虽然《指导手册》已经对统一运单做出了界定，但是在具体适用过程中，还有很多因素亟待规范。统一运单自身体系化、规范性、标准化水平的提高，不仅要为订立合同的格式、语言等外在载体进一步提供规范和标准，还应当对统一运单的适用范围、法律责任等基本权利义务予以相对明确的规范或指引，使其成为运输合同的有机组成成分，才能对各方当事人的权利义务从根本上提供标准与保障，从而增加统一运单的确定性、合法性和可辨识性，进而为国际多式联运运行的效率和安全提供更加有效的保障。

（2）应当从立法层面，对构成统一运单的基本要素加以明确。从合同的角度看，可以将统一运单看作是多式联运运输合同的有机组成部分或者重要

---

〔1〕 参见张晓君、胡劲草：《国际陆海贸易新通道跨境铁路运输规则现状、问题与完善》，载《国际商务研究》2020 年第 3 期，第 69 页。

载体，参照合同的要素说，立法应当对统一运单的基本要素做出明确规范。明确界定构成运单的必备要件，将构成运单必须绝对保留、不可任意增减的项目视为订立合同的必备要件，不得任意变更，而其他哪些项目则可以根据各方当事人的合意，予以任意增删。比如在一个法律效力完善的国际联运统一运单中，与各个承运人内部组织结构、管理或指令传达相关的内容，立法就不应当允许根据当事人的意愿任意调整增删。

2. 将适用统一运单与统一运输责任基础性规范结合起来

目前，在国际多式联运领域，对于缔约承运人应当从承接货物起至交付货物止在运输全过程中对于货物承担连带赔偿责任，也就是在运输责任的起止时间上基本不存在争议，但是在具体的归责原则、免责条款和责任转移的时间节点划分上仍然存在很大的分歧。因此，立法应当将统一运单与统一运输责任基础性规范结合起来，结合目前《国际货约》的规范，需要进一步规范和调整的有如下内容（应当包括但不限于）。

第一，明确缔约承运人对货物运送全程负责，各个运输参与者（承运人）之间应承担连带责任。统一运单填写完毕后，应随货交由承运人保管，运单正本跟随货物经过沿途各国海关和边境。

第二，在规范运单性质方面，承运人应根据运单所记载的货物特性进行装卸和运输，根据运单记载检查交运货物的状态是否与运单记载一致，凭借运单及随附资料完成海关通关等行政手续。运单副本退回至托运人，根据国际结算惯例，托运人可利用运单副本及其他所需文件提前收款。

第三，在责任范围方面，明确承运人从承运货物时起，至到站交付货物时为止，对于货物运输逾期以及因货物全部或部分灭失或毁损所发生的损失负责。

第四，在责任免除方面，应当将托运人或货物自身原因造成的货损、因政府管制、被海关扣押等不可预期的政策因素造成的货损以及不可抗力等因素排除在外；

第五，在第三人责任方面，因第三人的原因造成的货损不免除承运人责任，但如果承运人先行赔偿后，取得向第三人追偿的权利。

3. 以规范和衔接国际联运统一运单适用为基础，推动统一运输规则的立法进程

从国际铁路联运的趋势看，构建统一铁路运输规则是非常必要的。从我国铁路深化改革、不断走出去的需求出发，铁路法律制度国际化也是我国铁路法治发展的必然结果。目前我国正处于铁路改革的关键时期，对于统一铁路规则的研究不仅有利于跟进国际运输法律法规调整动态，也能够为我国的铁路法律法规的制定提供参考和借鉴。笔者认为，应当抓住进一步扩大统一运单适用规范的契机，以构建统一铁路法为主要思路和方法，修改和完善立法的工作可以围绕以下几个方面展开。

（1）进一步明确统一运单的适用范围

在推广适用《指导手册》的基础上，统一铁路法的修订完善应当将进一步明确统一规范地域上的适用范围作为基础。为了进一步扩大适用范围，可以将统一运单的适用界定为，发生在两个及以上的缔约国（不限于 OSJD 或者 OTIF 的缔约国）之间的货物运送。

（2）按照国际公约及相关统一运输法规，进一步规范赔偿程序

目前，在国际多式联运领域，特别是针对铁路联运领域的主要公约，已经明确发送路方、到达路方或者侵权行为发生路方的铁路承运人有义务接受发货人或者收货人的索赔要求，但具体在何种情形下，责任在何时转移、相应的证据应当由何方保存提供，公约的规定并不一致。统一铁路立法中责任制度的设定，应当按照最方便原则，灵活设定诉讼程序。

根据目前的立法，《国际货协》奉行"先和解后诉讼"，货损索赔程序规定，托运人或收货人对于货物损失应当首先向相关承运人提出索赔请求，索赔请求被拒绝或者在合理时间内未得到回应的，托运人或者收货人才获得了向相关承运人所在国相关法院提出诉讼的权利。因此，按照法定程序向相关承运人提出索赔请求的和解，成为了诉讼的前置程序。而这一前置程序的存在，往往导致相关责任人在权利受损方提出诉讼请求前就进行了财产转移，最终导致所获得的赔偿金额远低于实际货损。而《国际货约》对和解与诉讼的提起不作硬性要求，对争议解决和提起赔偿的形式与程序均未作出规定。

笔者认为，为了提高效率，统一铁路立法的方向可以借鉴目前《国际货约》的规范，尝试统一采用更为宽泛的对争议解决和提起赔偿的形式与程序不作硬性要求的做法，将更大的选择自由权交还给财产利益受损方。

对于承运人因运输合同的违约而提出的赔偿请求，可以将被告所在地或违约行为发生地同时规定为具有司法管辖权。这里由于违约所在地这一连接点的存在，多数情况下，承运人所在国法院因此获得了司法管辖权。这种规定明显可以降低守约方的诉讼成本，也将大大提高诉讼效率。为了进一步加强对守约方的权利保障，立法还可以将有权提起诉讼的主体，界定为包括缔约承运人以及实际承运人在内的所有承运人。

（3）立法确立司法管辖制度

目前在国际多式联运领域的公约，只对托运方及收货方诉承运人方的情况作出了司法管辖的规定，对于承运人诉托运人或收货人的诉讼管辖仍然缺乏统一的规定，下一步立法应当对此进行补强，全面规定诉讼管辖权。

第一，货损发生地对于损害赔偿请求应当具有管辖权。比如，未发送路方国境内的货物损失，托运方与收货方均只能向发送路方提出索赔；已经达到到达路方的货物损失，托运方与收货方均可以向到达路方提出索赔。

第二，涉及运输费用争议的诉讼，实际运费收取地应当具有管辖权。托运方与收货方均有权利向实际收取运输费用方所在地法院提出索赔请求。[1]

第三，在途货物损失，事故发生地对于损害赔偿请求应当具有管辖权。也就是在途货物发生的货损，托运方与收货方均可向货损发生地法院提出赔偿请求。

五、结语

后疫情时期，随着世界范围内经济贸易活动的复苏，同时受到国际油价持续上涨的影响，国际货物运输价格呈现出持续攀高的态势。面对这种形势，运输主体对国际运力配比效能的关注程度进一步提高，同时也对以铁路货运

---

[1] 参见马得懿：《FOB 条件下卖方风险问题研究——以托运人制度为视角》，载《法商研究》2008 年第 4 期，第 105 页。

为主体的国际联运全过程的统一性和联动性提出了更高的要求。

在这种形势的推动下，中欧班列运行的安全性、高效性与稳定性，业已成为国际货运领域一个尤为突出和亟待解决的问题。在法律规制层面，简化统一运单适用手续，促进统一运单的推广使用，并在此基础上带动统一运输规则的普遍适用，对于简化转运手续、提高运输效率、保障运输安全、压缩联运时间、提高国际多式联运的安全性与稳定性有着不可替代的重要意义。

【铁路行政法治】

铁路发展规划变更的法治化探讨

王睿* 曾明生**

一、引言

2019 年中共中央、国务院印发的《交通强国建设纲要》明确了从 2021 年到本世纪中叶推进交通强国建设的发展目标，到 2035 年，基本建成交通强国，到本世纪中叶，全面建成人民满意、保障有力、世界前列的交通强国。铁路是基础设施规划建设中的重要分支，是国家经济的大动脉，是关乎国计民生的重要基础设施。相较于其他交通运输方式，铁路运输凭借其适应性强、运能大、成本低和污染少等独特优势，成为我国综合交通运输体系中的骨干。努力做好铁路发展规划工作，实现铁路发展规划法治化，坚持依法治路原则和铁路法益保护原则，[1]对推动铁路的高质量发展，实现交通强国的宏伟目标具有重要意义。本文拟从铁路发展规划变更的界定、法律问题、原因及对策等方面展开探讨，以期抛砖引玉。

二、铁路发展规划变更的界定

（一）铁路发展规划

2008 年 3 月 28 日发布的《国务院关于加强国民经济和社会发展规划编制

* 王睿，女，华东交通大学 2021 级宪法学与行政法学硕士研究生。研究方向：铁路法治。
** 曾明生，男，法学博士，华东交通大学铁路法治研究院常务副院长、教授，硕士生导师。研究方向：刑事法学和交通法治。
〔1〕 参见曾明生主编：《铁道法治学导论》，中国政法大学出版社 2022 年版，第 34~41 页。

工作的若干意见》，明确了国民经济和社会发展规划按照对象和功能的不同可分为总体规划、专项规划和区域规划。其中，专项规划以总体规划为依据，以国民经济和社会发展中的特定领域为对象，是总体规划在特定领域的具体化。作为事关国家和社会发展大局的重要项目，交通基础设施建设被列为国家级专项规划的领域。因此，铁路发展规划属于专项规划中的重要组成部分。根据 2015 年修正的《铁路法》第 33 条的规定："铁路发展规划应当依据国民经济和社会发展以及国防建设的需要制定，并与其他方式的交通运输发展规划相协调。"一些省级地方性法规的相关规定也对铁路发展规划的界定提供了借鉴。例如《吉林省地方铁路条例》第 6 条规定延续了《铁路法》第 33 条的内容，同时在第 7 条要求地方铁路发展规划应当结合当地资源开发、城市发展、国防建设、环境保护和产业发展的需要编制。《河北省地方铁路条例》第 8 条也要求地方铁路发展规划与能源、钢铁等相关行业的发展规划相协调。我们认为，铁路发展规划的概念，可以结合法学中的行政规划与交通工程学中的交通规划的内涵以及相关规范性文件中的规定作出界定。

行政规划是行政机关为了在将来一定时期内实现某个行政目标，经过一系列的设计和准备过程后，最终作出具有约束力与执行力的总体部署和安排。交通规划是根据交通系统的现状，科学合理地预测交通需求发展趋势以及交通需求发展对交通供给的要求，确定未来一定时期内交通供给的建设任务、规模以及交通系统的管理模式和控制方法，以达到交通系统的供需平衡，实现交通系统安全畅通、节能环保等目的。[1]因此，铁路发展规划，是铁路发展规划主体在分析铁路系统现状的基础上，预测未来一定时期内铁路发展的需求和趋势，进而确定铁路供给的目标和任务，对铁路发展作出总体部署和安排（包括某些具体的部署和安排）。2021 年 3 月，国务院办公厅转发国家发展改革委等单位《关于进一步做好铁路规划建设工作的意见》，对铁路发展规划的类别和功能进行了系统梳理（大致如下图所示）。

---

〔1〕 参见王炜、陈学武主编：《交通规划》（第 2 版），人民交通出版社股份有限公司 2017 年版，第 1 页。

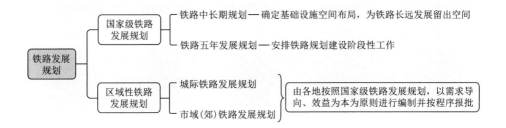

（二）铁路发展规划变更

从狭义上理解，铁路发展规划的变更是对已经作出的铁路发展规划进行调整和修改，而从广义上理解，变更不仅是对规划的修改，还将规划的废止情况纳入其中。本文所探讨的铁路发展规划变更主要是狭义上的变更。

对铁路发展规划变更的概念界定涉及变更主体、变更内容、变更时间等方面的问题。首先，变更主体可以分为申请变更的主体和作出变更的主体。申请主体不仅包括铁路发展规划的编制机关、审批机关和铁路建设单位，还应当包括受铁路发展规划影响的利害关系人，而能够对铁路发展规划作出是否批准决定变更的主体必须是享有相关审批职权的主体。例如，2013 年通过的《国务院机构改革和职能转变方案》不再保留铁道部，铁道部的相关职责由交通运输部、国家铁路局和中国铁路总公司承继。其中交通运输部负责统筹铁路发展，拟定铁路发展规划和政策，国家铁路局也有权参与研究铁路发展规划的相关工作。其次，铁路发展规划变更的内容主要是对铁路发展规划文本的调整，根据 2018 年国家铁路局发布的《铁路建设项目预可行性研究、可行性研究和设计文件编制办法》，铁路发展规划调整的对象可以包括预可行性研究、可行性研究、初步设计、施工图等各阶段的相关文本，具体涉及铁路线路和站点的名称、选址、站点增设、规模以及铁路相关配套措施等内容的修改。再次，对铁路发展规划变更的时间进行限定对于规范铁路发展规划变更也具有重要意义，可以参考 2005 年原交通部通过的《公路工程设计变更管理办法》第 2 条的规定，即铁路发展规划的变更应当自规划批准之日起，至竣工验收正式交付使用之日止。因此，铁路发展规划的变更，是指享有改变铁路发展规划职权的行政机关，根据有关主体提出的铁路发展规划变更申请，自规划批准至正式交付使用期间，对规划文本中的具体内容进行调整和修改的行政行为。

（三）铁路发展规划变更的原因

铁路发展规划线路所经区域的地理条件、经济条件等都是规划制定者必须考虑的因素。一方面，地质勘测能够检测线路建设区域的地质条件，确保铁路建设与运行安全，是铁路建设前的必备工作，如遇到地质不稳定或是不利于铁路建设的情况，就应当考虑变更铁路建设方案或者对线路进行调整。[1]地质勘测技术的局限性以及勘测人员的专业能力不足，都可能导致地质勘测结果不准确，使得铁路规划的制定者难以准确判断铁路发展规划沿线的地质条件。另一方面，铁路发展规划不仅要考察规划制定时的社会经济状况，更要对未来较长时间内的社会发展作出分析和预判，而经济社会的高速发展和社会资源配置的变化为铁路发展规划增加了较大的不确定性。铁路发展规划跨越的时间越长，适应客观状况的难度就越大。在对国家战略、社会经济发展、运量发展等多方位因素进行综合考量的要求之下，铁路发展规划发展预测的准确性随着规划年限的增加而逐渐模糊。[2]当铁路发展规划制定时所考虑和预测的条件发生变化，导致原有规划无法适应新形势，对未来铁路发展缺乏指导意义时，规划主体就需要依照法律的规定和形势的变化，对铁路发展规划进行适当的修改。[3]

1. 因地理环境而变更。地理因素是铁路发展规划中必须考量的重要因素之一，在复杂的地形、地貌和地质条件之下，铁路建设的施工难度随之提高，施工成本必然增加，建设周期也会延长，如若铁路发展规划中的线路经过复杂地形、不良地质区域，又难以采取有效的防范措施，就需要对规划线路进行调整，减少复杂地理环境对于铁路建设和运营的影响。[4]例如，在滇中城

---

〔1〕 参见：《长赣铁路浏阳段站线方案基本确定 浏阳迈向高铁时代》，载《浏阳日报》2021 年 8 月 27 日，第 A2 版。

〔2〕 参见《中长期铁路网规划研究》编委会编：《中长期铁路网规划研究》，中国铁道出版社 2018 年版，第 18 页。

〔3〕 参见郭庆珠：《论行政规划变更的正当性及其法律规制——兼及〈城乡规划法〉中规划修改制度的反思》，载《河北法学》2009 年第 4 期，第 67 页。

〔4〕 参见王阳：《铁路选线的制约因素和对策分析》，载《工程建设与设计》2022 年第 18 期，第 55 页。

市群城际铁路规划中，建水至泸西沿线地质环境复杂，地形起伏变化大，沿线附近存在着许多易受风化作用的岩体，在降雨时极易发生泥石流等地质灾害，因此有学者认为应当考虑将建水接入玉溪至蒙自线路，避免受到不良地质的影响，提高铁路建设与行车的安全性。[1]

2. 因城市发展而变更。铁路发展规划必须注重整体性和协调性，与地方交通规划之间要充分协调，统筹整体与局部路网的关系，考虑铁路运营对区域经济利益和国家整体利益的影响，尽量靠近区域经济发展点，推动沿线区域经济高质量发展。[2]同时要积极促进"四网融合"，加强国家干线铁路、城际铁路、城市轨道交通等规划的衔接，加强铁路与其他交通方式的衔接，融入区域的综合交通体系。[3]如果出现铁路发展规划违反上位规划、不符合城市经济发展效益等问题，就应考虑对规划方案进行变更。例如，潍坊至宿迁（新沂）高铁项目在可行性研究阶段，考虑到建设里程短，避开地震断裂带、地质风险大的区域，选择在潍坊至临沂之间的线路采用直线走向，但是也带来了铁路发展规划与省市规划严重不符，沿线缺乏较大城市和经济据点，线路辐射人口及带动作用有限，未来铁路运营的社会经济效益不明显等一系列问题。考虑到可以通过技术层面解决断裂带问题，最终线路可研报批稿进行了变更，选择路网覆盖面更广的经诸城、五莲方案，这也更利于青岛连接线的引入。[4]

3. 因生态、生活环境而变更。新版《铁路建设项目预可行性研究、可行性研究和设计文件编制办法》贯彻了创新、协调、绿色、开放、共享的新发展理念，更加注重保护自然生态环境、节约土地和能源。[5]铁路及其相关基

〔1〕 参见姚帆：《城市群城际铁路线网合理规模与布局规划研究》，长安大学2021年硕士学位论文，第73页。

〔2〕 参见王阳：《铁路选线的制约因素和对策分析》，载《工程建设与设计》2022年第18期，第55页。

〔3〕 参见许佃明：《我国市域（郊）铁路发展现状与对策研究》，载《高铁速递》2022年第1期，第12页。

〔4〕 参见铁路建设规划：《高铁线路怎么走，谁说了算?》，载 https://mp.weixin.qq.com/s/0_IjEg7krMZ3XtxCjjcEdg，最后访问日期：2023年5月15日。

〔5〕 参见王轶辰：《铁路建设研究设计新规发布》，载《经济日报》2018年12月12日，第4版。

础设施的建设周期长，必然对沿线环境产生一系列的影响。一方面，铁路运营里程长，极有可能穿越国家重点的自然保护区、水源保护区等，对途经区域的大气、水土、自然植被、动物栖息地等必然会造成一定程度的破坏，尤其是在我国西部一些生态环境脆弱的区域，铁路建设与生态保护之间存在一定的矛盾。[1]例如，成兰铁路自 2009 年开始规划，2012 年因铁路规划线路将穿越生态敏感区，可能影响周边大熊猫、川金丝猴、黑熊等野生动物活动和栖息环境，以及红豆杉、珙桐等野生保护植物的生长环境而被（原）环保部发文"暂缓审批"，[2]在经过多方论证后，对原铁路发展规划进行变更，调整优化线路，2016 年成兰铁路更名为西成铁路，纳入国家中长期铁路网。另一方面，铁路及其基础设施建成后，铁路运营的过程中所产生的噪声、振动、尾气、固体废弃物等，不可避免地对周边居民的生活产生影响，因此在铁路发展规划中必须考虑铁路建设及运营过程中可能给沿线地区的自然生态环境和居民生活环境带来的危害，一旦制定的铁路发展规划与可持续发展的理念和以人民为中心的基本原则相违背，就应当及时变更线路走向和站点位置。

2020 年 6 月，深圳市规划和自然资源局确定西丽站及配套工程的选址方案并予以公示，其中西丽站配套动车所的选址引发了较大争议。一方面，该动车所的位置拟选定在塘朗山郊野公园内，作为深圳的"城市绿肺"，塘朗山孕育了丰富的生物资源，其中不乏国家重点保护的珍稀植物，如果大量开挖山体建设动车所，势必会破坏塘朗山的生物多样性，对生态环境造成不良影响。另一方面，该动车所的选址靠近居民生活密集区域，在此处建设动车所必然会造成噪声、空气等环境污染，严重影响附近居民的生活质量和身体健康。[3]2023 年 4 月，深圳市规划和自然资源局再次发布《关于深圳枢纽新建西丽站及相关工程选址规划设计条件及基本生态控制线占用方案（草案）公示的通告》，计划对既有深圳北动车所进行扩建，将动车所的位置变更至深圳

〔1〕 参见刘毅宽：《生态脆弱区铁路工程建设对生态环境的影响研究——以红柳河至淖毛湖铁路为例》，载《铁道标准设计》2016 年第 10 期，第 141 页。
〔2〕 参见赵磊、朱兆兴：《成兰铁路一波三折》，载《中国经济周刊》2013 年第 8 期，第 58 页。
〔3〕 参见《深圳塘朗山动车所选址引争议，居民忧破坏生态，人大代表建议优化》，载 https://m.mp.oeeee.com/a/BAAFRD0000020200630340016.html，最后访问日期：2023 年 5 月 20 日。

北动车所附近，并新建一条动走线。[1]

4. 铁路发展规划中的名称变更。铁路线路、车站的名称是一项基础性参数，贯穿铁路设计、建设、运营等各个阶段工作，必须确保命名参数的准确性和稳定性。[2]2020 年 11 月，国铁集团印发的《铁路线路、车站、桥渡隧名称管理办法》强调铁路线路、车站的命名应当服务经济社会发展，方便群众出行，适应铁路运营管理需要，该办法第 3 条规定了铁路线路、车站名称变更的原则，第 16 条、第 17 条分别规定了更名的具体情形，第 19 条则详细规定了更名程序。随着铁路的高质量发展，铁路线路、车站的命名、更名工作也容易成为社会各界关注的对象，这对铁路名称管理工作提出了更高要求。若铁路线路、车站的命名无法与当地的政治、经济、人文等因素妥善衔接，充分体现铁路文化符号，满足公众需要，就应当及时更改。[3]

2020 年两会期间，全国政协委员皮剑龙提出提案，建议将计划于 2020 年年底建成投入使用的京沈高铁线始发站"星火站"更名为"北京朝阳站"。其理由在于，京沈高铁是国家《中长期铁路网规划》中"八纵八横"高速铁路主通道京哈通道的重要组成部分，也是 2022 年北京冬奥会的重要交通保障设施，而"星火站"之名源于星火公社，以"星火"作为地名的存续时间短，并不为公众熟知，难以在标识地理方位、方便旅客出行、助力区域经济发展等方面发挥重要作用，也不符合《地名管理条例》《铁路工程命名规则》的相关规定。[4]该提案的提出，引发了群众热议，并获得了部分专家学者的支持，最终"星火站"也正式更名为"北京朝阳站"。

此外，还值得注意的是，铁路发展规划凝聚了行政机关、专家学者、社

〔1〕 参见深圳市规划和自然资源局：《深圳市规划和自然资源局关于深圳枢纽新建西丽站及相关工程选址规划设计条件及基本生态控制线占用方案（草案）公示的通告》，载《深圳商报》2023 年 4 月 23 日，第 A04 版。

〔2〕 参见宋锴：《加强铁路线路、车站、桥渡隧命名管理的对策研究》，载《铁道经济研究》2021 年第 4 期，第 37 页。

〔3〕 参见李春雨：《关于铁路线路、车站、桥渡隧名称管理工作的研究》，载《铁路工程技术与经济》2022 年第 2 期，第 2~3 页。

〔4〕 参见徐艳红：《京沈高铁始发终到站更名背后——全国政协委员皮剑龙谈〈地名管理条例〉》，载《人民政协报》2020 年 7 月 21 日，第 8 版。

会大众等多方主体智慧的结晶，是人类主观意识的具体体现。人的认知能力不可避免地具有一定的局限性，参与铁路发展规划制定的主体无法精确无误地预见未来社会的发展轨迹，无法全面考虑铁路发展规划中选线、站点、站名等因素对沿线生产生活可能带来的影响，因而所制定的铁路发展规划可能难以完全适应社会的发展变化，难以满足社会公众的需求。而且，人们的认识是建立在实践的基础之上，在客观条件变化和铁路发展规划实践的过程中，规划制定者的认识和理念可能逐渐完善，相关主体的利益需求也可能有所变化。例如，2021 年 10 月 29 日交通运输部印发的《绿色交通"十四五"发展规划》提出"生态优先，绿色发展"的基本原则，推动交通运输领域加快形成绿色生产生活方式。这意味着铁路发展规划的制定者必须将绿色发展的理念贯穿始终。因此，为了弥补人类认识能力的缺陷，践行先进的规划理念，满足多元主体的利益需求，对铁路发展规划适时进行动态调整是必要的和可行的。

三、我国铁路发展规划变更的法律问题

（一）实体法律问题

我国交通类型多样，具体包含铁路、公路、水运、航空等多方面。目前我国尚未制定统一的行政规划法，交通规划的变更也没有统一的立法，而是按照不同类型的交通方式分别立法。例如，在城市轨道交通领域，2015 年发布的《国家发展改革委 住房城乡建设部关于优化完善城市轨道交通建设规划审批程序的通知》明确了城市轨道交通建设规划的调整程序。首先由省级发展改革委会同省级住房城乡建设规划等部门进行初审，形成一致意见，再进行规划环境影响审查和社会稳定风险评估，最后向国家发展改革委报送，同时抄报住房城乡建设部。2018 年发布的《国务院办公厅关于进一步加强城市轨道交通规划建设管理的意见》提出了城市轨道交通建设规划调整的情形，即城市规划、工程条件、交通枢纽布局等发生变化时，应当按照相关程序对城市轨道交通建设规划进行调整。在公路领域，《中华人民共和国公路法》（以下简称《公路法》）第 15 条和第 16 条分别规定了专用公路规划与国道规

划变更的程序，《公路工程设计变更管理办法》对公路设计的变更进行了更为全面、详细的规定。在水运领域，《中华人民共和国港口法》第 12 条明确了港口规划的修改程序按照制定程序办理，《中华人民共和国水法》第 14 条和第 18 条将航运规划纳入专业规划的范围，规划的修改必须遵循规划的编制程序，再由原审批机关批准。在航空领域，《民用机场总体规划管理规定》第 19 条规定，因重大情势变迁确需变更机场总体规划，须按该规定第 15 条规定的程序报审，经审批后方可实施。

然而《铁路法》并未涉及铁路发展规划变更的内容，如若实践中需要对铁路发展规划进行变更，只能依据《中华人民共和国城乡规划法》（以下简称《城乡规划法》）、《中华人民共和国土地管理法》（以下简称《土地管理法》）、《规划环境影响评价条例》等法律法规的相关规定。但是《城乡规划法》作为管理城乡规划的一般性法律，难以针对铁路发展规划这一特殊领域作出详细规范。《土地管理法》《规划环境影响评价条例》也只能涉及铁路发展规划变更中某一具体方面的问题，无法全方位地覆盖铁路发展规划中的问题。可见，涉及铁路发展规划变更的法律依据内容分散，体系性不足，过于简单抽象，缺乏可操作性，规范的效果有限，不利于规划工作的开展和实施。具体表现在以下两方面：

1. 铁路发展规划变更的条件较为模糊。《城乡规划法》第 47 条的规定为铁路发展规划变更的法定条件提供了参考，包括上级规划修改、行政区划调整、重大工程建设、经评估或审批机关认为需要修改的情形。其中，"经过评估认为需要修改"或者"审批机关认为需要修改"的两个条件过于宽泛，赋予了行政机关较大的自由裁量权，容易成为规划机关随意变更铁路发展规划的突破口。

2. 铁路发展规划变更的责任追究机制尚不完善。《铁路法》第 5 章"法律责任"中没有对铁路发展规划的相关责任作出规定，根据《城乡规划法》第 58 条规定，对于未按法定程序编制、审批、修改城乡规划的，由上级人民政府责令改正，通报批评；对有关人民政府负责人和其他直接责任人员依法给予处分。一方面，对于铁路发展规划变更中不同部门的权责范围划分问题以及决策过程中不同行政人员的责任分担问题没有详细规定，可能造成追究违法变更铁路发展规划的主体责任时，不同部门和不同人员之间互相推诿。另一方面，仅仅通过责令改正、通报批评等方式追究行政主体的责任，不足以引起规划机关对铁路发展规划依法变更的重视，难以控制规划机关的随意性和主观性。

2021 年中共中央、国务院印发的《国家综合立体交通网规划纲要》要求把法治贯穿于综合交通运输规划的全过程。而铁路交通在城市综合交通体系中居于重要地位，在规划变更过程中却缺乏直接的法律规定加以规制，容易出现规划主体为了谋求自身利益，追求政绩工程，一味提高经济效益而忽视社会需求，滥用行政权力违法变更，以行政意志越权取代专业规划的情形，产生政府公信力下降、公民合法权益受损、破坏文化和生态资源、严重浪费等不利后果。因此，有必要完善现有的法律规定，为铁路发展规划变更的相关问题提供法律支持，将铁路发展规划纳入有序的法律框架之中，使铁路发展规划主体在具体工作中有法可依，实现依法行政。

（二）程序法律问题

铁路发展规划是政府履行公共服务职能的具体体现，不仅能够促进当地的经济社会发展，并且会对居民的生活和出行产生重大影响，铁路发展规划的变更本质上是对多元主体利益的调整甚至重新分配，在变更过程中尤其不能忽视社会公众的利益。我国铁路发展规划变更在程序方面较为突出的问题表现在规划的变更通常是行政机关单方面的意志体现，缺乏一套行之有效的公众参与机制，公众参与呈现出事后性、被动性的特征，难以确保规划变更的民主性，也难以获得公众的理解和支持，不符合铁路发展规划的变更决策中公众参与的出发点和目的。

1. 公众无权提出变更规划的申请。我国保护公众参与行政规划的权利缺乏统一的立法保障，立法内容也并不健全，主要散落在法律法规等规范性文件当中。《城乡规划法》第 4 章规定城乡规划的修改主要由组织编制机关进行。《公路法》第 15 条和第 16 条规定，专用公路规划的修改由县级以上交通主管部门提出意见，国道规划的重大修改由原编制机关提出修改方案。从上述规定可以看出，行政规划变更的启动和具体操作方法等都侧重在行政机关一方，表现出强烈的行政管理色彩，忽视了规划的变更对公众权益的影响，也没有赋予公众申请变更规划的权利，公众想要保护自身利益而申请变更铁路发展规划时，缺乏法律的明确授权。

2. 公告信息不全面、程序不完善。《城乡规划法》第 4 章关于规划修改的内容中并没有涉及公告的规定，尽管第 48 条要求组织编制机关在修改控制性详细规划时征求规划地段内利害关系人的意见，但是铁路发展规划变更属于专业化程度高的行政决策，其中涉及的地质勘查、环境影响评估以及主要技术标准等专业问题，如果行政机关没有事前对规划变更的内容进行公告，普通公众不具备相关的专业知识，又无法掌握充分的信息资源，对规划的变更缺乏充分的了解，难以表达自身意愿，提出切实可行的意见。虽然《城市规划编制办法》第 17 条要求城市详细规划的调整方案应当向社会公开，但是对公开的期限和方式没有明确规定，在实践过程中可能会出现公开时间较短、公开范围有限等情况，难以真正发挥公开规划变更内容的作用。我国交通领域曾出现因信息公开不充分的问题导致原有规划遭到公众的强烈反对，而不得不进行变更的情形。在 2009 年上海磁悬浮项目中，规划部门未充分提供项目信息以供公众了解，包括该项目在中心城区的线路选择与建设技术标准等问题，致使项目规划方案始终无法获得公众认可，遭到周边居民强烈反对而导致项目被迫中止，最终为避开密集的居民区，将原有规划方案的部分轨道由地上变更为地下，造成了巨大的亏损。[1] 由此可见，铁路发展规划变更公告中的信息不全面、公告程序的不完善对规划变更的顺利实施具有重大影响，如果变更方案无法获得公众的支持，不仅影响铁路建设的效率，还可能造成巨大的经济损失。

3. 征求公众意见的听证会一定程度上流于形式。在涉及规划编制的众多法律规范中，都强调了通过听证会等形式征求公众意见。例如《城乡规划法》第 46 条规定，组织编制机关应当通过论证会、听证会等方式征求公众意见；《规划环境影响评价条例》第 13 条作出了更为详细的规定，不仅提出了调查问卷、座谈会、论证会、听证会等多种征求意见的形式，还考虑了存在重大

---

〔1〕 参见李晔、邹迪明：《专业政策制定中的公众参与探究——以交通规划为例》，载《同济大学学报（社会科学版）》2011 年第 6 期，第 109 页。

分歧的情况下应当进一步论证,并且规划编制机关应当说明是否采纳公众意见及理由。但是这些规定并不能解决公民仅限于形式上参与行政规划的问题。就《城乡规划法》而言,第 50 条第 2 款规定只要求修建性详细规划的修改应当举行听证会听取利害关系人的意见,而第 48 条第 1 款关于控制性详细规划修改的规定中,仅需要组织编制机关论证修改的必要性,并征求利害关系人的意见,至于如何征求意见,如何回应、处理和反馈意见,都没有作出具体规定。[1]并且,对于听证代表的选取也没有具体规定,有可能出现选取的代表不了解规划变更的具体情况,不关心规划变更前后的影响,无法充分收集各方利害关系人的真实意愿;或选取的代表并不具有代表性和广泛性,难以对规划变更的内容提出保障各方利害关系人利益的意见,切实表达利害关系人的诉求。[2]再如,《规划环境影响评价条例》第 13 条第 3 款要求编制机关对公众意见采纳情况和理由附在环境影响报告书中报送审查,即相关内容可能只有审查机关能够获知,公众无法得到意见的反馈情况,如此会降低公众参与听证会维护自身利益的积极性。另外,如果规划编制机关不采纳公众意见的理由并不充分,是否影响审批机关批准通过规划方案也没有作出明确规定,那么公众对规划的意见无法发挥有效的约束作用,这样就容易导致听证流于形式,公众对铁路发展规划变更的意见难以真正被采纳。

根据《重大行政决策程序暂行条例》第 1 条、第 3 条、第 5 条、第 6 条和第 7 条的规定,制定经济和社会发展等方面的重要规划属于重大行政决策事项,决策的作出应当遵循科学决策、民主决策、依法决策的原则。民主决策原则的贯彻落实需要通过完善的法定程序保障社会公众有效参与铁路发展规划变更,充分听取多方利害关系主体的意见和建议,确保决策的民主性。

四、上述法律问题的原因分析

其中原因包括客观原因和主观原因、历史原因和现实原因、内部原因和

---

[1] 参见季晨澉、肖泽晟:《论信赖保护原则在城乡规划变更中的适用》,载《南京社会科学》2017 年第 2 期,第 108 页。

[2] 参见桂萍:《重大行政决策的公众参与制度研究》,苏州大学出版社 2016 年版,第 111 页。

外部原因等。这里重点从客观和主观两方面原因来展开。

（一）客观原因

1. 立法规制的局限性。一方面，在实践过程中，行政机关对铁路发展规划进行变更的情形错综复杂，立法者难以通过列举的形式对变更情形进行全面规定。另一方面，行政规划本身的特性赋予了规划机关较大的自由裁量空间，实体规范对行政主体进行过多的限制可能不利于规划工作的开展，若采用"公共利益"等兜底性条款又容易产生行政机关滥用自由裁量权，违法变更已有的铁路发展规划等情形。[1]另外，为了推动《城乡规划法》的实施，我国还出台了《城市规划编制办法》《城市、镇控制性详细规划编制审批办法》等配套的规范性文件，但是这些文件过于注重编制的方法和技术，而规划的主体、行为、程序等方面的法律性规制内容缺失，弱化了法律色彩，无法发挥应有的规制作用。[2]因此，立法规制的局限性导致法律规范存在一定的模糊性，进而使得行政机关在变更铁路发展规划时难以准确适用。

2. 法律责任难以落实。铁路发展规划变更的法治化必须做到"责、权、利"相一致，但是在规划变更的实践中却出现了权责不清的问题，原因就在于问责机制难以落实。一是一些城市的纪委、监察部门向规划部门派驻的监督机构与行政部门融为一体，不仅没有达到监督城乡规划和建设的目的，甚至想方设法地规避问责。[3]二是铁路发展规划不仅涉及各级政府、交通运输部门、铁路局等多个单位，还需要环境、土地、文物等其他单位的协调配合，不同行政主体的职能没有明显的划分，甚至可能存在一定的交叉性，导致违法变更铁路发展规划的责任主体繁杂难寻。[4]三是《城乡规划法》等法律规

---

〔1〕 参见兰燕卓：《决策与民意：城市规划变更中的公众参与》，载《经济社会体制比较》2012年第5期，第204页。

〔2〕 参见兰燕卓：《为了有序的城市——城市规划变更的行政法规制》，北京大学出版社2014年版，第48页。

〔3〕 参见陈达良：《城市规划决策法治化思路及策略》，载《规划师》2015年第12期，第14页。

〔4〕 参见孟星宇：《部门行政法视野下的政府信息公开制度变革——以城市交通规划领域为视角》，载《法学评论》2017年第6期，第55页。

范中关于规划主体的义务性条款居多，对违反义务的行为处罚力度较轻，法律责任条款过于原则化，缺乏明确的责任主体、详细的责任事项和规范的问责程序等内容，没有形成完善的责任落实制度，致使行政机关及其工作人员违法行使行政权力，擅自变更铁路发展规划的行为难以在实践中受到应有的责任追究。[1]

3. 公众参与的制度性供给不足。《中华人民共和国宪法》第 2 条规定了公民管理国家事务和社会事务的权利，确立了公民参与公共决策的主体地位，为公众参与提供了法律依据，但是公众参与的实现形式和保障方式未能具体化和细则化。[2]其中的原因包括：第一，公民参与铁路发展规划等公共事务管理的制度不健全，仅有公众参与的原则性规定而缺乏全面的制度保障，导致公民的参与权难以成为一项实质性权利。第二，我国民主政治起步的时间较晚，公众参与的实践不足，实践经验的缺乏使得公众参与的制度设计、运行机制等方面的建设不完善，制度建设的质量也难以提高。[3]第三，经济的发展对公民的收入、受教育程度等产生重要影响，为公民参与铁路发展规划提供良好的物质基础，但是我国经济发展的不平衡影响了不同地区的公众参与程度，在经济发达的地区，公民参与铁路发展规划变更的权利能够得到更好的保障，而在经济发展缓慢的地区，公众参与的条件较为匮乏，不同地区公众参与程度参差不齐的现状缺乏相应的制度予以平衡。[4]

（二）主观原因

1. 一定程度上受到某些领导主观意志的不当影响。2015 年中央城市工作会议曾指出，"规划经过批准后要严格执行，一茬接一茬干下去，防止出现换

---

〔1〕 参见马怀德、周兰领：《我国城市规划法制的现状与展望》，载《国家检察官学院学报》2006 年第 2 期，第 131 页。

〔2〕 参见杨永恒：《发展规划：理论、方法和实践》，清华大学出版社 2012 年版，第 111 页。

〔3〕 参见彭喜保：《我国公民参与行政的当前不足及对策建议》，载《人民论坛》2016 年第 25 期，第 58 页。

〔4〕 参见兰燕卓：《决策与民意：城市规划变更中的公众参与》，载《经济社会体制比较》2012 年第 5 期，第 207 页。

一届领导、改一次规划的现象。"〔1〕根据其会议精神，行政规划应当坚持科学理性，保持连续性和权威性，〔2〕但领导意志干预行政规划依然是现实生活中存在的问题，这一问题背后的重要原因在于异化的权力意志。〔3〕政府具有自利性，即政府各级组织及其成员为争取自身利益也许会迫使政府在规划工作中受到主观意志的不当影响，在决策时背离理性的轨道，〔4〕尤其是铁路建设可以提升沿线地区在经济活动中的区位优势，带动相关地区的企业发展，提高当地的经济效益和社会效益，致使有些领导为了在其任期内追求所谓的政绩工程，更好地实现招商引资等目的，违法变更原本的铁路发展规划，破坏其科学性、连续性和民主性。

2. 公众参与意识不强。铁路发展规划涉及多方利益主体，其中百姓通常是最为直接的受益者，理应充分地参与铁路发展规划的制定、变更等程序，但是现实并非如此。正如前文所述，铁路发展规划的变更依然遵循着传统的政府主导模式，政府在铁路发展规划中承担了主体性工作甚至是全部工作，从而忽视了行政相对人所享有的权利，甚至可能排斥行政相对人参与到公共事务的管理过程当中。究其原因，就在于我国长达两千多年的封建历史中，"官本位""臣民意识"等思想在政治生活中始终占据主导地位，〔5〕尽管封建帝制的覆灭使得"官本位"思想失去了赖以生存的基础，但这一思想在当代社会依然潜藏于人们的内心，既体现在政府对公众参与的认识不足，又体现在公民参与政治生活的意识薄弱。虽然经济社会的快速发展使得民主意识逐渐增强，但是我国尚未形成一个成熟的公民社会的基础，在公众参与管理公

〔1〕 参见兰红光：《中央城市工作会议在北京举行》，载《人民日报》2015 年 12 月 23 日，第 01 版。

〔2〕 参见赵哲：《城市规划变更的合法性与科学性研究——从城市规划的公信力形塑入手》，载《河北法学》2018 年第 10 期，第 113 页。

〔3〕 参见齐建东：《城镇化进程中规划变更的法律规制》，载《苏州大学学报（哲学社会科学版）》2011 年第 2 期，第 114 页。

〔4〕 参见杨小明：《政府理性论——维护个人自然权利和个人自由的视角》，陕西师范大学 2005 年硕士学位论文，第 9 页。

〔5〕 参见杨永恒：《发展规划：理论、方法和实践》，清华大学出版社 2012 年版，第 112 页。

共事务方面，政府和公民都没有在思想上引起足够的重视。[1]民主参与是构建民主社会的必然要求，也是法治社会进步的重要体现，在缺乏民主参与的情形下，势必导致铁路发展规划成为行政主体的一家之言，[2]公民难以充分行使自身的权利，表达自己的利益诉求。

总之，其中原因是多方面的，以上也只是其中主要的客观原因和主观原因。各种原因相互影响，综合作用。

五、铁路发展规划变更的实体法治化

《中长期铁路网规划》提出要修订完善铁路法律法规，《关于进一步做好铁路规划建设工作的意见》强调建立健全铁路建设规划管理机制，将铁路发展规划的变更纳入法治轨道，是完善铁路法律法规和健全铁路建设规划管理机制的重要环节。

（一）确立铁路发展规划内容变更的实体性原则

1. 信赖利益保护原则。行政行为一经作出，就具有了确定力、公定力、约束力和执行力，公民基于对行政行为的信赖，可以适当地处置自己的财产或者理性地安排未来的生活，进而形成一种较为稳定的状态。但是，因行政目标调整、经济社会发展等因素的变化，原本的行政行为可能随之变动，这种稳定性和变动性之间就形成一种紧张关系。[3]而行政规划本身的不确定性进一步加剧了这种紧张关系，规划的变更出于法定事由，依照法定权限并经过法定程序作出，也不可避免地会造成行政相对人的损失，必须依法予以补偿。为了协调这种紧张关系，有必要通过信赖保护原则，限制行政主体对已经生效的规划随意变更，增加行政行为的稳定性和可预见性，保护公民的合

---

[1] 参见兰燕卓：《决策与民意：城市规划变更中的公众参与》，载《经济社会体制比较》2012年第5期，第211页。

[2] 参见张晶：《论中国行政规划的程序规制》，载《内蒙古社会科学（汉文版）》2011年第6期，第46页。

[3] 参见季晨澈、肖泽晟：《论信赖保护原则在城乡规划变更中的适用》，载《南京社会科学》2017年第2期，第106页。

法利益。[1]

2. 法定变更原则。建设法治政府必须坚持依法行政，确保行政权在法治轨道中运行。铁路发展规划的变更是行政机关行使行政权的具体体现，因此在铁路发展规划变更的过程中，行政机关要坚持法定变更原则，践行法治理念，避免随意变更铁路发展规划的现象滋生。首先，坚持法无授权不可为，法定职责必须为。一方面，有权变更铁路发展规划的主体必须经由法律明确规定，并且变更权力的行使应当严格控制在法律规定的范围内，不得超越法定职权。另一方面，对于法律规定确实需要变更的情形，规划主体必须及时作出变更的决策，不能久拖不决，造成严重后果。其次，规划变更的范围和内容既要遵守法律规则和法律原则，不能违反法律的规定，又要符合上位规划的要求，作为一项专项规划，铁路发展规划的变更不得与总体规划相违背，要做到不同规划之间充分协调和有效衔接。最后，坚持权责一致，铁路发展规划变更的主体如若逾越法定职权、怠于行使法定职权或者违反法定程序实施变更，必须承担相应的法律责任，以此加强对权力行使的制约。[2]

（二）明确铁路发展规划内容变更的条件

通过法律规定明确具体的变更条件是确保铁路发展规划变更有法可依，实现铁路发展规划变更实体法治化的重要环节。尽管有学者提出应当准确界定公共利益，将维护公共利益作为规划变更的原则，[3]但是公共利益的概念和范围本身就具有较大的模糊性，公共利益的界定在学界也尚未达成共识，如果规划机关假借公共利益的名义对铁路发展规划进行变更，同样容易导致权力的滥用。因此，铁路发展规划变更的条件应当有更为具体的规定，可以借鉴一些地方性法规的做法。例如，2012 年实施的《四川省城乡规划条例》第 66 条将地震、泥石流等重大自然灾害作为城乡规划变更的法定事由之一。2016 年实施的《湖南省实施〈中华人民共和国城乡规划法〉办法》第 16 条

---

〔1〕 参见郭庆珠：《论行政规划变更的正当性及其法律规制——兼及〈城乡规划法〉中规划修改制度的反思》，载《河北法学》2009 年第 4 期，第 67 页。

〔2〕 参见应松年：《从依法行政到建设法治政府》，载《人民日报》2016 年 8 月 31 日，第 7 版。

〔3〕 参见宋雅芳：《论行政规划变更的法律规制》，载《行政法学研究》2007 年第 2 期，第 74 页。

对《城乡规划法》中的"重大建设工程""经评估"进行了细化,重大建设工程中列举了重大基础设施、公共服务设施、防灾减灾等工程项目,评估后认为需要修改的,必须经过城乡规划委员会审议同意。2019 年修正的《天津市城乡规划条例》第 30 条规定:"市政基础设施或者公共服务设施难以满足城镇发展需要且不具备更新条件的,可以修改控制性详细规划。"2021 年修订的《甘肃省城乡规划条例》第 37 条规定了修改控制性详细规划、基础设施和公共服务设施专项规划的事由,具体包括总体规划对规划地段提出了新的要求、为了解决规划地段内出现的新的利害关系、基础设施和公共服务设施的供给方式发生重大变化等。《关于进一步做好铁路规划建设工作的意见》从有效控制造价的角度考虑了调整铁路发展规划建设的情形,包括铁路的功能定位、建设标准等发生重大变化,以及线路里程、直接工程费用(扣除物价上涨因素)等与建设规划相比增幅超过 20%的情形。《国务院办公厅关于进一步加强城市轨道交通规划建设管理的意见》考虑的规划调整情形则更为详细,不仅涵盖了城市规划、轨道交通线路功能定位、线路里程、直接工程投资(扣除物价上涨因素)等的变化,还包括工程条件、交通枢纽布局、线路基本走向、系统制式等因素的变化。

因此,明确铁路发展规划变更的法定事由可以在现有规定的基础上进一步作出规定,将"经评估确需修改""审批机关认为应当修改的其他情形"作出详细规定,对规划机关的自由裁量权进行一定的限制,同时可以考虑将出现重大自然灾害、调整规划范围内出现新的利害关系、满足社会公众需求、调整铁路的功能定位、基本走向、线路里程、建设成本以及保护历史文化遗产和自然资源等客观事实纳入规划变更的法定条件之中。

(三)完善铁路发展规划变更的责任追究制度

1. 明确铁路发展规划变更主体的责任划分。规划立法要遵循"谁规划、谁落实、谁负责"的原则,确保政府的规划行为可以问责,真正体现规划的法律约束力,[1]规划的变更亦是如此。铁路发展规划变更的编制、审批过程通常涉及不同部门,在同一部门中不同人员对于规划的变更也起到了不同作

---

〔1〕 参见宋彪:《中国国家规划制度研究》,中国人民大学出版社 2016 年版,第 33 页。

用。因此，在追究违法变更铁路发展规划的主体责任时，应当有所区分。

首先，根据《重大行政决策程序暂行条例》第 30 条的规定，决策的草案应当经决策机关、常务会议或者全体会议讨论，由行政首长拟作出在集体讨论的基础上作出决定，行政首长的决定与多数人意见不一致的，应当说明理由。由此可知，审批机关的行政首长应当对违法变更铁路发展规划的决定承担法律责任，其他负有责任的领导人员和直接责任人员也应当承担相应的法律责任。另外，编制规划变更方案的行政机关如果出现了违反实体或程序法律规定的情形，其行政首长、负有责任的其他领导人员以及直接责任人员同样应当依法承担责任。其次，参与集体讨论的有关人员的法律责任也应有所不同，对违法变更铁路发展规划的决策持反对意见的人员可以减免其法律责任。这就要求在集体讨论中，应当完整、如实地记录不同人员提出的意见，将决策过程中形成的记录和相关材料及时归档，作为今后追究有关人员法律责任的依据。

对铁路发展规划变更过程中不同主体的责任进行详细划分，有利于责任的明确和落实，督促行政首长谨慎行使行政权力，鼓励参与决策的人员积极发表意见，抑制铁路发展规划变更决策中出现行政首长一言堂的现象，保证决策的民主性。

2. 构建铁路发展规划重大变更的终身责任制。2014 年《中共中央关于全面推进依法治国若干重大问题的决定》，明确要求建立重大决策终身责任追究制度及责任倒查机制。2015 年《交通运输部关于全面深化交通运输法治政府部门建设的意见》进一步提出，在交通运输重大决策中建立终身责任追究制度及责任倒查机制。2017 年《安徽省领导干部城乡规划实施管控责任离任审计办法（试行）》，要求审计机关会同有关部门依法监督和评价离任干部在其任期内城乡规划实施管控职责的履行情况，对所领导干部应当承担的直接责任、主管责任和领导责任进行界定。2019 年修正的《重庆市城乡规划条例》第 79 条将制定和实施城乡规划的情况纳入政府、城乡规划主管部门及主要领导干部的考核和监督范围。因此，只有加大对行政机关违法变更行为的处罚力度，才能防止铁路发展规划变更的随意性，提高决策的科学性。

在铁路发展规划重大变更的决策中，应当对决策严重失误、造成重大损失或恶劣影响的行政领导人员以及相关责任人员严格追究法律责任。这就需要对铁路发展规划的重大变更作出界定。《公路工程设计变更管理办法》第 5 条以需要调整的路线长度、相关设施的数量、规模等为标准，将公路工程设计变更分为重大设计变更、较大设计变更和一般设计变更。[1]原铁道部发布的《铁路建设项目变更设计管理办法》第 7 条将铁路建设项目变更设计分为 I 类变更和 II 类变更，其中 I 类变更包括设计规模、主要技术标准、重大方案、重大工程措施、建设总工期的变化等。[2]以上规定都为界定铁路发展规划的重大变更提供了较好的参考。例如，涉及较长里程的路线调整、重点桥渡、特长隧道、站点位置等重要设施的变更应当属于重大变更。

六、铁路发展规划变更的程序法治化

《关于进一步做好铁路规划建设工作的意见》中强调规划的导向和约束作用，明确城际和市域（郊）铁路线路的一系列重大变化必须履行规划调整程序，意味着铁路发展规划变更的难度增加。[3]程序法治化是行政规划法治化的核心[4]，但是我国缺少行政规划法的指引，各种类型的行政规划程序分散在不同的法律法规当中，种类繁多，难以统一适用[5]，因此为了规范铁路发展规划领域的变更行为，必须对变更的程序加以规范。

在规范铁路发展规划变更程序之前，应当考虑是否所有的变更都要依照相同的程序。例如，《城乡规划法》要求总体规划的修改程序应当严格遵循编制程序，由原审批机关进行审批，而详细规划中的控制性规划也是如此。严

---

[1] 参见孙提川：《城市交通规划变更法律规制研究》，东南大学 2017 年硕士学位论文，第 27 页。
[2] 参见吴月峰：《关于对工程总承包模式下铁路设计变更的探讨》，载《铁路工程技术与经济》2022 年第 2 期，第 54 页。
[3] 参见铁路建设规划：《〈关于进一步做好铁路规划建设工作的意见〉权威解读》，载 https://mp.weixin.qq.com/s/wgKoUGG4t-ammFfBalJixg，最后访问日期：2023 年 5 月 15 日。
[4] 参见徐丹：《行政规划若干问题思考》，载《行政论坛》2008 年第 6 期，第 61 页。
[5] 参见郭庆珠：《论行政规划利害关系人的权利保障和法律救济——兼从公益与私益博弈的视角分析行政规划的法律规制》，载《法学论坛》2006 年第 3 期，第 40 页。

格的程序规定一定程度上可以防止规划主体擅自变更的行为，然而这种"一刀切"的做法也可能会造成行政资源浪费、行政效率下降等问题。[1]如前文所述，《公路工程设计变更管理办法》对设计变更进行了分类，重大变更和较大变更采取审批制，而一般变更则由项目法人负责审查和管理。《山西省城乡规划条例》虽已失效，但是对规划变更的程序分类仍有参考价值。该条例第51条和第52条将总体规划和控制性详细规划的修改分为修编、调整和补充三种情形。以控制性详细规划的修改为例，修编需要经过必要性论证、征求意见、向原审批机关提出专题报告，经同意编制修编方案的一系列程序；调整则需要经过提出方案、征求意见、公布实施和备案程序；而补充只需要报原审批机关备案即可公布实施，如果涉及利害关系人利益，应当征求其意见。《甘肃省城乡规划条例》也将城镇体系规划和总体规划的修改分为强制性内容和非强制性内容，而强制性内容中又可进一步细分为是否影响城镇规模、发展目标和整体功能布局及规划区范围等，根据不同类型的修改设定不同的程序。由此可知，实践中已有依据变更的种类或程度决定变更程序的做法，尽管具体划分标准存在一定的模糊性，但是通过分类适用不同程序的方式能够适当简化行政程序，提高行政效率，具有参考和借鉴价值。

（一）确立铁路发展规划内容变更的程序性原则

1. 程序法定原则。程序法治是现代行政法治的重要内容，通过程序法定原则有利于对行政机关履行行政职责，行使行政权力进行事先和事中的控制。铁路发展规划变更是行政机关对城市空间、土地等资源配置进行干预的过程，涉及多元主体利益的权衡和分配问题，遵守法定程序是铁路发展规划变更合法性证成的必经过程。[2]程序法定原则要求规划机关对铁路发展规划作出变更的过程必须严格依照法律规定的程序，不得自行设定或擅自减少法定程序，任意变更铁路发展规划。要求规划机关遵守法定程序，能够制衡规划机关行使行政权力的恣意，维护公民的基本权益，确保铁路发展规划变更的合法性。

[1] 参见兰燕卓：《为了有序的城市——城市规划变更的行政法规制》，北京大学出版社2014年版，第166页。
[2] 参见何明俊编著：《城乡规划法学》，东南大学出版社2016年版，第45页。

2. 公众参与原则。铁路不仅是国家战略性的基础设施，也是公民出行的重要方式，铁路发展规划的合理与否直接影响了百姓的日常生活。公民是社会构成的主体，虽然未必具备铁路发展规划的专业知识，但公民是与铁路发展规划密切相关的利益主体，对当地的社会生产生活需求有着最直接的感受，只有让公民参与铁路发展规划变更的具体过程，才能使公民充分表达自身的诉求，进而使规划主体听取公民的意见，考虑百姓的实际需求，[1]使铁路发展规划的变更能够获得广大公民的认可和支持，更具民主性和合理性。因此铁路发展规划的变更并不是国家和政府单方面的任务，需要行政机关和行政相对人之间形成良性互动机制，通过平等地讨论、协商，不断完善规划方案，否则行政主体单方面对铁路发展规划进行变更，可能招致行政相对人的抵触甚至是强烈反对，不利于规划的实施。

（二）铁路发展规划变更的申请、公告和听证

1. 铁路发展规划变更的申请。如果发生了法定变更的情形，确实应当调整铁路发展规划的，就需要由相关主体提出变更申请，那么应当考虑哪些主体享有铁路发展规划变更的启动权。按照我国现有的规定，铁路发展规划的变更申请可以由交通主管部门、原编制机关、审批机关等行政主体以及建设单位提出。同时还应当考虑到铁路发展规划变更的利害关系人，具体包括规划变更前后可能受到影响的其他行政机关、组织和个人，因此利害关系人也应当纳入铁路发展规划变更的申请主体范围。以公众申请变更为例，可以对申请的条件作出具体规定：第一，在申请主体上，公众可以包括自然人、法人和其他非法人组织，但是应限定在铁路发展规划中的线路、站点等影响其出行和生产生活的范围内，并且要达到一定数量或者占据一定比例的利害关系人共同提出变更申请；第二，在申请范围上，利害关系人只能对铁路发展规划中的具体线路、站点、相关配套设施等内容申请变更，而不能要求对总体规划进行变更；第三，在申请形式上，应当以书面方式提出申请，并且详

---

〔1〕 参见胡昕：《新型城镇化过程中行政规划的法律规制研究》，河北大学 2019 年硕士学位论文，第 6 页。

细说明申请变更的具体内容和理由等。[1]

2. 铁路发展规划变更的公告。百姓是铁路发展建设最直接的利益主体，在铁路发展规划变更的程序中，建立完善的公众参与机制，确保公众实质性地参与到政府管理当中，是民主社会中的必然要求。而公众参与管理的前提是保障公众的知情权，使公众充分了解相关信息，因此铁路发展规划变更必须事先通过公告的形式，在便于公众查询的平台上做好信息公开工作，提高变更决策的透明度，保障公民的知情权和参与权，推进变更决策的公开性、高效性和民主性，为之后的听证做好铺垫。

对于铁路发展规划变更的公告，首先，应当明确公告的期限和平台。例如，《城市、镇控制性详细规划编制审批办法》第 12 条规定，控制性详细规划草案的公告期不得少于 30 天，应当借助政府新闻网站、当地主要新闻媒体等平台公开公告的时间、地点及公众提交意见的期限、方式。公告的期限应当确保公众有足够的时间了解变更草案的内容，同时为了确保行政效率，可以根据规划变更的内容具体确定不同的期限，例如涉及铁路发展规划中线路走向、站点位置等重大复杂的变更，公告期不得少于 30 日，而涉及线路、站点的名称等较为简易的变更，公告期不得少于 7 日。公告的途径除了传统的报纸、广播电视等传播媒介，还应当充分发挥现代网络媒体的优势，利用政府官方网站、官方微信公众号以及微博等渠道，扩大公告的覆盖面，尽可能使公告的内容为更多的公民知悉。其次，公告中应当包含铁路发展规划变更方案的具体内容，不能简单地公开修改后的规划文本或图纸，而应当用通俗易懂的语言对方案变更前后的内容进行说明和对比，提醒公众特别是沿线的居民，规划变更后对生产生活可能造成的影响，以便公众充分考虑规划变更的后果，为后期公众参与听证会、提出意见奠定基础，同时阐明规划变更的事实理由和法律依据。最后，应当公布听证会召开的时间和地点，鼓励更多的公众，尤其是受规划变更影响较大的利害关系人，及时参与听证，告知其

---

[1] 参见兰燕卓：《决策与民意：城市规划变更中的公众参与》，载《经济社会体制比较》2012 年第 5 期，第 209 页。

有权在一定时间内向听证机关对变更方案提出异议。[1]

3. 铁路发展规划变更的听证。在任何可能对他人产生不利影响的决定作出前，行政机关都应当听取当事人的意见，其核心程序就在于听证。[2]铁路发展规划变更的公告只是行政主体单方面向公众传递信息的方式，并未形成行政机关与行政相对人的双向交流，要实现双向交流的典型手段就是召开听证会，构建一个行政机关、专家、公民等多方主体共同参与的对话平台。[3]

在铁路发展规划变更的听证中，需要遵循以下程序。首先，要确定听证主持人。为了避免受到"先入为主"的影响，听证主持人应当是没有参与规划变更方案拟定过程的人员，同时听证主持人必须能够参与到变更方案的最终确定程序中，使得听证中的意见直接传递给方案的确定者。[4]为了听证主持人能够更好地履行职责，应当通过立法的形式完善听证主持人制度，确定听证主持人的法律地位、权力及责任范围等。[5]其次，要明确听证代表的遴选规则。一方面要确保听证代表的广泛性并明确具体听证代表比例，特别是因铁路发展规划变更而可能被征收土地、房屋的行政相对人，铁路规划变更前后沿线附近的居民、商户、企业等利益变动较大的行政相对人，要合理给每个利益群体安排相应的代表，全面地听取各方意见，每个利益群体的代表所占比例应当根据其受影响程度的不同而有所区分，对于具有较大利害关系的群体、利益可能受损的群体，其代表应当占有较大比重。另一方面，听证代表的遴选规则、过程和结果要进行公开，避免听证代表的选择由行政机关单方面确定，无法真正体现民意。同时，专家代表和公众代表的名额与比例

---

〔1〕 参见周佑勇、王青斌：《论行政规划》，载《中南民族大学学报（人文社会科学版）》2005年第1期，第103页。

〔2〕 参见兰燕卓：《为了有序的城市——城市规划变更的行政法规制》，北京大学出版社2014年版，第184页。

〔3〕 参见兰燕卓：《为了有序的城市——城市规划变更的行政法规制》，北京大学出版社2014年版，第194页。

〔4〕 参见周佑勇、王青斌：《论行政规划》，载《中南民族大学学报（人文社会科学版）》2005年第1期，第103页。

〔5〕 参见桂萍：《重大行政决策的公众参与制度研究》，苏州大学出版社2016年版，第111页。

应当有所区分，根据变更事项的专业程度确定二者的名额分配。[1]再次，在听证过程中，要给予各方代表平等、公平的表达机会，允许不同的诉求和利益之间的矛盾冲突在激烈的交锋中充分展示，听证主持人应当充分了解参与听证人员的观点和立场，努力引导各方在相互妥协、让步的基础上达成共识，促成彼此之间的意见达成一致，进而作出理性民主的决策。[2]最后，如何对听证中的各种意见作出回应和处理，以保证公民实质性地参与到铁路发展规划的变更程序中，提高公民参与的积极性，实现社会利益与个人利益的平衡，是完善铁路发展规划变更程序的重要问题。对听证过程中公民意见采纳与否的报告不仅要提交给规划审批机关，还要向社会公布，公开对公民意见的采纳情况，对于不予采纳的意见充分说明理由。对于公民意见不做出回应，或者对不予采纳意见的理由不充分的，审批机关应当拒绝批准规划变更的方案。一个实质有效的利益沟通机制必须强调行政相对人对于最终作出的行政决定具有实质性的影响，如此才能使铁路发展规划的变更从一个由行政机关主导的权力控制过程转变为多方利益的沟通协商过程。[3]因此，为了使铁路发展规划变更的最终决定，建立在充分听取听证意见的基础之上，应当要求规划主体必须依照"案卷排他原则"（只能以案卷作为根据，不能在案卷以外，以当事人所未知悉和未论证的事实为根据）[4]作出是否对铁路发展规划进行变更的决定。

七、结语

铁路发展规划必须考虑到未来较长时间内国家经济发展和交通供给的需要，经济社会的快速发展和规划制定者的认识局限等因素的影响，都可能导致铁路发展规划需要适时调整和修改，但是现行法律的缺陷使规划的变更有

[1] 参见桂萍：《重大行政决策的公众参与制度研究》，苏州大学出版社2016年版，第105页。
[2] 参见桂萍：《重大行政决策的公众参与制度研究》，苏州大学出版社2016年版，第97页。
[3] 参见周佑勇：《论行政裁量的利益沟通方式》，载《法律科学（西北政法大学学报）》2008年第3期，第79页。
[4] 参见金承东：《案卷排他与看得见的程序作用》，载《行政法学研究》2007年第3期，第75页。

时无明确的法律规范依据。铁路发展规划变更的法治化是完善铁路发展规划管理机制的重要环节，具体可以分为实体法治化和程序法治化两方面。就实体而言，首先应当确定规划变更必须坚持信赖利益保护原则和法定变更原则；其次要明确规划变更的法定条件，在现有规定的基础上，考虑重大自然灾害、新的利害关系以及铁路的功能定位、建设成本、历史文化和自然资源等因素，规范规划变更权力的行使，防止权力滥用；最后要在铁路发展规划变更中构建重大决策终身责任制，实现权责统一。然而，行政规划是过程性的动态行为，要求法律赋予规划机关更大的自由裁量空间，不宜通过实体法对规划主体进行过多的限制，因此程序法治化成为了行政规划法治化的核心。铁路发展规划变更的程序，可以借鉴地方经验，根据铁路发展规划变更的程度而有所区分。铁路发展规划变更程序的法治化，首先应当坚持程序法定原则和公众参与原则；其次应当对允许与铁路发展规划密切相关的利害关系人提出变更申请，明确变更公告的期限、平台和具体内容等，充分实现信息公开，保证公民的知情权，通过完善听证程序避免听证会流于形式，鼓励公民积极行使参与权。程序法治化的实现要借助严格的法定程序规范铁路发展规划机关行政权的行使，维护各方主体的合法权益，实现实质正义。

【铁路刑事法治】

铁路刑事法律责任问题研究[*]

熊永明^{**}

本文拟从《铁路法》刑事罚则设置原则、刑事罚则模式、伪造变造倒卖车票问题等三方面展开研讨。

一、《铁路法》刑事罚则设置原则

（一）穷尽原则

所谓"穷尽原则"是指其他非刑事法律规范手段没有穷尽，就不能启动刑法手段；刑法相关条款能够有效规制就不必新增罪名或条款，否则就有可能违反刑法的协调性要求。法律之间是一场接力赛，每一部法律都只能管好自己这一棒，显然刑法是成败定乾坤的最后一棒，因而，在其他法律规制到位时，刑法这一棒不能轻易去干预，否则就违规了，就要被逐出"比赛"。同时我们还知道运动员四个人之间有三个接力区的存在，运动员可以在规定的交接棒区域里完成交接棒，也就是说各运动员并非各自完整跑完 100 米，有的可能跑到 110 米，有的可能只跑到 90 米，之所以有此比赛规则就是为了促进四人之间配合协调，从而最大化提升比赛成绩。但并不能允许某个运动员能力强些就过度延长其短跑的距离，某个运动员能力弱些就过度缩短其短跑的距离。刑法与其他法律之间的关系莫不如此，刑法与其他法律共同完成对社会秩序的维护，各自管理一段，不能在其他法律可以管辖的情况下放任刑

* 原载曾明生主编：《铁道法治学导论》，中国政法大学出版社 2022 年版，第 429~442 页。

** 南昌大学法学院副院长、教授，博士生导师，法学博士。主要研究方向为刑法学。

法过度提前进入，这也应该是法律规则维护社会秩序时的接力赛规则。

学术界与实务界关于是否应继续扩大轻罪范围以及刑法以何种程度介入和调整社会生活，存在不同主张。一种观点认为，我国刑法原本就存在许多漏洞。在这种背景下，仍然采取消极刑法观，甚至主张今后只能实行非犯罪化的观点，并不合适。只有采取积极刑法观，利用刑法有效地保护法益，才能满足法益保护的合理需求。[1]另一种观点则认为，刑事立法对于过于积极的犯罪预防，应该反思其边界。刑法不能成为公众欲望的晴雨表，而应是理性主义的代名词；否则，刑事立法将日益脱离实效性。犯罪化根据应体现法治精神，且刑法立法的最终意旨是保护公民自由和为公民谋求幸福。然而，过度的"犯罪化的增加"恰恰"对法治本身而言亦具有破坏作用"。[2]

在探究铁路刑事罚则时，有观点强调，应注重刑事罚则（附属刑法）对刑法典的引导作用，在高铁安保新形势下，适度扩展应受行政处罚甚至入刑的危害行为范围，增加关于劫持、妨碍列车正常运行的相关行为，火车司机酒驾醉驾行为，伪造身份证件或盗用他人身份证件购票乘车行为法律责任的相关规定。[3]笔者认为要慎用刑法，应当提倡刑法参与社会治理的最小化，坚守近代社会所确立的刑法保护公民自由这一根本使命[4]。当然也并不是说一概不能增设轻罪。增设轻罪应当尽可能实现对类型化行为的规制，如果一个罪名所惩治的不是类型化的危害行为，该规定的司法适用空间就有限，这样的立法模式就不太理想。[5]第一，刑罚本身的附随效果影响较大。刑罚毕竟是一种恶，其使得罪犯留下前科的烙印，影响就业和再生存，给罪犯家属

---

〔1〕 参见张明楷：《增设新罪的观念——对积极刑法观的支持》，载《现代法学》2020 年第 5 期，第 158 页；张明楷：《增设新罪的原则——对〈刑法修正案十一（草案）〉的修改意见》，载《政法论丛》2020 年第 6 期，第 3~14 页。

〔2〕 参见刘艳红：《积极预防性刑法观的中国实践发展——以〈刑法修正案（十一）〉为视角的分析》，载《比较法研究》2021 年第 1 期，第 74 页。

〔3〕 参见何恒攀：《铁路改革发展的法治保障——"'一带一路'倡议背景下的铁路法治问题研讨会"综述》，载《铁道警察学院学报》2018 年第 1 期，第 121 页。

〔4〕 参见何荣功：《社会治理"过度刑法化"的法哲学批判》，载《中外法学》2015 年第 2 期，第 547 页。

〔5〕 参见周光权：《论通过增设轻罪实现妥当的处罚——积极刑法立法观的再阐释》，载《比较法研究》2020 年第 6 期，第 51 页。

留下耻辱，甚至刑罚的适用没有满足被害人过于强烈的复仇欲望而对被害人所产生的微妙的心理不平衡，都构成了刑罚的间接成本。司法实践中可能仅仅是民事违约、轻微的行政违法的行为，都被纳入犯罪圈打击了。例如，喝醉酒挪一下车，服用国家规定管制的精神药品，但里面的毒品含量近乎于无，去超市偷拿一个塑料袋，去赌博游戏机工作室打一天工。这些人不仅仅是犯罪嫌疑人，他们可能就是我们的邻居、亲人，甚至是贪小便宜、没有提高生活注意义务的你我，他们就是我们的兄弟姐妹。刑法作为大杀四方的利器，挥向他们时，指向的何尝不是我们自己？第二，刑罚的作用总是有限的。对此，马克思早就指出过，"况且历史和统计科学都非常清楚地证明，从该隐以来，利用刑罚来感化或恫吓世界就从来没有成功过。"[1]德国犯罪学家施奈德也断言，"刑事立法的过度反应将会产生触犯犯罪和导致犯罪的作用。"一是犯罪原因的复杂性；二是刑罚功能自身能力的有限性；三是刑罚发生作用所需要的条件性等。[2]上述有关适度扩展刑法的建议并不妥当，但有的完全可以适用刑法解决（如伪造身份证件或盗用他人身份证件购票乘车），有的没有必要（如劫持列车的行为）。

近些年不时出现高铁霸座现象，但这种霸座现象的出现不过是某些人社会道德沦丧的缩影而已，而且事实上霸座现象对权益的侵害并不大，除非这种霸座形成了剧烈的身体对抗。解决霸座现象有多种非刑事途径，如或者将其拉入黑名单以贬损其社会信用，禁止其在一定时间内甚至是终身购买火车票、乘坐火车出行，完善社会惩戒模式，设立考察期；或者列车乘警协同地方派出所共同联手处以治安处罚等。即便这种现象频频发生，也鲜有人建言对此直接或者简单以刑事手段应对的。倒是2019年7月国家铁路局发布《中华人民共和国铁路法（修订草案）》（征求意见稿）（以下简称《征求意见稿》）指明了处置方式，《征求意见稿》第58条列出了11种禁止实施的行

---

〔1〕 中共中央马克思恩格斯列宁斯大林著作编译局编译：《马克思恩格斯全集（第八卷）》，人民出版社2016年版，第579页。

〔2〕 ［德］施奈德：《犯罪学》，吴鑫涛、马君玉译，中国人民公安大学出版社1990年版，第22页。参见张绍谦：《反思刑罚功能的有限性和负面性》，载刘明祥主编：《武大刑事法论坛》（第1卷），中国人民公安大学出版社2005年版，第76~77页。

为，其中的（四）规定"强占他人席位且不听劝阻、干扰站车秩序且不听劝阻，或者在车站和旅客列车内寻衅滋事、扰乱公共秩序。"其实这只是象征性地增加了禁止规定，即便没有这种明确的禁止性规定，也不表示该行为现行法律不禁止；同时这里只是禁止性规定的罗列，依然没有直接以刑事手段处理。

（二）前置法原则

所谓"前置法原则"是指设置新的刑法条款，如果关联的非刑事法律规范中都没有规定或者规定模糊时就不宜启动刑事手段。这里的"前置法"是指刑法之外一切非刑法手段，包括其他法律手段，甚至行政手段等。原则上，只有在具有法益侵害的情况下才发动刑法，但是普遍法益的抽象化，在提升概念涵摄力的同时，也使得法益批判机能趋于崩塌。如果过度认定普遍法益，就可能使作为犯罪形态基本模式的侵害犯类型前移到危险犯类型，特别是抽象危险犯类型，会带来缓和犯罪评价之限制条件的机能变化。刑法就可能不是法益保护的"最后手段"，而是法益保护的"最初手段"甚至是"唯一手段"。[1] 对于这里的前置法，应当限于全国性法律文件，具体是指全国人民代表大会及其常务委员会制定的法律和决定，国务院制定的行政法规、规定的行政措施、发布的决定和命令。[2] 应该在法律体系中建立一套多元化、体系化的制裁性规则，通过前期适时有度地惩戒和预防部分违法行为发展为犯罪行为，同时必要的话在最后设置刑事条款作为惩治和威慑。如《铁路法》第 71 条规定："铁路职工玩忽职守、违反规章制度造成铁路运营事故的，滥用职权、利用办理运输业务之便谋取私利的，给予行政处分；情节严重、构成犯罪的，依照刑法有关规定追究刑事责任。"该条款中的概念性名词需要进一步解释，如"规章制度"具体是指哪些，是否包括铁路部门的行业规则等，需要后续司法解释和相关规定的进一步明确，否则铁路运营安全事故犯罪的追究有可能扩大或者成为空谈。

---

〔1〕 参见李晓龙：《刑法保护前置化趋势研究》，武汉大学 2014 年博士学位论文，第 77 页。

〔2〕 参见杨兴培编著：《犯罪的二次性违法理论与实践：兼以刑民交叉类案例为实践对象》，北京大学出版社 2018 年版，第 107 页。

近来学界围绕大量违法行为轻罪化问题出现争鸣，学术界与实务界关于是否应继续扩大轻罪范围以及刑法应何种程度介入和调整社会生活，存在不同主张，实可谓百家争鸣，对此本文无欲介入，其实无论是扩张还是限制，无论是积极刑法还是消极刑法，都必须遵循一个基本前提，那就是确立前置法和刑法衔接的协调原则。如果前置法没有规定，动不动就启动刑法，这样的轻罪化不值得提倡，这样的积极刑法立法观不值得倡导。在我国，一旦有人因犯罪被判刑，则直接影响其家庭建设（如房贷）、子女读书就业等，但这种"株连"的细则还缺乏较好的配套措施，彼此之间的协调关系还没有较好地确立，所以这样的"入刑"就备受诟病。没有建立前科消灭制度，特别是我国特殊的就业、入伍等政审制度，前科影响的不仅是犯罪人本人短期的自由，更为严重的是可能对其子女的影响，这种影响反倒有可能是终身的、巨大的。所以不能滥用轻罪化。

如果将法律建立在耻辱文化观上，用法律介入我们日常的道德与生活，让人感觉违法是可耻的，轻罪化也未尝不可，但这个必须有配套的制度设计，除了前科消灭，笔者认为可以采取类似于行政处罚的后果那样的措施。在我国，有罪的负面效应不是前科消灭能抵消的。一方面，吃掉治安管理处罚的内容并不现实。多数人成为犯罪人，惩罚弥散化，最终失去刑罚的羞辱价值，学术可以理想主义，改革需从实际出发。另一方面，从程序上看，德国、日本刑法上没有中国《刑法》第13条的"但书"，没有数额较大、情节严重等限定犯罪成立的条件，但是德国、日本的检察官具有极大的自由裁量权，不提起公诉的案件远多于提起公诉的案件，最终德国、日本罪犯占比相比中国合理。反观中国，甚至是"侦查中心主义"，检察机关的自由裁量权很小，一旦进入审查起诉，绝大多数都会定罪判刑。学德国、日本的刑法，却搬不来其完整的刑事诉讼体系，必然弊病丛生。社会生活、刑法、刑事诉讼法及公检法的活动等是有机的整体，牵一发而动全身，改革要系统考虑。

（三）协调原则

所谓"协调原则"是指在废改立刑事条款时，必须考虑此罪与彼罪之间的平衡和一致。刑法总则根据各种行为的社会危害性程度和人身危险性的大小，规设轻重有别的处罚原则。

刑法毕竟是国家的基本法律，因而之外的其他法律中如果要设置附属刑法条款时必须考虑刑法的规定，大量设置附属刑法时，这些附属刑法条文必须酌水知源而不能忘"本"，必须使得其与刑法典之间具有内在的一致性。这里的特别刑法包括单行刑法和附属刑法等，附属刑法一般是指非刑事法律中的罪刑规范，因此，它首先应当与所附属的其他法律相协调；另外，附属刑法还应当同刑法典协调一致，即附属刑法所设置的罪刑关系应当同刑法典所设置的相应的罪刑关系协调一致。

刑法分则根据犯罪的性质和危害程度，建立了一个合理的犯罪体系，为各种具体犯罪规定可以分割、能够伸缩、幅度较大的法定刑，司法机关可以根据犯罪的性质、罪行的轻重、犯罪人主观恶性的大小，对犯罪人判处适当的刑罚。罪状建构的均衡性原则就是要求通过各种具体罪状的均衡来促进此刑与彼刑之间的均衡，进而确保刑法分则所有罪刑规范在横的方向（此罪与彼罪之间）和纵的方向（此罪与彼罪之间、此刑与彼刑之间）都符合罪刑相当的要求。[1]

这种协调原则，要求铁路法律法规的制定、修改必须尽量保持与刑法之间的衔接，刑法的规定只能相对粗疏和概括，铁路刑事法律的司法适用需要奠基于铁路法律法规的明确规定。

（四）法定原则

罪刑法定原则是中国刑法规定的一项基本原则。基本含义是"法无明文规定不为罪"和"法无明文规定不处罚"，即犯罪行为的界定、种类、构成要件和刑罚处罚的种类、幅度，均事先由法律加以规定，对于刑法分则没有明文规定为犯罪的行为，不得定罪处罚。刑法典毕竟粗疏，为了强化实践运用，就出台了必要的立法解释和司法解释，这要求刑法立法解释和刑法司法解释必须遵循罪刑法定原则，二者均不可随意突破（包括扩张和限缩）刑法典的精神和规定，否则就可能造成立法理解上的混乱，从而人为制造失调现象。

罪刑法定原则对刑法司法解释的制约表现在对刑法司法解释主体的制约、

[1] 参见刘树德：《罪状建构论》，中国方正出版社 2002 年版，第 124~125 页。

对刑法司法解释范围的制约、对刑法司法解释溯及力的制约、对刑法司法解释方式的制约等四个方面。[1]从刑法司法解释情况来看，对刑法典规定的突破更为常见的是对内容的突破，从而直接破坏司法解释与刑法规定之间的协调关系。如《最高人民法院关于对变造、倒卖变造邮票行为如何适用法律问题的解释》规定："对变造或者倒卖变造的邮票数额较大的，应当依照刑法第二百二十七条第一款的规定定罪处罚。"即按"伪造、倒卖伪造的有价票证罪"定罪处罚。如果按照狭义论的观点，这里的"伪造"行为仅仅指"伪造"，而不包括"变造"，按照罪刑法定原则，既然立法限定为"伪造"，那么司法解释的规定就突破了立法的规定，有悖法定原则。

（五）尊重原则

所谓"尊重原则"有两层含义，一是指低位阶的规定必须臣服于高位阶的法律，刑法规定必须与宪法规定保持一致性，刑法的规定只能在宪法框架内；二是指国内刑法规定必须保持与所缔结或参加的国际条约保持一致，在已经加入的情况下就应该在国内刑法中积极兑现和落实，当然，若有声明保留甚至反对的条款，则不必遵循。

如何看待《铁路法》与《刑法》之间的位阶高低？有一种观点指出，现行《刑法》与《铁路法》是处于相同位阶的法律规范。然而，无论是在制定主体、立法权限，还是在制定程序上二者间都存在明显差异。因此，将《刑法》与《铁路法》界定为准同位法应当更为恰当。[2]

从制定主体上看，《刑法》是由在我国国家机构体系中居于最高地位的全国人民代表大会制定的；而《铁路法》则是由隶属于全国人大、受全国人大领导和监督、向全国人大负责并报告工作的全国人民代表大会常务委员会制定的。我们知道，全国人大常委会是全国人大的常设机关，在全国人大闭会期间，行使宪法和法律赋予的职权。但这并不是说，全国人大常委会是一个独立于全国人大之外的最高国家权力机关。最高国家权力机关是全国人民代

---

〔1〕 参见黄伟明：《论罪刑法定原则与刑法司法解释》，载《法学评论》2001 年第 2 期，第 75~76 页。

〔2〕 参见江宜怀：《〈铁路法〉中刑事罚则适用问题研究》，载《铁道警官高等专科学校学报》2005 年第 1 期，第 40 页。

表大会，全国人大常委会是全国人大的常设机关，是最高国家权力机关的重要组成部分，在全国人大闭会期间行使最高国家权力。全国人大有权改变或者撤销全国人大常委会不适当的决定，有权依照法定程序罢免全国人大常委会组成人员。依据我国《中华人民共和国立法法》（以下简称《立法法》）第 10 条："全国人民代表大会和全国人民代表大会常务委员会根据宪法规定行使国家立法权。全国人民代表大会制定和修改刑事、民事、国家机构的和其他的基本法律。全国人民代表大会常务委员会制定和修改除应当由全国人民代表大会制定的法律以外的其他法律；在全国人民代表大会闭会期间，对全国人民代表大会制定的法律进行部分补充和修改，但是不得同该法律的基本原则相抵触。"

这意味着，当《铁路法》的规定与《刑法》规定不一致或者存在冲突时，以《刑法》为先，毕竟《刑法》位阶高于《铁路法》。当然，如果《刑法》中有关铁路刑事罚则的规定落伍，已经不符合实际情况时，可以考虑将来对关联刑事罚则或者罪状进行修改和调适。

二、《铁路法》刑事罚则模式

我国《铁路法》第 60 条至第 71 条较为详尽地列举出了法律责任条款，依据不同情形分别指引如何依照刑法处理。从学理上看，这种附属刑法具有其固有的特色和优势，也在历史上发挥过重要的作用。但现在看来纯属多余，《铁路法》中刑事罚则的内容实际上已失去原有的立法价值《铁路法》中不必设立刑事罚则条款，原因如下：

一是因为我国采取大一统的刑法典模式，附属刑法没有余地空间。在刑法立法形式上，存在刑法典、单行刑法、附属刑法等方式。从我国现行刑法立法方式来看，基本上摒弃了单行刑法和附属刑法，而采取以修正案为主，立法解释和司法解释为辅的刑法修改和解释模式。附属刑法模式虽然有利于实现刑法典相对稳定性的要求，但由于附属刑法不具有刑法典的形式，其中的刑事责任条款的威慑力容易被社会所忽视，故不利于发挥刑法的一般预防作用。

追求法典万能的刑法立法，在实践中势必会导致刑法运行的不畅。刑法机制的科学构建与刑法运行的良好保障，在根本上要求刑法体系的协调发展，即妥善处理好刑法典、单行刑法和附属刑法之间的关系。诚然，刑法典在一国刑法体系中居于主导的地位，但不能因此就否认单行刑法和附属刑法在刑法体系中的重要作用。只是这些年我国立法者一直坚定地恪守统一的刑法典模式，附属刑法就丧失了其应有的优势，从这个角度看，既然已经无从发挥其应对犯罪的优势，那么在《铁路法》中设置上述附属刑法规范就没有必要了，倒不如采取简单概括的规定"构成犯罪的，依照刑法追究刑事责任"之立法模式。

二是刑法典频频修改，直接动摇包括《铁路法》等在内的附属刑法规定。我国1997年刑法通过以来，先后11次对刑法做出修改，修改后的刑法与当初1997年刑法已经大相径庭。司法实践的变化多端，时代发展日新月异，既有犯罪和新型犯罪总是处于不断消亡、兴盛的变迁之中，刑法总是呈现出一种活跃性姿态。在这种情况下还在刑法之外的其他法律中设置刑事责任的做法就显得不合时宜了，可以说刑法的一次小小变动势必引起其他法律中刑事责任条款的废弃、无效，从这个角度看也不宜在非刑事法律中规定刑事罚则规定。《铁路法》第60条至第71条把涉及刑事责任条款具体化的行为规定了出来，这些行为就包括携带危险品、损毁、移动铁路行车信号装置、盗窃铁路器材、聚众拦截列车、聚众哄抢铁路运输物资、抢劫旅客财物、伤害旅客、寻衅滋事、侮辱妇女、倒卖车票以及铁路职工玩忽职守滥用职权等多种情形。这种详尽的规定从表面看的确是利于法律的贯彻执行，但是形成了立法的疏漏，比如围绕侵财类犯罪，电信网络诈骗犯罪相对较突出。随着资金支付方式的转变，真正的兜里面带着钱甚至带着大宗资金的情况已经很少。盗窃的对象从现款转向随身携带的金银首饰、玉石等高价值物品。

三是《铁路法》刑事罚则宜点到为止。围绕《铁路法》的修改，《征求意见稿》第91条采取了简单明了又恰到好处的表述"违反本法规定，尚不够刑事处罚，应当给予治安管理处罚的，依照治安管理处罚法的规定处罚违反本法规定，构成犯罪的，依照刑法追究刑事责任。"与《铁路法》的详尽规定对比，这种表述更为科学合理。既有利于保持《铁路法》的稳定性和持续性，也有利于《铁路法》与《刑法》衔接。

2014 年起开始实施的《铁路安全管理条例》（以下简称《条例》）第七章"法律责任"部分详细列举出了各种行政违法行为，对每种行为配置了具体处罚，体现了该《条例》的行政法精神，《条例》毕竟无权设置刑事责任，因而该《条例》第 105 条第 2 款规定"违反本条例规定，构成违反治安管理行为的，由公安机关依法给予治安管理处罚；构成犯罪的，依法追究刑事责任。"这就把所有严重违反该《条例》触及刑法的行为一概归之于刑法典了，体现了各负其责的精神。其实近来通过的不少法律都纷纷采取这种形式。〔1〕铁路法律法规应该尽可能对铁路运营、管理等细密化、明确化和具体化，尽量采用"叙明式"的规定方式，一旦成立刑事犯罪，则可以为司法裁判提供良好的指引方向。

三、伪造变造倒卖车票问题

我国刑法对有关车票制假的禁止性规定，主要就是《刑法》第 227 条第 1 款。该款规定："伪造或者倒卖伪造的车票、船票、邮票或者其他有价票证，数额较大的，处……。"刑法的规定较为抽象、简约，什么是伪造，什么是变造，这在学理上存在争议。按照该款规定，行为方式限于伪造。司法机关尤其是公安机关对此处理不会从严格意义上去区分是伪造还是变造，往往笼统表述为"制假"。相关新闻报道更是使用这种模糊表述，如南铁警方捣毁一制假窝点，缴获假火车票 690 张；〔2〕北京铁警捣毁一制假窝点，查获假火车票

---

〔1〕 新近不少法律大抵都采取了这种方式。如 2020 年 10 月通过的《中华人民共和国生物安全法》第 82 条规定："违反本法规定，构成犯罪的，依法追究刑事责任；造成人身、财产或者其他损害的，依法承担民事责任。"2021 年 6 月通过的《中华人民共和国数据安全法》第 52 条规定："违反本法规定，给他人造成损害的，依法承担民事责任。违反本法规定，构成违反治安管理行为的，依法给予治安管理处罚；构成犯罪的，依法追究刑事责任。"2021 年 8 月通过的《中华人民共和国个人信息保护法》第 71 条规定："违反本法规定，构成违反治安管理行为的，依法给予治安管理处罚；构成犯罪的，依法追究刑事责任。"

〔2〕 参见《南昌铁路警方捣毁一制假窝点 缴获假火车票 690 张》，载 http://www.sohu.com/a/446610710_151781，最后访问日期：2023 年 11 月 16 日。

2600 余张；[1] 充值购买软件会员就能打印假火车票，制假窝点被捣毁[2] 等。但是一旦刑事立案，进入诉讼程序，司法机关就得对案件性质属于伪造还是变造作出区分，而不能简单使用"制假"的模糊表述。

（一）变造车票的处理

由于该款仅规定了"伪造"，而未将变造与其并列[3]，这便带来变造车票等有关票证是否成立犯罪的问题。学说上观点不一，出现肯、否两种观点的对立，肯定说认为第 227 条中的伪造包括了变造；[4] 否定说则认为按照我国刑法分则的规定，同种物品的伪造与变造行为如果都构成犯罪的，都是在规定了伪造行为的犯罪之外再单独规定变造行为的犯罪，只不过罪名要么是独立罪名，要么是选择罪名，对变造行为的可罚性单独立法的规定表明，只规定了伪造而没有规定变造行为可罚性的行为，只能处罚伪造而不能处罚变造。本款对变造未规定，只规定了伪造，因而其中的伪造不包括变造。[5] 现有司法解释采取了否定说的观点，《最高人民法院关于对变造、倒卖变造邮票行为如何适用法律问题的解释》规定："对变造、倒卖变造的邮票数额较大的，应当依照刑法第二百二十七条第一款的规定定罪处罚。"即按"伪造、倒卖伪造的有价票证罪"定罪处罚。言下之意，《刑法》第 227 条第 1 款既然没有列出"变造"，就说明变造行为不可罚，只是因为变造邮票的情形更为突出，才专门制定司法解释对变造邮票按照伪造邮票等同处理。

按照以上否定说的观点，该解释是存在问题的。如果该条没有设置变造，那么变造就不可罚。最高人民法院却对变造邮票的行为按照伪造邮票处理，明显属于越权解释，司法解释的制定权限明显违反了立法旨意而超越了立

---

[1] 参见《北京铁警捣毁一制假窝点 查获假火车票 2600 余张》，载 http://legal. people. com. cn/n1/2019/1209/c42510-31496999. html，最后访问日期：2023 年 11 月 16 日。

[2] 参见《充值购买软件会员就能打印假火车票制假窝点被捣毁》，载 https://www. sohu. com/a/449562131_ 119778，最后访问日期：2021 年 9 月 2 日。

[3] 刑法其他条款则使用了伪造和变造的并列表述。如《刑法》第 280 条第 1 款和第 3 款均在条文中使用"伪造、变造"的表述。

[4] 参见马克昌主编：《经济犯罪新论：破坏社会主义经济秩序罪研究》，武汉大学出版社 1998 年版，第 606~607 页；张明楷：《刑法分则的解释原理》，中国人民大学出版社 2004 年版，第 334 页。

[5] 参见刘艳红：《开放的犯罪构成要件理论研究》，中国政法大学出版社 2002 年版，第 342~343 页。

法权。

在笔者看来，该解释不是因为越权解释而存在问题，而是根本没有必要。其一，最高人民法院有关变造邮票的司法解释纯属多余，因为没有这样的解释，对变造邮票的行为也可按照伪造处理；有了这样的解释，的确解决了变造邮票行为的性质，但对其他几种有价凭证的变造是按照伪造处理，还是不作为犯罪处理不免陷入尴尬境地，如果也可按照伪造行为进行处理，则这样的司法解释显得多余；如果对其他有价票证的变造行为不处理，仅处理变造邮票的行为，在处罚上又失却公平。其二，无论是伪造有价票证，还是变造有价票证，都会严重侵害有价票证的公共信用，出于刑罚理念和处罚的必要性，肯定说的观点是可取的。对本款中的"伪造"作扩大解释符合罪刑法定原则，符合立法保护文书信用和证据机能的宗旨。如果禁止这种解释，则刑事立法会变得僵化。

（二）伪造与变造的区别

"30 元一张票，发顺丰运费到付，高仿，可扫二维码信息……"一套熟练的开场白后，一名提供定制火车票的卖家，要求记者发送姓名、身份证号、选定班次信息。10 分钟不到，一张和高铁票一模一样的"仿制票"就制作好了。浅蓝色的票底、高铁动车的印花 Logo、车辆班次信息、个人身份信息等一应俱全。这是我们能够看到现实中制假犯罪分子的现状。犯罪分子常利用各种软件（如 CorelDRAW 软件）伪造火车票，伪造方法具有仿真程度高、制作成本低廉、易于大量复制等特点。

那么，伪造和变造有什么差异呢？从理论上讲，刑法区分伪造和变造，是因为两者的社会危害性不同。一般认为改变了实质内容，变造就转化为伪造，变更的内容是否属于本质部分，关键看变更后的票证是否依然具有原真实票证所具备的证据功能。票证变更后仍然具有原来票证的证据功能，则可推定为只变更了票证的非本质部分，属于变造；反之，可推定为伪造。当然在司法实践中，何为伪造，何为变造依然有不少问题。

案例 1：涂某和陈某两人没买到火车票，于是陈某便耍起了小聪明，用刀子从其他车票上挖了一个"3"贴到他们曾经用过的 10 月 2 日同次车票的

"2"字上，本想趁人多蒙混过关，没想到检票时被识破。现代快报记者从徐州铁路公安处了解到，经调查后确定两张车票都是由陈某一人变造，铁路警方对同行的涂某进行了批评教育，对耍小聪明的陈某处以行政拘留10日处罚。[1]

案例2：男子杨某因未买到直达苏州的火车票，竟通过"剪切"旧车票，再"粘贴"至返程车票的方式手动更改车票目的地，将原车票上的"镇江"改为"苏州"。最终，杨某因变造火车票被上海铁路警方处以行政拘留五日的处罚。[2]

案例3：假票贩子先在正规网点购买带有火车短途票号的有效票纸，然后伪造成紧俏的长途车票倒卖，以前都是用废票造假，这次是有效票纸，一般人无法辨认。[3]

案例4：利用电脑和彩色打印机等作案工具，一年来，共制作假火车票460余张、汽车票3300余张、其他假发票1000余张，通过已被抓的2名李某和另外3名自己熟悉的人将部分票证卖给旅客及他人，已谋取赃款数万元。平均每个月能卖出伪造车票、发票二三百张。[4]

以上四个案例有一定的差异，案例1、2、3都是对真车票的修补，是对真实车票的修改、挖补和粘贴；而案例4的制假却是"无中生有"，直接利用电脑和打印机制作而出，其并没有在真实纸质车票上修补。无论是案例1、2、3还是案例4，司法机关都会视为伪造车票行为。但事实上判断所谓的制假是伪造还是变造需要考察制假后的结果，如果修改的是本质部分，则视为伪造，反之则为变造。车票上的信息很多，包括姓名、身份证号码、乘车日期和地点等，究竟哪些信息属于本质部分，哪些属于非本质部分，这又得事后进行

---

〔1〕 参见《涂改又拼贴！2日变3日，男子变造火车票被行拘》，载 http://news.jstv.com/a/20181006/1538807947627.shtml，最后访问日期：2021年9月2日。

〔2〕 参见》剪切粘贴更改目的地 男子变造火车票换来5天拘留》，载 http://news.jstv.com/a/20191015/1571139125367.shtml，最后访问日期：2021年9月2日。

〔3〕 参见《成都捣毁建国以来西南最大伪造倒卖火车票团伙》，载 http://travel.huochepiao.com/jd3377，最后访问日期：2021年9月2日。

〔4〕 参见《团伙伪造火车票供报销 20块钱一张涉案逾百万》，载 https://www.chinanews.com.cn/fz/2013/10-11/5367346.shtml，最后访问日期：2023年11月17日。

裁判和作出判断。

(三) 倒卖车票问题

《刑法》第 227 条对罪状的表述采取了简单罪状方式，对倒卖没有做出任何限制和修饰语，那么何为倒卖，如何理解倒卖车票的行为是成立犯罪还是不成立犯罪就不免困惑。

案例 1：2017 年，江西小伙刘金福在网上购买抢票软件，通过微信、QQ 等网络平台发布信息为他人代抢火车票，每张加收 50 元到 200 元不等的佣金。此后，刘金福先后替他人抢购火车票 3749 张，票面金额 130 多万元，获利 34 万元。法院一审判决刘金福有期徒刑 1 年 6 个月，并处罚金 124 万元，没收犯罪所得 31 万元和犯罪工具（包含电脑和手机)。[1]

案例 2：男子胡某某购买了刷票软件、虚拟服务器以及 50 个"12306"账号，用于在网上自动对火车票进行刷票抢票，然后囤票进行倒卖。2018 年 1 月 1 日至 2018 年 2 月 26 日期间，被告人胡某某通过刷票软件在互联网上抢票，后采取抢票、退票的方式为购票人购买车票，并以每张车票加收 10 元至 150 元不等的价格倒卖给购票人。至案发，胡某某倒卖车票 400 余张，票面价值人民币 130 余万元，非法获利人民币 5000 余元。[2]

案例 3：山西大同张某、盛某某倒卖车票一案：两被告通过窗口和铁路 12306 网站等购票方式，为他人多次加价代买火车票，共计为 38 人购入车票，涉案车票面值 9678 元，非法获利 1001 元。大同铁路运输法院依据《中华人民共和国刑法》《最高人民法院关于审理倒卖车票刑事案件有关问题的解释》，判决两被告均构成倒卖车票罪。[3]

案例 4：重庆郑某、刘某某倒卖车票一案：郑某、刘某某通过网络抢票插件，使用多个虚假身份信息在铁路 12306 售票网站上订购成都、西宁至拉萨

[1] 参见《倒卖车票案刘金福：抢票是为帮助他人》，载 https://news.sina.com.cn/s/2020-01-12/doc-iihnzhha2004724.shtml，最后访问日期：2021 年 9 月 2 日。
[2] 参见《收费代抢火车票，男子被判倒卖车票罪》，载 https://cnews.chinadaily.com.cn/a/201910/30/WS5db8c723a31099ab995e89f6.html，最后访问日期：2023 年 11 月 17 日。
[3] 参见大同铁路运输法院（2012）同铁刑初字第 30 号刑事判决书。

多个车次的卧铺票。通过网络联系到买家后，两人即登录 12306 网站将已购的车票退票并同时使用抢票插件和乘车人真实身份信息将刚退掉的车票回购，共加价倒卖车票 82 张，票面价格 40 881 元。重庆铁路运输法院判决两被告构成倒卖车票罪，同时以证据不足为由，对公诉机关指控的嫌疑人持有的涉嫌为旅客代订、代购的 128 张车票不予认定，对涉及该部分的犯罪金额均予扣减。[1]

以上四个案例都对此作出了成立倒卖车票罪的认定。但在笔者看来，时代变迁，尤其是实名制下的购票制后，司法实践部门要慎用刑罚处理，刑事问题与民事问题在该问题上的区分非常微妙。

倒卖，是指从事商业活动的主体扮演了中间商的角色，低价买入高价卖出，赚取差额利润的一种经济活动，在市场经济条件下，是一种正常的现象。对于倒卖高铁、火车票的行为，国家一直在明令打击，并且出台了实名验证等一系列举措来降低代购车票的可能性，但是对于普通的商业倒卖行为，国家自计划经济结束以来仅设有市场监督管理局等部门规范和管理市场，从未限制对正规合法商品的倒买倒卖。所谓的倒卖车票罪，是指主观上以获取不法利益为目的，客观上囤积了较大数目的车票，或者利用自身技术上的优越条件掌控票源，日后高价卖给不特定的购票者的行为。行为人必须先采取囤积车票或者控制票源的方式，最后高价出售，谋取非法利益。

而合法的民事代理是为旅客节约时间或帮助旅客解决困难。代购火车票，是指行为人根据购票者的要求，得到旅客的授权而向铁路部门订购火车票的行为。我国现行法律、法规对一般的代购车票行为并没有作禁止性规定。代购行为，从本质上来看是一种民事代理行为，代订代购的行为人按客户的要求，先登记购票人的身份证、乘车车次信息，然后通过正当的购票途径——网络售票、电话售票、售票窗口等购买车票，购置车票的行为方法与其他人处在同一竞争标准，费用都是根据事先商定的价款收取。"代购"过程中，收取了一定比例的佣金，这符合市场规律。例如，上述案例中的刘金福可以选

---

[1] 参见重庆铁路运输法院（2013）重铁刑初字第 26 号刑事判决书。

择收费，也可以选择免费提供帮助，这属于市场调节和道德约束范畴，刑法目前没有条文对此加以限制。

实践中出现不少利用抢票软件购票的情形，平台只是利用合法技术去帮助没有时间自行抢票的乘车人，且乘车人自愿支出合理费用，像携程、飞猪等诸多互联网平台都推出了类似有偿服务。这种服务是双方的委托代购行为，是自主自愿做出的决定，不具有强迫性。也就是说，有偿抢票行为属于民事代理行为，消费者选择更为便利的平台代自己购票，且自愿支付未超出合理范围的报酬，这应该是民法而非刑法规制的范畴。从历史解释角度，立法的时候的确是为了打击非实名制购票。网络时代，问题的关键在于如何理解倒卖，如果认为大平台的抢票服务不构成犯罪，那么个人的开发行为也不宜以犯罪论处，否则有违平等原则。

扫黑除恶常态化对铁路货运营商环境优化研究

——以中国铁路南昌局集团有限公司车务站段136家货场为样本*

南昌铁路运输中级法院课题组**

为贯彻落实江西中共江西省委、江西省人民政府《关于深入推进营商环境优化升级"一号改革工程"的意见》以及江西省高级人民法院《关于全省法院深入推进营商环境优化升级"一号改革工程"的总体实施方案》《全省法院常态化扫黑除恶工作要点》等文件要求，推进常态化扫黑除恶斗争高质量发展，奋力推进"交通强国铁路先行"战略实施，服务保障铁路营商环境优化升级，南昌铁路运输两级法院（以下简称"南铁两级法院"）课题组深入中国铁路南昌局集团有限公司（以下简称"南昌铁路局集团公司"）货场进行调研座谈，推进营商环境优化升级，推动优化货场治安秩序，助力提升营商环境法治化水平，提升人民群众获得感、幸福感和安全感。

经济发展需要和谐稳定的社会环境、便利安全的市场环境、清正廉洁的政治环境、公平公正的法治环境、文明开放的人文环境等。应当以扫黑除恶专项斗争为抓手，优化营商环境，打击惩处黑恶势力犯罪，强化组织建设，完善规章制度，扫除阻碍经济发展的各大障碍，服务经济发展大局。课题组通过对南昌铁路局集团公司车务站段的136家货场开展问卷调查、座谈调研和现场调研等方式，了解了扫黑除恶专项斗争三年来铁路货运营商环境变化情况，以巩固扫黑除恶成果，助力铁路货运营商环境提升。

---

* 2022年度江西省法院重点调研课题。

** 课题组组长：肖康　课题组成员：王晓燕、吴艳清、朱映红、周莉、朱婧瑶（主笔）、胡腾辉、邹璜。

一、南昌铁路局货场涉黑恶案件审理情况及其特性分析

（一）南昌铁路局货场涉黑恶案件审理情况

1. 专项斗争以前至专项斗争期间案件情况

2018 年 1 月，中共中央、国务院印发《关于开展扫黑除恶专项斗争的通知》，为期三年的扫黑除恶专项斗争在全国范围内启动。2021 年上半年，中共中央办公厅、国务院办公厅印发了《关于常态化开展扫黑除恶斗争巩固专项斗争成果的意见》，对常态化开展扫黑除恶斗争作出部署，要求各地围绕常态化推进扫黑除恶斗争目标任务和建立健全六项机制工作要求，巩固提升专项斗争成果，持续保持对黑恶势力的严打高压态势。7 月 28 日，第一次扫黑除恶常态化暨四大行业领域整治推进会强调"以打击为先、以防控为基、以监管为重、以立制为本、以明责为要"，持续深化交通运输等四大行业领域整治。铁路作为国民经济的大动脉，在中国综合交通运输体系中处于骨干地位，对经济发展和民生改善具有举足轻重的影响，维护铁路的法治环境，推进常态化扫黑除恶斗争高质量发展，对助力"一带一路"建设，落实"双一号改革工程"，优化铁路营商环境具有重要意义。自专项斗争以来，南铁两级法院共审结涉恶势力案件 4 件，29 人。其中涉铁路领域重点案件情况如下：

（1）苏某彬恶势力犯罪案件[1]

2017 年初至同年年底，因上饶市信州区松山村大开发，苏某彬等四人利用本地村民势力，经常纠集在一起形成恶势力团伙，采取威胁、阻工、拦车断道等手段，在松山村枫炉塘小组范围内的上饶铁路物流基地一期工程多次实施强迫交易、敲诈勒索等违法犯罪活动，为非作恶，欺压百姓，扰乱当地经济、社会生活秩序，造成较为恶劣的社会影响。苏某彬第四人共实施强迫交易 6 起，涉及交易数额 146 万余元；实施敲诈勒索 1 起，涉及金额 2 万元。案发后，该以苏某彬为首的恶势力团伙被彻底摧毁。苏某彬等四人犯强迫交易罪、敲诈勒索罪，分别判处三至五年不等有期徒刑。

---

[1] 参见南昌铁路运输法院（2019）赣 7101 刑初 54 号。

（2）章某建恶势力犯罪案件〔1〕

2007 年 12 月 18 日，上饶车站货场启用。上饶市信州区灵溪镇松山村村民以铁路占用耕地为由，先后多批次到达上饶车站货场采取阻工、阻运等方式，要求参与上饶车站货场装卸业务。2009 年，在时任该村村委会主任章某建的纵容和帮助下，樊某林等人实施堵门、阻工、威胁等寻衅滋事犯罪行为，以承揽装卸业务的方式进入南昌铁路局上饶车务段上饶车站货场从事装卸业务。2009 年至 2019 年 6 月期间，以章某建、樊某林为首，樊某星、樊某清、苏某茂、章某洲、章某等人，经常纠集在一起，以威胁、阻工、滋扰等方式，在上饶车站货场敲诈勒索多名货物运输代办人员 18 万余元；以妨碍货物装卸、阻拦运煤车辆进出等方式，强迫在上饶车站货场从事煤炭散装货物运输业务、面粉短途运输业务的两名货运代办人员退出经营活动，抢占上述运输业务。2019 年 6 月，章某建、樊某获悉公安机关正对其进行侦查，为逃避打击，以退还管理费为条件，指使被害人向公安机关隐瞒犯罪事实。法院判决被告人章某建犯敲诈勒索罪、寻衅滋事罪、妨害作证罪，判处有期徒刑八年三个月，并处罚金九万元；被告人樊某林犯敲诈勒索罪、寻衅滋事罪、强迫交易罪、妨害作证罪，判处有期徒刑八年三个月；其他十一名被告人分别被判处六个月至四年不等有期徒刑。

（3）王某理恶势力犯罪案件〔2〕

上世纪 80 年代，因昌北货场搬迁，征用凤凰村土地，经有关部门协调，由凤凰村村民委员会组织村民进入昌北货场从事搬运装卸工作，由时任凤凰村村民委员会委员的王某理负责管理。2002 年王某理正式注册成立南昌市凤凰装卸队，承揽昌北货场人力装卸业务。2013 年铁路货运改革后，王某理的凤凰装卸队在昌北货场的势力逐步扩大。2013 年之后，王某理纠集装卸队派班员王某华、王某根等人，多次强占昌北货场装卸业务。为垄断昌北货场装卸业务，指使王某贵、金某殴打从凤凰装卸队跳槽至丰成物流的装卸人员朱某，威胁丰成物流将晨鸣纸业装卸业务转让给王某理经营。该恶势力团伙

---

〔1〕 参见南昌铁路运输法院（2020）赣 7101 刑初 8 号。
〔2〕 参见南昌铁路运输法院（2022）赣 7101 刑初 15 号。

以威胁、阻工、滋扰等方式,在昌北货场等地多次实施犯罪活动,先后三次强迫丰成物流退出江西日报社新闻纸、晨鸣纸业纸浆及卷纸装卸业务的装卸业务,涉案金额 64 万余元;利用其在昌北货场委外装卸队的垄断地位及形成的势力和影响,以不交钱就不装卸、拖延装卸、暴力装卸相威胁,迫使货主及代办人员缴纳额外的"加高费""补交装卸费""油费""叉车费""码包费""清扫费"等钱款共计 57 万元;雇佣未取得特种设备作业人员操作证的胡某某在凤凰装卸队从事叉车作业工作,发生重大责任事故,致一人死亡;2020 年 4 月,与铁路工作人员勾结,实施集装箱装掏箱装卸业务、笨重货物装卸业务及散堆装、整车、批量货物装卸业务三个标段的串投标。一审法院判决被告人王某理犯敲诈勒索罪、强迫交易罪、串通投标罪、重大责任事故罪、故意伤害罪,判处有期徒刑十三年。其他七名被告人分别被判处六个月至三年六个月不等有期徒刑。

(二) 货场涉黑恶案件特点分析

截至 2022 年 8 月,南铁两级法院共审理恶势力犯罪案件 4 件 29 人,其中 3 件 24 人均为发生在铁路货场的恶势力犯罪,罪名涉及强迫交易罪、敲诈勒索罪、寻衅滋事罪、串通投标罪、故意伤害罪、重大责任事故罪等,凸显恶势力对铁路货场经营的侵害。对上述三案被告人身份、犯罪成因、性质、手段、后果进行详细分析研判,被告人多为铁路建设过程中的失地农民,以村委干部为首,利用铁路安置失地农民就业政策,以铁路委外装卸、参与铁路货场经营等合法外衣为掩护,为攫取非法经济利益,抢占经营业务,逐步扩大规模、坐大成势,在铁路货场内多次实施违法犯罪活动,为非作恶,欺压百姓,扰乱经济、社会生活秩序,造成较为恶劣的社会影响。以上恶势力犯罪案件体现了辖区内铁路货场恶势力犯罪的现状及独有特征。

首先,从组织构成看,以松散型组织形式为主。恶势力团伙纠集者均曾担任过当地村民组织负责人,利用其在村民中的影响力,以维护村民利益为幌子,纠集部分村民从事违法犯罪活动。恶势力成员均以同村村民为纽带发展而来,很多成员之间具有同村村民、亲戚或是多年合作伙伴的关系。

其次,从行为特征看,以软暴力等原始犯罪形态为主。犯罪方式传统,多采用阻工、拦截、罢工等软暴力形态，且犯罪区域特征明显，恶势力犯罪区域通常限于铁路货场内。以拖延装卸、暴力装卸等手段进行威胁，对到铁路货场办理业务的人员实施敲诈勒索，造成铁路货场秩序混乱，严重破坏营商环境。

再次，从经济特征看，非法谋取个人利益是从事犯罪的根本目的。铁路大建设的背景下，催生了大量脱离土地的农民群体。该部分人员文化水平相对低、工作技能缺乏，客观上给恶势力组织滋生提供了空间。由此，导致出现靠山吃山、靠"铁"吃"铁"的潜规则。在初期，铁路企业为解决失地农民的就业问题，主动与村集体签约，帮助扶持失地农民在铁路货场从事装卸等体力劳作，以解决就业问题。后期，逐步演变为个人为攫取自身非法利益，成立个人开办的公司，继续打着失地农民的旗号，无视铁路部门的管理，通过上访、罢工、阻工、堵路等方式给铁路部门施加压力，无理索要业务，排挤其他队伍，对货场业务形成"垄断"，扰乱了铁路货场市场公平有序发展，逐步发展成有组织犯罪团伙。

最后，从依附特征看，恶势力团伙在铁路货场盘踞多年，多以拉拢腐蚀、上访施压手段相叠加的方式，渗透铁路货场基层组织。铁路货场管理人员普遍对其欺行霸市、为非作恶的行为不敢管、不愿管，甚至出现个别管理人员与恶势力团伙勾结，帮助其进行串投标，维护其在铁路货场的垄断地位。

二、扫黑除恶专项斗争开展以来货场营商环境变化及综合治理情况

南铁两级法院与中国铁路南昌局集团公司政法办、货运部等部门建立了涉铁路黑恶势力违法犯罪线索双向移送制度和结果反馈制度，形成了良性互动。通过书面调研与现场调研相结合深入开展研判分析。

一是问卷调查。本次调研主要针对南昌铁路局 11 个车务段下属的 153 家车站（其中 136 家车站含有货场），采取线下发放调查问卷的方式，确保调研内容的真实性和保密性。二是走访调研。访谈对象主要是昌北货场、安福货场、向塘国际陆港的相关车务站段领导、具体工作人员和投资企业，按照事先设计好的问题来询问相关人员。

（一）136 家货场营商环境变化及相关特性分析

本次发放调查问卷 153 份，回收有效调查问卷 153 份，涉及有货场的车站 136 家，有效回收率 100%。从铁路货场对《中华人民共和国反有组织犯罪法》（以下简称《反有组织犯罪法》）的宣传学习程度到扫黑除恶专项斗争以来对货场营商环境的满意程度，赋予各选项由不满意到非常满意的阈值，得出对扫黑除恶专项斗争以来南昌铁路局集团公司各铁路货运货场营商环境的提升和改善程度，并在此基础上提出相关改善建议。

1. 扫黑除恶专项斗争开展前，部分货场存在受黑恶势力侵害或干扰情况

在 153 家车站单位中，表示受到过涉黑或涉恶等有组织犯罪的侵害或干扰的有 6 家，未曾受过的有 147 家。（见图一）

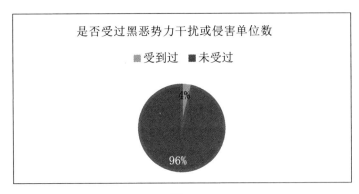

图一

针对扫黑除恶专项斗争开展之前，货场是否存在 A. 串标、围标；B. 强揽工程、强迫服务；C. 寻衅滋事、打架斗殴；D. 敲诈勒索、索要财物；E. 没有相关情况，设置以上五个选项，经统计：2018 年 3 月之前，有 11 家货场表示存在围标、串标情况。1 家货场（昌北货场）表示，存在串标、围标；强揽工程、强迫服务；寻衅滋事、打架斗殴；敲诈勒索、索要财物等情况。123 家货场表示不存在相关违法犯罪情况。2020 年 3 月之后，136 家货场均表示不存在上述违法犯罪情况。（见表一）

表一

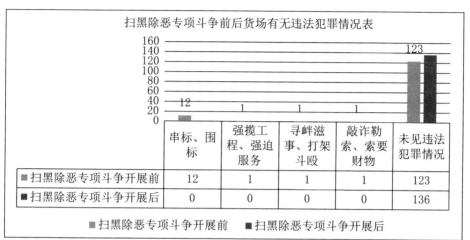

扫黑除恶专项斗争前后货场有无违法犯罪情况表

	串标、围标	强揽工程、强迫服务	寻衅滋事、打架斗殴	敲诈勒索、索要财物	未见违法犯罪情况
■扫黑除恶专项斗争开展前	12	1	1	1	123
■扫黑除恶专项斗争开展后	0	0	0	0	136

■扫黑除恶专项斗争开展前 ■扫黑除恶专项斗争开展后

2. 三分之一左右单位就生产运营安全问题进行过维稳协调工作

153 家车站单位，关于是否有就货场生产运营安全问题进行相关维稳或协调工作，有 46 家单位表示有过，95 家单位表示没有，12 家表示不清楚。（见图二）

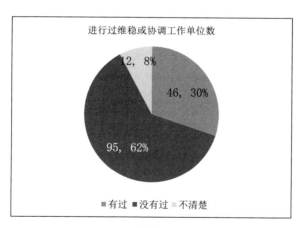

进行过维稳或协调工作单位数

46，30%
95，62%
12，8%

■有过 ■没有过 ■不清楚

图二

其中存在过协调或维稳工作的单位，都向铁路集团有限公司或者公安机关反映过相关情况。

3.《反有组织犯罪法》的宣传学习及贯彻落实水平有待进一步提升

153 家车站单位中，有货场的单位 136 家，共有管理层人员 739 人，职工 5666 人，其他工作人员 488 人。关于开展过《反有组织犯罪法》相关的学习活动情况。其中开展过的单位 132 家，未开展过的 21 家（见图三）。课题组在 153 家车站单位中，发放调查问卷 3700 份，收回有效问卷 3663 份，其中对《反有组织犯罪法》知道并详细学过的有 519 人，知道但不了解的有 2638 人，完全不知道的有 506 人。（见图四）

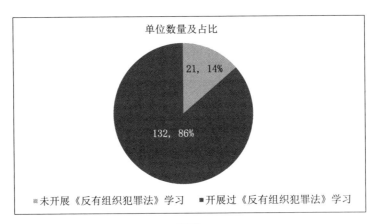

图三

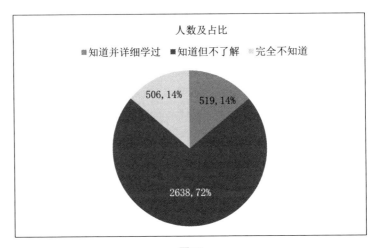

图四

虽然开展过《反有组织犯罪法》学习宣传的车站单位达到了 132 家，占比 86%。但是在全部站段职工中，虽然知道《反有组织犯罪法》但未实际深入了解的人员有 2638 人，占全部被调查职工人数比的 72%。以上数据可知，虽然有的单位开展过《反有组织犯罪法》的宣传，但站段单位在《反有组织犯罪法》宣教覆盖面上还不够广，站段职工对《反有组织犯罪法》的学习了解还不够深入。

4. 经过三年扫黑除恶专项斗争及扫黑除恶常态化的实施，货场营商环境有显著改善

对政法系统在 2018 年 3 月至 2021 年 3 月期间开展的三年扫黑除恶专项治理活动有 5 家单位表示不了解。148 家单位表示满意。0 家单位表示不满意。经过三年扫黑除恶专项斗争，有 141 家单位表示营商环境变得越来越好，10 家单位表示没变化，2 家单位表示没有关注。扫黑除恶专项斗争之前，货主对货场生产运营安全环境满意的有 817 人，表示有待提高的有 19 人，表示不满意的有 24 人。在扫黑除恶专项斗争开展后货主对单位的货场生产运营安全环境满意的有 935 人，表示有待提高的有 66 人，表示不满意的有 10 人。（见表二）

表二

货主对货场营商环境满意度

■ 专项斗争开展前　■ 专项斗争开展后

	满意	有待提高	不满意
■ 专项斗争开展前	817	19	24
■ 专项斗争开展后	935	66	10

（二）针对铁路行业领域重点风险区域的走访调研情况

通过集团公司政法办向南昌铁路局集团公司下属 136 个货运车站发放的调查问卷，初步梳理、摸排出安福、东乡、上饶、弋阳、莆田、进贤等地可能是存在行业风险的重点区域。南铁两级法院课题组联合南昌铁路局集团公司、南昌铁路两级公安机关先后前往南昌北铁路货场与安福铁路货场就铁路货场装卸行业乱象开展主题为"普法进站（货场）护权益 扫黑除恶促发展"的《反有组织犯罪法》实地宣传调研活动，与铁路集团公司、铁路站段（货场）、货主、属地党委政法委、乡镇政府、村集体、物流企业、装卸队代表交流互动，介绍扫黑除恶斗争成果，以案释法，听取对法院审判工作的意见和建议，多方了解货场法治环境、营商环境情况。前往向塘国际陆港开展营商环境优化升级调研，与南昌铁路局集团公司、地方企业、国家粮食和物资储备局江西局九三三处及宁波港、厦门港、中远海运等企业负责人参加座谈，就营商环境优化升级、常态化扫黑除恶斗争、对外贸易法律适用等方面征求意见，力争用精准高效的法治服务为中欧班列和"一带一路"建设提供有力的司法保障。对专项斗争期间已出现 2 起恶势力案件的上饶车务段管内货场先后开展书面函询与实地考察"回头看"活动，重点对前期行业整治效果进行核查，了解听取相关企业、商户、从业人员及周边群众的"急难愁盼"之事和"最恨最怨最烦"的问题。通过对昌北货场、安福货场、向塘国际陆港的走访调研，现场了解货主及入驻企业的相关情况，直观了解扫黑除恶专项斗争以来对铁路货场营商环境的改善及《反有组织犯罪法》的宣传实施情况。

1. 走访调研中发现的问题及行业治理

（1）在安福铁路货场调研中，南昌铁路运输中级法院（以下简称"南铁中院"）发现安福铁路货场存在装卸行业乱象的根本原因是部分装卸队以安福县人民政府 1982 年下发的安政发〔82〕第 165 号《关于安福火车站货场、仓库物资搬运、装卸业务划分的裁决书》为依据，主张对安福车站货场相应货道的装卸业务享有独家经营权，并以此为由对使用相应货道进行装卸的物流企业、货主收取费用。南铁中院及时向安福县政府发送司法建议，认为该裁决书在文件出台时的计划经济时代有其积极意义，但政府以行政裁决的方式将铁路货场装卸业务直接指定的相关装卸队承揽，在社会主义市场经济的大背景下对打造公平竞争的市场环境已无积极作用，无法保障装卸业务市场公平有序发展；为响应"一号改革工程"的相关要求，建议安福县政府对裁决书的效力予以明确，并妥善做好相关当事人的解释疏导工作。南铁中院在发出司法建议后，仍与安福县政府保持密切沟通联系，提供法律意见及建议措施，协助安福县政府整改到位。安福县政府后废止该裁决书，并对安福铁路货场的装卸队进行了清退，保障铁路企业装卸业务招投标不受非市场因素干扰。

（2）在南昌铁路局集团公司管内其他货场调研中，南铁中院发现部分装卸企业违规在货场内建造房屋并取得地方国土部门颁发的所有权证，侵犯铁路企业的国有土地权益；部分装卸企业恶意低价中标，导致装卸工人因收入过低工作积极性不高，严重影响货场装卸的服务进度和质量。针对上述行业乱象，南铁中院向南昌铁路局集团公司发送司法建议两份，一是建议南昌铁路局集团公司对第三方企业侵占国有铁路货场用地建造房屋并取得所有权证的情况进行清查、处理；二是建议南昌铁路局集团公司建立和完善与现代物流制度相适应的制度规范，通过加强评审监管，防范恶意低价投标中标。南昌铁路局集团公司收到司法建议后，开始在管内加大力度对第三方企业侵占货场土地情况进行全面排查，同时，着手修订完善《铁路货物装卸业务外包采购管理实施细则》，指导站段在开展装卸业务外包招标中对低价中标进行审核。近日，南昌铁路局集团公司将整改措施和阶段性成果向南铁中院书面回函。

（3）在审理章某建等人涉恶案及上饶铁路货场调研中，南铁两级法院发现案中十二名被告人均系铁路货场周边村民，均涉及恶势力团伙犯罪，其中章某建系松山村村委会原主任，利用其村委会主任的身份，与原松山村村委会委员苏某茂、原松山村东塘小组小组长樊某林等人纠集一起，以"失地农民再就业"为由，煽动村民多次到南昌铁路局集团公司上饶车务段上饶车站货场（以下简称"上饶铁路货场"）闹事，多次在上饶铁路货场内采取阻止货物装卸、阻拦货运车辆等方式实施寻衅滋事、敲诈勒索、强迫交易等违法犯罪活动，严重破坏上饶当地铁路区域的经济社会秩序，腐蚀破坏基层政权执政根基。反映出当地乡镇在基层组织管理、农村干部监督、调处化解乡村矛盾纠纷等方面存在相关问题。一是农村基层党组织建设薄弱。部分黑恶势力成员渗透到基层组织，直接参与恶势力违法犯罪活动，成为纠集者和团伙成员，在长达十余年的时间内，这些违法违纪问题均未引起足够重视，农村基层党组织管理存在"宽、松、软"的问题，基层党的领导和内部监督乏力。二是农村基层治理存在短板。案件还反映出松山村部分村民法律意识淡薄，一经个别人的煽动，便成为恶势力手中"棋子"，打着"失地农民"的旗号阻工闹事，在当地造成极坏影响，没有意识到自己的行为已然触及法律红线。村民参与乡村治理的主体意识不强，参与集体决议事项程度不高，导致"贿选""拉票"现象仍然存在，甚至章某建在服刑期间依然指使村民拉票、投票。农村基层治理存在短板，调处化解乡村矛盾纠纷能力不强，乡村法治文明建设匮乏。

　　南铁两级法院向上饶市高铁经济试验区灵溪镇党委、灵溪镇人民政府提出司法建议。一是加强农村基层党组织建设。以松山村原村委会问题为鉴，举一反三，逐村排查是否存在基层党组织软弱涣散的现象，针对性制定整改方案。对受过刑事处罚、有过前科劣迹、存在"村霸"和涉黑涉恶等问题的村"两委"班子成员进行全面清理。加强农村基层巡察，健全激励村干部干事创业用人机制。二是健全乡村治理工作体系。建议营造学法、知法、用法氛围。发挥乡贤人士、"一村一政法干警""一镇一法律顾问"作用，推进矛盾纠纷多元化解机制作用。通过实例向群众宣传扫黑除恶治乱的突出成效，提升村民的素质，对违法行为自觉抵制，争做乡村法律明白人。整合配齐村户平安建设力量，及时发现涉嫌违法犯罪，及时上报黑恶势力犯罪线索，根治黑恶势力滋生土壤，促进平安乡村建设。三是加强农村基层党员的监督。建议强化对农村党员的日常管理，引导农村党员增强主体意识、斗争意识、先锋模范意识和遵纪守法意识，主动承担好在扫黑除恶专项斗争和基层综合治理中的义务和责任，坚决同不法行为作斗争。四是落实联防责任制，维护高铁区域安全。上饶高铁站位于江西省上饶市信州区灵溪镇境内。京福高速铁路、沪昆高速铁路相交于此。根据《江西省高速铁路安全管理规定》的要求，建议加强与铁路运输企业联系协作，落实联防责任制，联合推动高铁经济发展，着力构建共享、共建、共防、共治的高铁区域治安长效治理机制，发挥灵溪镇松山村当地物产丰富优势，帮助乡村立足资源优势打造各具特色的农业产业链，拓宽村民就业渠道，稳定村民就业。

灵溪镇党委收到司法建议后，一是通过建立健全村级党建目标管理考核机制筑牢基层党组织堡垒，通过加强教育培训力度提升村干部队伍素质，通过加强自治组织规范化、制度化建设推进基层依法治理，将农村社会综合治理纳入法治的有序轨道内。二是坚持以平安促稳定、以稳定保发展的方针，通过实现"一村一警"包村和推进"一村（居）一法律顾问"制度加强法治乡村建设，提高乡村治理法治化水平。三是加强基层党员监督管理，规范村级用人机制，量化村级考核指标，发挥村党员干部示范引领作用，带头治理"黄赌毒"等违法犯罪活动，最大限度挤压黑恶势力的生存空间。四是抓好铁路护路工作，确保辖区内铁路安全畅通。对高铁沿线可视范围内违法建设、破烂房屋、零乱养殖棚、高架桥下杂乱堆放等违章建筑和不文明现象进行全面整改，打造铁路沿线靓丽风景线。五是通过举办入村居点对点就业专班招聘服务活动搭建点对点精准就业服务平台，优化人岗匹配模式，提升人岗对接成功率，助力农村未就业劳动力、返乡滞留务工人员实现就业，同时解决了企业缺工、招工难题。

针对案件办理及走访调研中发现的问题，南铁两级法院共发出行业领域专项治理司法建议4份，回复率100%且均整改到位。

（三）当前综合治理情况

1. 广泛发动与精准对接相结合统筹推进法治宣传

南铁两级法院根据中央文件精神要求，统筹做好《反有组织犯罪法》贯彻实施与扫黑除恶常态化工作。一是多渠道营造强大宣传声势，除横幅展板、微信公众号等常规宣传手段外，借助审理涉铁路、机场刑事案件的管辖优势，积极搭建沟通桥梁，加强法企合作，与南昌铁路局集团公司和江西省机场集团就常态化联合开展法治宣传达成一致意向，两家企业提供位于南昌站、南昌西站候车室、昌北机场候机楼内的 50 余块电子广告屏幕滚动播放南铁两级法院制作的《反有组织犯罪法》宣传图片及视频，日均受众近万人次，有效扩大了《反有组织犯罪法》的宣传范围和群众知晓度。二是"点对点"精准普及法律知识，在前期充分调研的基础上，联合铁路公安前往南昌北和安福等存在行业乱象的铁路货场，向当地站段（货场）、货主、属地党委政法委、乡镇政府、村集体、物流企业、装卸队代表面对面普及法律要点、行业红线，提升宣传效果与行业针对性。如在安福货场，装卸队负责人李某在货场内国有土地上修建房屋，占用堆场堆放己方杂物，主张对货场相关货道的装卸业务享有独家经营权，并以此为由对使用相应货道进行装卸的物流企业、货主收取不合理费用。南铁两级法院与铁路公安针对李某的行为详细释法说理，告知相关行为的违法程度与责任后果，使李某主动承诺整改。

2. 主动建议与协助整改相结合有力推动行业清源

行业"乱象"是行业领域黑恶势力滋生的主要"土壤"，由乱生恶、由恶转黑是行业领域黑恶势力孕育、转化的一般途径。通过对已有涉恶案件进行微观分析，结合对铁路货场营商环境开展的宏观调研，深挖行业"乱象"的诱因。针对发现的行业管理漏洞和社会治理短板，积极主动向相关单位提出有针对性和可行性的司法建议，并持续跟踪整改进度，实现整改措施落实落地落细。自常态化开展扫黑除恶以来，南铁两级法院一直把重点行业领域整治作为政治大事、本职要事、民生实事来抓，结合现有涉黑恶案件的实际情况，聚焦铁路运输行业领域整治，以调查研究、法治宣传、"三书一函"为主要抓手，着力提升铁路货场法治环境和营商环境。

三、在优化营商环境上仍面临的困难和挑战及其原因分析

以扫黑除恶专项斗争优化营商环境是我们聚焦大局、服务大局、保障大局，将司法工作与经济社会发展相结合的有力结合点，以扫黑除恶专项斗争服务经济高质量发展，为经济社会持续健康发展保驾护航。但因历史与现实、主观与客观等方面因素，以扫黑除恶优化营商环境在企业市场环境、法治环境和监管等方面还存在一定的困难和挑战。

（一）铁路行业市场环境方面

1. 形式主义、官僚主义问题仍是重点领域治理难题。部分公职人员公仆意识淡薄，干部作风不扎实，形式主义和官僚主义问题存在，对群众反映强烈的问题不及时解决，未有效回应群众诉求。如王某某涉恶案中，货场的提货搬运管理规范还不够细致完全，给了装卸队很大的自主空间，成为滋生恶势力的土壤。

2. 部分货场存在不按相关规定和程序办事的乱象。业主在进入货场营业时存在各种不平衡不公正的行规，历史遗留问题较多。如王某某涉恶案件中，由于恶势力通过贿赂货场工作人员、阻工等手段，在货场逐步形成各种不成文的潜规则，货主反映后出现无人来管，无人敢管的现象。

3. 历史遗留问题较多，政府和路局企业合力较少。环境优化的主战场，包括政府行业监管部门的监管治理模式和市场行业自治模式。行业监管线条多，各部门对日常出现问题不够重视，久拖不决，综合治理未能联动打击，形成齐抓共管的合力。如南昌铁路局对涉恶案件被告人王某某带领工人上访，要求增加业务，以至于造成货场装卸停工，影响铁路运输生产问题，不能从根本上解决问题，而是将问题下交，造成下级单位对王某某提出的无理要求一再退让，使王某某的恶势力慢慢坐大成势。又如安福货场装卸队伍的乱象中，存在政府履职不力的情形，对铁路货场反映出来的问题，在铁路部门多次与地方政府协商解决的过程中，存在新官不理旧账的情况，以至于历史遗留问题一再协商而不能从根本上解决到位。

（二）铁路行业法治环境方面

习近平总书记指出"法治是最好的营商环境"，将优化营商环境纳入制度化、规范化、法治化轨道，建立长效机制，才能持续为经济高质量发展保驾护航。重新审视现行有效的相关规范性文件，以扫黑除恶专项斗争优化营商环境的法治环境还有待进一步优化。

1. 规章制度不够健全。一是顶层设计不够健全。铁路局企业对营商环境的促进和保护的相关规则制度较少，除了重点领域和重大项目企业的保护外，对中小型企业的融资、发展保护不足。规章制度滞后于经济社会发展和改革创新实践需要。二是执法监督机制不健全。已审结的案件均暴露出路局企业对相关部门的执法监督管理机制不够健全。三是入驻货主企业自治机制不健全。入驻的货主企业组织的自我组织、自我管理、自我约束、自我提高的能力未能充分发挥出来，对不正当竞争、非法经营等黑恶势力渗透侵害企业合法权益等行为的主动抵制、联合打击的机制不健全，合力不足，效果不明显。

2. 衔接机制不够健全。一是路局企业监管与刑事司法的衔接不健全。南昌铁路局集团公司监管与刑事司法之间缺乏一个信息共享平台，路局企业对扫黑除恶认识不深、线索把握不足、情况掌握不够，担心影响运输生产等主客观原因，往往有所顾虑，以致错过了对恶势力打早打小的机会。二是刑事司法与纪检监察的衔接不健全。按照中央政法委的统一部署，各级各部门都是扫黑除恶的重要参与者，都有主动发现、报告、上报、举报的义务和职责，但在日常监管中，南昌铁路局集团公司纪检监察部门对各站段出现的不正常管理现象，没有及时跟进督查，排查贪污腐败线索力度不足，同时也未与司法机关就可能存在的问题进行及时有效沟通，深挖彻查制度流于形式。

（三）铁路行业监管方面

1. 区域死角社会管理机制失效。从社会结构和经济结构上看，我国是一个二元结构的社会。长期形成的城市和农村二元户籍制度，使农村、城市形成了两个反差强烈截然不同的社会。[1] 经济发展对二元社会结构产生重大冲击，城市化的推进在城市与农村边缘地带形成犬牙交错的城乡接合部，在城市内部形成大量滞后于城市发展的城中村，同时还存在相对孤立的开发区、物流区等。尤其在铁路沿线的城中区其传统中存在"靠山吃山、靠'铁'吃'铁'"的思想，在传统铁路货运中有其相对的独立性和封闭性。上述区域社会管控的失效，为黑恶势力组织犯罪的出现提供了地理区位和治安环境方面的环境条件。

2. 行业相关社会管理滞后与失效。黑恶势力组织犯罪对某一区域、行业的控制是一种非法秩序，与合法的社会秩序形成此消彼长的关系，合法秩序

---

〔1〕 参见梁华仁、陈清浦：《黑社会性质犯罪成因及控制体系研究》，载《法学杂志》2003 年第 2 期，第 2~5 页。

相对脆弱的行业领域必然容易为黑恶性质组织所浸染。经济的快速发展带来社会各领域的重大变革，促使部分新型行业突飞猛进地发展，而相应的社会管理无法做到同步发展往往具有滞后性。行业领域具有公权力难以深度介入、社会管理机制失效的共性，导致合法秩序的相对脆弱，给黑恶性质组织存在和发展留下可乘之机。

四、综合防治建议

与黑恶势力的斗争是一个长期复杂的艰巨过程，根除黑恶势力，需要持续发力、久久为功。铁路是国家战略性、先导性、关键性重大基础设施，是国民经济大动脉、重大民生工程和综合交通运输体系骨干，在经济社会发展中的地位和作用至关重要。

（一）健全综合治理机制，营造便利安全的市场环境

1. 以扫黑除恶为抓手，对群众反映强烈的、问题比较突出的地区、行业和领域主动排查线索，加强系统治理、源头治理，强化联动打击、齐抓共管的合力，将预防与打击相结合，治理与服务相结合，重点与难点相结合，彻底根治重点人员扰民乱市、重点行业监管缺位、重点地区治安薄弱等问题。

2. 形成南昌铁路局集团公司与司法部门立体化防控体系。深入开展企业生产经营和项目建设周边环境治理专项行动，企业的企法部门和司法机关，要依托企法沟通协商机制，依法打击聚众扰乱企业秩序、寻衅滋事、非法阻工、强揽工程、暴力讨债、合同诈骗、职务侵占等破坏市场秩序、侵害企业合法权益的违法犯罪行为，努力做到打早打小。

（二）规范制度建设，营造公平公正的法治环境

国家机关执法行为和市场主体经营行为都应当合法，将权力与责任、权利与义务规范化，使扫黑除恶专项斗争的开展更有力助推营商环境建设，从而使扫黑除恶专项斗争优化营商环境规范化、制度化发展，形成长效机制。

1. 健全规章制度。一是保证中小企业的入驻。建议南昌铁路局集团公司出台保障中小企业经营权、保护平等发展权等相关规范性文件，规范企业健康有序发展。二是明确责任分工。从政务、市场、法治、人文、监督等方面

规范优化营商环境建设，进一步明晰政企、法企职能。三是进一步明确进驻铁路经营的企业违规违法"黑名单"制度，开展违规违法联合惩戒机制，铁路企业可采取试点方式开展"黑名单"企业通报机制，充分发挥企法部门的依规依法审核力度，形成常态化管理和监督的态势。

2. 建立健全机制衔接。一是建立"法企衔接"信息共享平台。南昌铁路局集团公司的涉黑恶线索和腐败线索排查推进较为困难，建立健全刑事司法提前介入、指导识别、规范行政执法，深入排查行政执法领域涉黑恶犯罪线索和腐败线索，加强公安机关与检察机关、法院等部门的信息共享与沟通交流。二是纪检监督全覆盖。一方面，强化集团纪委、站段纪检、司法机关的工作组职责，一年不定期召开两次以上联系工作会议，加强沟通，全面深挖彻查违纪违规行为和违法犯罪行为；另一方面，加大信息共享力度，促进纪检监督平台、行政执法平台和司法办案平台互联互通，使纪检监督对廉政风险数据进行全程跟踪，对执法办案问题及时"亮红灯"反馈至纪检部门。

（三）健全宣传发动机制，营造文明开放的人文环境

以媒体融合发展为契机，通过南昌铁路局集团公司党委牵头，建立与铁路法院的联动机制，通过法治宣传加强法治文化建设，提高公民法治意识，强化矛盾纠纷解决的法治思维和法治方式，夯实法治建设基础，奠定经济发展的保障。

1. 长期宣传机制。一是"谁办案谁宣传"。全面落实司法责任制，坚持"谁办案谁宣传"的普法责任制，使个案办理、普法宣传与犯罪预防相结合，提升法治宣传效果。二是"谁挂点谁宣传"。将法治宣传"网格化"管理，每个铁路片区配置相应的司法人员，通过面对面法律政策宣讲及对个案的分析解读，倡导企业职工和铁路周边群众遵法、守法、用法，运用法律维护自身权益，引导企业职工和铁路周边群众积极参与到扫黑除恶专项斗争活动中来，积极举报相关黑恶犯罪和提供贪污腐败线索。拉近政法干部与群众之间的距离，真切为群众解决实际问题，提升群众安全感和满意度。

2. 不定期集中宣传机制。一是主题教育宣传。以"扫黑除恶优化营商环境"为主题进行高密度和全覆盖的法治宣传，全面整顿党风、政风、社风、

民风，营造一个风清气正、和谐安宁、公平公正的良好铁路运输生产环境，为进一步优化营商环境，吸引更多的资本投资、企业入驻，迸发铁路企业作为市场主体的活力和创造力。二是举报奖励宣传。畅通举报渠道，开通举报电话、设立举报信箱，全面动员人民群众积极提供线索。重奖举报涉铁路企业黑恶违法犯罪活动或其背后"保护伞""关系网"的人员和单位，形成对黑恶势力同仇敌忾、人人喊打的强大声势，形成扫黑除恶专项斗争铺天盖地、不留盲区、不留死角的宣传大潮。

（四）找准审理与大局结合点，做好判后后半篇文章

要把涉铁黑恶案件审理纳入大局中进行统筹考虑，提高政治站位，提升大局观念，助力企业高质量发展。

1. 搞好结合点。要根据中共江西省委、江西省人民政府《关于深入推进营商环境优化升级"一号改革工程"的意见》以及江西省高级人民法院《关于全省法院深入推进营商环境优化升级"一号改革工程"的总体实施方案》《全省法院常态化扫黑除恶工作要点》等文件要求，与时俱进，结合交通强国铁路先行的要求，紧扣"作示范、勇争先"目标任务，找准两者结合点，做好后半篇文章。认真贯彻《反有组织犯罪法》，落实江西省人民代表大会常务委员会关于常态化开展扫黑除恶斗争巩固专项斗争成果的决定》，推动常态化扫黑除恶走深走实。依法严厉惩治站场恶势力、围标串标等违法犯罪，通过司法建议发送、反馈程序，助力南昌铁路局集团公司提升企业治理水平。

2. 找准切入点。案件开庭时，要联合南昌铁路局集团公司纪委、政法委、企管办组织相关站段人员进行旁听，事后组织参加旁听人员交流座谈，做好宣教工作。宣判后，协助南昌铁路局集团公司党委，做好整改后半篇文章。整改落实工作涉及面广，加强督导跟踪反馈，拿出绣花之功，一个一个问题督促整改到位，防止出空拳，做表面文章。切切实实让课题成效在推动高质量发展上，起到加速器和助推器的作用。

【铁道防灾减灾专题探究】

地铁火灾事故防范问题研究

孙　栋[*]　曾明生

地铁是城市快速轨道交通的一部分，它的安全性直接影响广大乘客生命财产安全。火灾是地铁灾害中最常见的灾害。近些年来，仅在北美以及欧洲地区发生的地铁重大火灾事故，就高达 50 多起。[1] 群死群伤的火灾事故发生后，学界对地铁火灾进行了讨论研究，但这些研究主要是从理工科角度，针对地铁科技、制造、设计等进行探讨。近年来法学界也逐渐对地铁问题展开研讨，但对于地铁防灾应急法律问题的系统探究目前学界鲜有涉及。因此笔者将从地铁火灾事故的现象、类型特点、原因以及对策几方面进行初步探讨，以期抛砖引玉。

一、地铁火灾事故的现象

从世界地铁 100 多年事故教训来看，地铁灾害中发生频率最高、发生后造成危害损失最大的是火灾事故。[2] 地铁空间有限又属人员密集场所，且机电设备种类繁多，内部建筑结构复杂，因此一旦发生火灾等突发事件，往往影响大、处置难度高，造成的人员伤亡、经济损失甚至都无法估量。[3] 以下

---

* 华东交通大学 2022 级刑法学硕士研究生。

〔1〕 参见张舍郁：《地铁火灾特点及灭火救援对策探讨》，载《消防论坛》2020 年第 2 期，第 58 页。

〔2〕 参见张岚：《地铁车站火灾事故分析及应急救援》，北京交通大学 2006 年硕士学位论文，第 3 页。

〔3〕 参见林晓添：《深圳地铁公司地铁运营火灾风险管理研究》，兰州大学 2021 年硕士学位论文，第 1 页。

拟从案例概况、事故类型和特点几方面略加展开。

(一) 地铁火灾事故案例概况

本文从国内外相关文献、新闻报道、网站等共收集到地铁火灾事故 115 起,其中国外地铁火灾 79 起,国内地铁火灾 36 起。通过对不同时间地点火灾事故的对比,分析地铁火灾原因、起火部位及伤亡情况,以期对我国地铁火灾的防控提出若干建议。

1. 国外主要情况

序号	时间	地点	位置	原因	后果
1	1968.01	日本东京 [A]	隧道	列车运行过程中起火	11 人受伤
2	1971.12	加拿大蒙特利尔 [B]	隧道	列车与隧道端头相撞引起电路短路引发火灾	36 辆车被毁,司机死亡
3	1972	瑞典斯德哥尔摩 [B]	◎	◎	车站和 4 辆车被毁
4	1972.1	德国东柏林 [C]	◎	◎	车站和 4 辆车被毁
5	1973.03	法国巴黎 [B]	◎	人为纵火	车厢被毁,2 人死亡
6	1974.01	加拿大蒙特利尔 [B]	◎	废旧轮胎引起电线短路	9 辆车被毁
7	1974	俄罗斯莫斯科 [B]	车站	◎	◎
8	1975.07	美国波士顿 [D]	隧道	架空接触网破损点燃一辆车前段	34 人受伤
9	1976.05	葡萄牙里斯本 [B]	◎	车头牵引失败引发火灾	4 辆车被毁
10	1976.10	加拿大多伦多 [B]	◎	人为纵火	4 辆车被毁
11	1977.03	法国巴黎 [D]	车站	吊顶失火	无人员伤亡
12	1978.10	德国科隆 [B]	◎	丢弃的烟头未熄灭引发火灾	8 人受伤
13	1979.01	美国旧金山 [D]	◎	集电器故障造成短路起火	1 人死亡,56 受伤
14	1979.03	法国巴黎 [B]	◎	电路短路起火	1 辆车被毁,26 人受伤
15	1979.09	美国费城 [B]	◎	变压器起火爆炸	148 人受伤

序号	时间	地点	位置	原因	后果
16	1979.09	美国纽约［B］	◎	未熄灭的烟头引燃油箱	2 辆车被毁，4 人受伤
17	1980.04	德国汉堡［B］	◎	车座着火	2 辆车被毁，4 人受伤
18	1980.06	英国伦敦［D］	隧道	未熄灭的烟头引发大火	1 人死亡
19	1980	美国纽约［E］	◎	◎	11 人受伤
20	1981	美国纽约［E］	◎	集电器错误	24 人受伤
21	1981	美国纽约［E］	◎	电火花	16 人受伤
22	1981	美国纽约［E］	◎	车盘火花	2 人受伤
23	1981	美国纽约［E］	◎	车盘火花	没有人员伤亡
24	1981	美国纽约［E］	隧道	◎	1 人死亡，15 人受伤
25	1981.06	俄罗斯莫斯科［B］	◎	电路起火	7 人死亡
26	1981.09	德国波恩［B］	◎	操作失误引发火灾	车辆报废
27	1982.03	美国纽约［B］	◎	传动装置故障引发火灾	1 辆车报废，86 人受伤
28	1982.06	美国纽约［F］	◎	越轨导致的火灾	4 辆车被毁
29	1982.08	英国伦敦［B］	◎	电路短路引发火灾	15 人受伤，1 辆车报废
30	1983.08	日本名古屋［G］	车站	变电所整流器，短路引起大火	3 人死亡，3 人受伤
31	1983.09	德国慕尼黑［B］	◎	电路起火	2 辆车报废，7 人受伤
32	1984.09	德国汉堡［B］	◎	列车座位着火	2 辆车被毁，1 人受伤
33	1984.11	英国伦敦［A］	车站	站台仓库着火	18 人受伤
34	1985.04	法国巴黎［B］	◎	垃圾引发大火	6 人受伤
35	1985.09	日本东京［C］	◎	机车下部轴承破损发热而起火	车厢部分被烧毁无人员伤亡
36	1985	美国纽约［E］	◎	人为纵火	15 人受伤

续表

序号	时间	地点	位置	原因	后果
37	1985	墨西哥〔G〕	◎	行驶中突然起火	32 人死亡
38	1987	苏联莫斯科〔B〕	◎	列车燃烧	无人员伤亡
39	1987.06	比利时布鲁塞尔〔B〕	◎	自助餐厅引起火灾	无人员伤亡
40	1987.11	英国伦敦〔C〕	车站	未熄灭烟头引燃木质扶梯，引发站厅大火	31 人死亡，100 多人受伤
41	1990	西班牙马德里〔C〕	◎	因电线掉落导致列车的 2 节车厢燃烧	15 人受伤
42	1990	美国纽约〔E〕	◎	电缆着火	2 人死亡，200 人受伤
43	1991	俄罗斯莫斯科〔E〕	◎	电火花	7 人死亡，15 人受伤
44	1991.06	德国柏林〔C〕	◎	电火花	18 人送医院抢救
45	1991.04	瑞士苏黎世〔B〕	车站	机车电线短路，后与另一地铁列车相撞起火	58 人重伤
46	1991.08	美国纽约〔H〕	车站	列车脱轨	5 人死亡，155 人受伤
47	1992	美国纽约〔E〕	◎	车盘火花	86 人受伤
48	1992	美国纽约〔E〕	◎	车盘火花	51 人受伤
49	1995.04	韩国大邱〔H〕	车站	施工中煤气泄漏，发生爆炸	103 人死亡，230 人受伤
50	1995.10	阿塞拜疆巴库〔I〕	隧道	电气设备发生故障	285 人死亡，265 人受伤
51	1996	美国华盛顿〔E〕	◎	短路引起的爆炸和火灾	无人员伤亡
52	1997	加拿大多伦多〔E〕	◎	轨道下储存的橡胶垫着火	无人员伤亡
53	1999	美国纽约〔E〕	◎	垃圾着火	52 人受伤
54	1999	荷兰阿姆斯特丹〔E〕	◎	高速车轨着火	2 人受伤
55	1999.10	韩国汉城〔A〕	◎	列车火灾	55 人死亡
56	2000	加拿大蒙特利尔〔E〕	◎	电缆着火	无人员伤亡

序号	时间	地点	位置	原因	后果
57	2000.03	日本东京［G］	◎	列车出轨	3 人死亡，44 人受伤
58	2000.04	美国华盛顿［C］	隧道	电缆故障引发火灾	10 余人受伤，影响地铁运行 4h
59	2000	德国柏林［E］	◎	地铁列车着火	28 人受伤
60	2000	美国纽约［E］［H］	◎	电力供应系统着火	各种通讯线路中断无人员伤亡
61	2000	加拿大多伦多［E］	◎	地铁列车的垃圾收集处着火	3 人受伤
62	2000.11	奥地利［H］	◎	电暖空调过热使保护装置失灵	18 人受伤，155 人死亡
63	2001.08	巴西圣保罗［H］	◎	◎	1 人死亡，27 人受伤
64	2001	德国杜塞尔多夫［E］	◎	车顶着火	2 人受伤
65	2001	德国柏林［E］	◎	列车后部的弧形灯	无人员伤亡
66	2003.01	英国伦敦［C］	◎	电机故障致列车脱轨冲向站台引发火灾	至少 32 人受伤
67	2003.02	韩国大邱［C］	车站	人为纵火	198 人死亡，146 人受伤，289 人失踪
68	2004.02	俄罗斯莫斯科［A］	◎	人为纵火	50 多人死亡，100 多人受伤
69	2005.05	瑞典斯德哥尔摩［C］	◎	◎	一节地铁车厢被烧毁，12 人受伤
70	2005.07	英国伦敦［B］	车站	恐怖爆炸引发火灾	45 人死亡，1000 多人受伤
71	2006.07	美国纽约［A］	◎	◎	10 余人受伤
72	2010.04	美国波士顿［A］	◎	◎	20 余人呼吸不畅
73	2012.08	韩国釜山［A1］	大峙站	电力系统异常起火	32 名乘客受伤

续表

序号	时间	地点	位置	原因	后果
74	2013.06	俄罗斯莫斯科 [A2]	"列宁图书馆站"和"猎人商行站"之间	电力电缆起火	76 人送医治疗
75	2014.07	韩国釜山 [A3]	市政厅站	列车空调设备着火	5 人受伤
76	2015.01	美国华盛顿 [A4]	兰芳广场站	◎	1 人死亡,至少 2 人伤势严重
77	2020.03	美国纽约 [A5]	车站	◎	1 人死亡,16 人受伤
78	2020.1	伊朗德黑兰 [A6]	◎	◎	未造成人员伤亡
79	2021.01	墨西哥墨西哥城 [A7]	◎	◎	1 人死亡,30 多人受伤
80	2022.12	韩国首尔 [A8]	隧道	线路起火	未造成人员伤亡

注:

[A] 表示来自郝鑫鹏:《地铁站台火灾烟气流动与机械排烟模式》,西安建筑科技大学 2012 年硕士学位论文。

[B] 表示来自张岚:《地铁车站火灾事故分析及应急救援》,北京交通大学 2006 年硕士学位论文。

[C] 表示来自张源勇:《西安地铁火灾风险性评估方法研究》,西安建筑科技大学 2011 年硕士学位论文。

[D] 表示来自任得:《从国外地铁火灾事故中吸取教训》,载《地铁与轻轨》1989 年第 3 期。

[E] 表示来自袁勇等:《地铁火灾的原因与统计分析》,载《城市轨道交通研究》2014 年第 7 期。

[F] 表示来自魏雨:《地铁火灾人员安全疏散研究》,沈阳航空航天大学 2011 年硕士学位论文。

[G] 表示来自赵兰英:《地铁火灾烟气的数值模拟及安全疏散对策研究》,沈阳建筑大学 2012 年硕士学位论文。

［H］表示来自周云等：《城市地下空间防灾减灾回顾与展望》，载《地下空间与工程学报》2006年第3期。

［I］表示来自王铭珍：《国外地铁应对突发事件的经验》，载《消防技术与产品信息》2009年第10期。

［A1］表示来自《韩国釜山一列地铁失火 致32名乘客被浓烟熏伤》，载https://world. huanqiu. com/article/9CaKrnJwUkC.

［A2］表示来自《俄紧急情况部称莫斯科地铁火灾后有76人就医》，载 https://www. chinanews. com. cn/gj/2013/06-06/4903085. shtml.

［A3］表示来自《韩国釜山地铁火灾伤5人》，载 http://www. xinhuanet. com/world/2014-07/18/c_ 126766773. htm.

［A4］表示来自《华盛顿一地铁车厢突然起火1人丧生60人被送医》，载 https://www. chinanews. com. cn/gj/2015/01-13/6961912. shtml.

［A6］表示来自《纽约一辆地铁车厢发生火灾 致1死16伤》，载 https://m. news. cctv. com/2020/03/27/ARTIe0lqcoh3y3qAa8DI6nvP200327. shtml.

［A6］表示来自《伊朗德黑兰一地铁站发生火灾 暂无人员伤亡》，载 https://www. chinanews. com. cn/gj/2020/10-10/9309385. shtml.

［A7］表示来自《墨西哥首都地铁枢纽发生火灾 一名警察死亡》，载 http://m. news. cctv. com/2021/01/10/ARTIPZZJhXKHxzdgMUXvsRW7210110. shtml.

［A8］表示来自《韩国首尔地铁突发火灾 民众零下12度寒风中排长队等公交》，载 https://world. huanqiu. com/article/4AzCurpY5il.

上述［A1］至［A7］网文，最后访问日期：2023年6月26日。

◎表示资料空缺。

以下仅对其中几个典型的地铁火灾案例展开讨论。

（1）英国伦敦"国王十字"（King's Cross）地铁站火灾

1987年11月18日星期三，在英国伦敦"国王十字"地铁站的扶梯上，一乘客随手丢下了一根燃烧的火柴，这根火柴偶然掉入木质台阶的缝隙里，在电梯轨道已积满垃圾的润滑油的油脂中继续燃烧……〔1〕大火从自动扶梯下

---

〔1〕 参见杨冰：《"国王十字"站大火——伦敦地铁特大火灾为地铁火灾防御敲响警钟》，载《现代班组》2016年第9期，第24页。

面的机房开始烧起，大火伴随着滚滚浓烟，在纵横交错的地下通道迅速蔓延开来，乘客们乱作一团，纷纷逃命。[1]火灾发生后，伦敦消防总队出动 30 辆消防车，150 名消防队员参与救援，历经六小时左右火焰才被彻底扑灭，此次火灾造成 31 人死亡，100 多人受伤。一名消防员在救援中丧生。[2]有关其中法律责任的问题，鲜有文章述及。

（2）阿塞拜疆巴库地铁火灾

1995 年 10 月 28 日下午 6 时多，一辆载有约 1500 名乘客的地铁抵达阿尔达斯站，在抵达该站之前，一节车厢电流表和保险丝盒之间一道电光一闪，保险丝融掉了，而在该站上下车的很多人中，没有人注意到这道电弧，因为它出现在火车靠墙的一面，融化的金属滑落在路堤上。[3]当列车启动后，浓烟迅速弥漫开来，此时列车运行开始变得不平稳，车厢里的灯光不停地闪烁着。此时列车司机注意到这莫名发生的故障，他停下车用隧道里的电话向隧道中心报告，要求切断电源。当列车停止后乘客们开始撤离，然而由于缺少标记和信息，拥挤的车厢中乘客抵住了门，使得门无法打开，窗户也被击碎，浓烟不断涌入车厢，大量乘客被践踏在地为浓烟所伤，因此造成了巨大浩劫。[4]事故发生后，民警和救护人员立即赶赴现场救援，这场火灾造成 285 人死亡，263 人受伤。有关其中法律责任的问题，鲜有文章述及。

（3）韩国大邱地铁纵火案

2003 年 2 月 18 日上午，韩国大邱市地铁中央路站发生特大火灾，造成198 人死亡，146 人受伤，289 人失踪。经调查，火灾由一金姓男子放火导致。当日上午，在地铁列车第三节车厢里，一名 56 岁的男子从黑色手提包里取出一个装满易燃物的绿色塑料罐，并拿出打火机试图点燃，车内几名乘客发现危险后立即上前阻止但被其挣脱，随后他将把塑料罐内的易燃物洒到座椅上，

---

〔1〕 参见钟金花：《让过去告诉未来——全球地铁事故典型案例盘点》，载《湖南安全与防灾》2016 年第 7 期，第 20 页。

〔2〕 参见雨辰、龚常：《地铁灾害：现代城市交通的超级威胁》，载《上海城市管理》2011 年第 2 期，第 80 页。

〔3〕 参见王铭珍：《国外地铁应对突发事件的经验》，载《消防技术与产品信息》2009 年第 10 期，第 51 页。

〔4〕 参见何建红：《阿塞拜疆地铁火灾》，载《上海消防》1999 年第 11 期，第 40 页。

点着火并跑出了车站。[1]车内起火后，车站的电力系统立刻自动断电，站内顿时一片漆黑，列车门因断电无法打开。由于车内没有自动灭火装置，正当大火烧起时，刚好驶进站台的对面一趟列车也因停电而无法动弹，大火迅速蔓延过去，两辆列车的 12 节车厢全被烈火浓烟包围。[2]浓烟不仅从地铁出口向地面上的街道扩散，而且顺着通风管道蔓延至地下商场。200 多家商店纷纷关门。当地警方、消防部门在两分钟内接到了火警警报，迅速调集 1500 多名人员和数十辆消防车前往救援。警察封锁了通往现场的所有路口，许多市民闻讯后赶到现场，寻找自己亲属，事故现场周围哭声不断，交通瘫痪。[3]2003 年 8 月 6 日，韩国大邱地方法院对该纵火案的被告人公开宣判，纵火犯56 岁的金大汉被判处终身监禁。[4]

（4）美国纽约地铁火灾

2020 年 3 月 27 日，在美国纽约曼哈顿北部一个地铁站的列车突发火灾。当日凌晨 3 时 20 分左右，一辆驶入该站北向 2 号线的列车在行驶时突然冒烟，接着大火从车厢中燃起。驾驶员知晓后便将列车紧急停靠在站台边，等列车停稳后，驾驶员和地铁工作人员迅速疏散乘客。事故发生约半小时后，火情被消防员控制。纽约地铁 1 号、2 号、3 号线运营因此中断，该区域街道也被关闭。事后人们发现，36 岁的列车驾驶员在疏散乘客过程中被发现倒在铁轨上，在被送往医院后不治身亡，截至 2020 年 3 月 27 日，该事故造成一名列车驾驶员死亡、包括 5 名消防员在内的 16 人受伤。[5]有关其中法律责任的问题，鲜有文章述及。

---

〔1〕 参见木子：《炼狱之火 噩梦难除——韩国大邱地铁纵火案透视》，载《湖南安全与防灾》2009 年第 11 期，第 34 页。

〔2〕 参见周谧、王瑞东：《劫难：地铁竟成地狱——解读韩国地铁纵火惊世惨案》，载《山东消防》2003 年第 4 期，第 6 页。

〔3〕 参见《我为大邱死难者流泪》，载《上海安全生产》2003 年第 3 期，第 30 页。

〔4〕 参见百度百科词条 "2·18 韩国大邱地铁纵火案"。

〔5〕 参见百度百科词条 "3·27 纽约地铁列车火灾事故"。

2. 我国主要情况

序号	时间	地点	位置	原因	后果
1	1969.11	北京 [A]	区间隧道	电气车短路起火	3 人死亡，300 多人受伤
2	1994.06	台北 [C]	◎	变电室起火	3 名消防员受伤
3	1999.07	广东 [G]	◎	降压配电所设备故障引发火灾	直接损失 20.6 万元
4	2002.11	北京 [J]	◎	地铁意外事故	无人员伤亡
5	2004.01	香港 [K]	隧道	人为纵火	14 人轻伤
6	2004.02	北京 [K]	车站（施工段）	工人使用电焊时明火溅到木板上致使木板起火	无人员伤亡
7	2005.08	北京 [K]	车站	风扇线路短路	司机轻伤
8	2006	北京 [G]	◎	电缆着火	造成东直门站至霍营站双向停运 1 个多小时
9	2008	上海 [L]	车站	蓄电池配电柜电器线路故障	损失 4500 元
10	2008.12	西安 [M]	隧道（施工段）	切割钢板，引燃防水材料	19 名工人住院观察
11	2009.01	西安 [K]	隧道（施工段）	切割钢板，引燃防水材料	未造成人员伤亡
12	2009.01	上海 [M]	隧道（施工段）	电气设备短路	1 人死亡，6 人受伤
13	2009	上海 [L]	车站	广告灯箱故障	◎
14	2009.05	上海 [K]	车站	电路故障	无人员伤亡
15	2009.05	西安 [K]	隧道（施工段）	防水材料被引燃	1 人轻伤
16	2009	上海 [L]	车站	上行道岔口电流汇流不畅引燃绝缘片	◎
17	2009.12	上海 [M]	车站	变电箱起火	无人员伤亡
18	2009.12	广州 [K]	地下通道内	电线短路	无人员伤亡

序号	时间	地点	位置	原因	后果
19	2010.11	深圳［K］	车站（施工段）	◎	1冷却塔被烧毁
20	2010.12	北京［K］	车站	◎	无人员伤亡
21	2011.01	广州［K］	车站	人为纵火	4人轻伤
22	2011.08	上海［K］	车站	电容器起火	无人员伤亡
23	2011.12	上海［K］	车站	隧道线缆短路	无人员伤亡
24	2012.10	杭州［K］	隧道（施工段）	◎	无人员伤亡
25	2012.11	广州［K］	区间隧道	电线系统短路	4人轻伤
26	2014.12	北京［N］	◎	冷却塔起火	◎
27	2015.07	北京［N］	◎	顶灯接线短路引发火灾	无人员伤亡
28	2016.10	兰州［M］	◎	施工段电焊火花引燃棉毡	无人员伤亡
29	2017.01	北京［M］	车站	车站设备间起火	无人员伤亡
30	2017.02	香港［M］	◎	蓄意放火	22名乘客受伤
31	2018.01	广州［N］	◎	盾构机工作时导致地铁焊机电缆线路短路引发火灾	3人死亡，3人失联
32	2019.06	浙江［N］	◎	下雨导致外部电缆短路从而引发火灾	无人员伤亡
33	2019.12	河北［N］	◎	橡胶板着火	无人员伤亡
34	2020.01	辽宁［N］	◎	事故原因不明	◎
35	2020.04	青岛［N］	◎	事故原因不明	◎
36	2020.10	云南［N］	◎	事故原因不明	无人员受伤

注：

［A］表示来自前引郝鑫鹏文。［C］表示来自前引张源勇文。［G］表示来自前引赵兰英文。

［J］表示来自陈华：《地铁火灾监控网的布点优化研究》，西南交通大学2010硕士学位论文。

［K］表示来自袁勇、邱俊男：《地铁火灾的原因与统计分析》，载《城市轨道交通研

究》2014 年第 7 期。

[L] 表示来自沈滟：《高压细水雾灭火系统在地铁设备用房的应用》，载《消防科学与技术》2011 年第 1 期。

[M] 表示来自张玉杰：《地铁火灾风险评价研究》，北京交通大学 2018 年硕士学位论文。

[N] 表示来自陈佳乐等：《国内外地铁火灾事故统计分析及对策》，载《建筑安全》2021 年第 11 期。

◎ 表示资料空缺。

以下仅对其中几个典型的地铁火灾案例进行探讨。

（1）广州地铁纵火案。

2012 年 11 月 19 日晚 7 点左右，下班高峰期乘客量倍增。一辆列车如往常一样正行驶在广州地铁 8 号线上，当列车开出鹭江站不久，车顶突然传出"砰砰"几声巨响，列车前方车顶空调的位置冒出浓浓黑烟。车厢内的乘客吓得大叫，正当众人不知所措时，车顶再次传出"砰"的一声巨响，火苗夹杂着滚滚浓烟涌进车厢，乘客纷纷往车门涌去惊叫着逃生。随后有工作人员提着灭火器冲入车厢，朝冒烟处一阵狂喷，暂时控制了浓烟。[1] 列车临时停在隧道距车站 200 米处。惊恐不已的乘客自行打开车门，在隧道里惊恐逃亡，本次事故共造成 4 人受伤。[2] 有关其中法律责任的问题，鲜有文章述及。

（2）香港地区地铁纵火案。

2017 年 2 月 10 日傍晚 7 时许，正值下班繁忙时间，地铁车厢内异常拥挤。在列车由金钟开出不久后，一名男子突然大叫，随后有人见到有液体泼出，后有火光。人群立即向车厢另一方撤退，在慌乱中有人跌倒，部分乘客站在座椅上将窗户打开。不久后车长便知车厢内出现火警及冒烟。当列车抵达尖沙咀站后，车长要求乘客立即离开车厢，此时车站广播也告知该站发生严重事故，要求所有乘客立即离开该站。随后车站职员将火熄灭。事故导致 4

---

〔1〕 参见百度百科词条"11·19 广州地铁事故"。

〔2〕 参见王金梁：《地铁事故人员疏散方法的研究》，载《高速铁路与轨道交通涨停版》2015 年第 6 期，第 68 页。

人严重烧伤，18 人受伤。[1]经警方调查，此次地铁火灾事故为人为恶意纵火，与恐怖袭击或者针对公共交通系统的袭击无关。被控纵火罪的 60 岁疑犯张锦辉，在 2017 年 5 月 14 日清晨因为器官衰竭不治身亡。有大律师指出，警方就此案的调查工作已大部分完成，并已落案提控，但由于疑犯病逝，特区政府律政司或会提出撤回控罪，终结案件审讯。[2]

总之，从地铁建设初期至今，全球地铁火灾事故便未曾断绝过。地铁由于其自身相对封闭和人员密集的特点，一旦发生火灾极易造成人员伤亡和财产损失。上述这些惨痛的教训给人们敲响了警钟，因此，要高度重视地铁火灾事故的防范。

（二）地铁火灾事故的类型与特点

1. 地铁火灾事故类型

地铁车站是城市轨道交通网中一种重要建筑物，通常由站台层、站厅层和出入口等部分组成。因此，一般认为，根据火灾发生的位置不同，可以将地铁火灾事故分为列车车厢火灾、车站站台火灾、车站站厅火灾和区间隧道火灾四类。[3]

（1）列车车厢火灾。列车车厢火灾是指火灾发生部位为地铁列车车厢内的火灾情形。地铁车厢内人员密集、空间狭小，是地铁火灾发生的主要部位。早期生产的地铁，车厢内存在大量装饰性的可燃材料，比如地铁的座位、扶手、天花板等。这些装饰性面料含有大量易燃品，大多为可燃物，极易引发火灾。遇到火种时，这些可燃性材料被点燃，乘客携带的行李和易燃易爆物品就成为了助燃材料，加之地铁各车厢相连相通，火势会迅速蔓延至其他车厢难以控制。如 1984 年 9 月发生在德国汉堡的一起地铁火灾事故就是由于列车座位着火引发的，除此之外，震惊世界的韩国大邱地铁火灾案中，也正因

〔1〕 参见余丰：《地铁运营安全的影响因素及其改进措施》，载《中国科技纵横》2017 年第 22 期，第 251 页。

〔2〕 参见百度百科词条 "2·10 香港地铁纵火案"。

〔3〕 参见穆娜娜：《地铁车站人员疏散能力及其仿真研究》，湖南科技大学 2014 年硕士学位论文，第 2 页。

为地铁车厢内使用的装饰材料和座椅是发烟材料，许多乘客因浓烟窒息而亡。[1]

（2）车站站台火灾。地铁站台是地铁车站内供列车停站、乘客候车及上下列车的平台，一般包括候车区、卫生间和办公区。在地铁车站中，站台是乘客上下车的主要平台，尤其在高峰期，地铁站台上聚集大量人员，一旦发生火灾，惊慌失措中极易发生踩踏事故，造成伤亡。此外从地铁车站设计来看，一般站台与外界的出口只有连接站厅至站台的楼扶梯口，一旦站台发生火灾时，人员只能通过连接站厅至站台的楼扶梯口进行疏散。因站台层与站厅层的竖向高差，烟气也将通过楼扶梯口向站厅层蔓延，此时烟气蔓延方向和人员疏散方向一致，故将威胁疏散人员的生命安全。[2]世界范围内，车站站台发生火灾的情形并不少见。如 1984 年 11 月在英国伦敦，就有车站站台燃起大火，给车站带来巨大损失的事故情形。[3]此后英国还发生过另一起车站站台火灾事故，2003 年 1 月份在英国伦敦，因电力发动机故障导致列车脱轨冲向站台撞上墙壁，引发火灾，造成至少 32 人受伤。[4]

（3）车站站厅火灾。地铁站站厅层是用于售票检票的场所，其主要作用是集收客流，为乘客提供售票、检票和安检等服务。地铁车站站厅内存在电力设备和一些生活辅助设施，有的站厅内甚至包含部分商业服务项目，如自助餐厅等。这类地方可燃物较多，还有燃气、明火，稍有不慎就会引起火灾。[5]例如 1987 年 6 月在比利时布鲁塞尔就发生一起自助餐厅起火引发火灾事故的情形。英国"国王十字"地铁站大火也发生在地铁站厅内。早期的英国伦敦地铁站内使用的是木质扶梯，这为火灾发生提供了可燃物，火焰沿着扶梯攀

---

[1] 参见杜宝玲：《国外地铁火灾事故案例统计分析》，载《消防科学与技术》2007 年第 2 期，第 217 页。

[2] 参见李婷婷：《岛式站台火灾楼扶梯口的烟气控制》，重庆大学 2020 年硕士学位论文，第 1 页。

[3] 参见王敏等：《国内外典型地铁火灾事故案例分析及预防措施》，载《安全》2015 年第 6 期，第 36 页。

[4] 参见张源勇：《西安地铁火灾风险性评估方法研究》，西安建筑科技大学 2011 年硕士学位论文，第 66 页。

[5] 参见杜宝玲：《国外地铁火灾事故案例统计分析》，载《消防科学与技术》2007 年第 2 期，第 216 页。

升，造成了重大人员伤亡。

（4）区间隧道火灾。区间隧道火灾是指列车行驶至区间隧道内时发生火灾的情形。地铁隧道深埋在地下，是特殊的管状狭长构造，与开放空间的火灾相比，这种特殊结构空间密闭且通风不良，不利于排出火灾产生的浓烟及有毒有害的高温气体。除了上述通道狭长、空间密闭以及通风不良等客观因素外，区间隧道中还存在电器设备故障、施工不当等安全隐患。[1]

2. 地铁火灾事故的特点

地铁深埋于地下，在选址和修建上极具特殊性，正因此，相较于地面交通发生火灾，地铁火灾具有以下两方面显著特征。

（1）疏散难度大。

①客流量大。以南昌地铁为例，客流量呈现逐年稳步增长趋势。据统计，在地铁3号线正式载客初期运营开通首日，客运量总量就达到11.08万人次。[2]事实上这只是平常，如遇到节假日等特殊日子，客流量将会有明显的攀升。可想而知当地铁发生火灾时，面对如此庞大的客流量，有组织的疏散乘客都很难，何况要确保乘客全部安全逃生。

②空间密闭。地铁是通过挖掘的方法获得的建筑空间，隧道周围是土壤和岩石，只有内部空间而没有外部空间，且仅有与地面连接的通道作为出入口，不像地面建筑有门、窗，可与大气连通。[3]火灾发生后，会产生大量浓烟和有毒气体。由于地铁隧道结构的特殊性，浓烟和有毒气体会迅速布满整个隧道且不易排出去。大量的浓烟和有毒气体积聚在一起加之空气中的含氧量急剧下降，增加了乘客窒息的可能性，慌乱中许多乘客会被浓烟呛伤窒息而亡。

（2）救援难度大。

①火灾探测困难。相较于地面火灾，地铁火灾发现困难、扑救困难。地

---

〔1〕 参见李朋：《地铁隧道区间火灾特点及安全疏散方式探讨》，载《现代城市轨道交通》2016年第1期，第58页。

〔2〕 参见百度百科词条"南昌地铁3号线"。

〔3〕 参见崔泽艳：《城市地铁火灾的特点及防护措施》，载《城市与减灾》2007年第4期，第20页。

面发生火灾时，根据火光、烟雾就可以判断出火场位置、火势大小。[1]而位于地下的地铁发生火灾时，无法直接观察不到火场和火势，消防人员无法在第一时间掌握火灾事故现场的情况，指挥人员和救援人员需详细查询和研究地下工程图，分析可能发生火灾的部位以及预防可能出现的情况，才能制定灭火救人的详细方案。[2]这样做不仅浪费了宝贵的时间，也给救援工作增加了障碍。

②逃生困难。地铁修建于地下，不同于地上设施，光照条件较差，整个地下隧道完全依赖人工照明。当火灾发生时，往往电源被切断，断电后四周一片漆黑，昏暗狭窄的车厢中，乘客本就分辨不清方向，在恐惧焦虑的情绪支配下，更会乱作一团，互相推搡，导致本就不清晰的指示标记和信息牌被遮挡。没有任何指示性标志，乘客只能拥挤着到处乱撞，极易发生踩踏事故，造成群死群伤。

③潜在危险性大。目前，地铁各站点都配备了大量的备用电气系统、功能性设备和替换电缆等，一旦设备短路引发大火，火灾蔓延将变得极其容易。而且火灾中还有潜在的烟雾危险，发生火灾时，物体燃烧会释放一氧化碳、二氧化碳、气溶胶等各种各样的毒性烟雾。这些有毒有害的气体和烟雾，一部分会顺着疏散通道向车站其他区域蔓延，一旦被人体吸入，极易出现中毒、神志不清的情况，对人体产生极大的危害，严重威胁乘客和救援人员的生命安全。

④火灾扑救困难。地铁修建于地下，跟外界热交换十分困难，地铁一旦发生火灾，排烟排热极其困难。火灾发生后，热量和浓烟聚集在隧道内无法扩散，浓烟的聚集严重影响着救援人员的视线，温度的急速上升也给救援人员的身体带来严峻考验，严重影响了救援工作。此外，地铁出入口又非常有限，一般车站设置的安全疏散口仅为4-6个，而出入口又经常是火灾时的出

---

〔1〕 参见崔泽艳：《城市地铁火灾的特点及防护措施》，载《城市与减灾》2007年第4期，第20页。

〔2〕 参见焦凡：《地铁火灾特点及预防措施探讨》，载《现代企业》2014年第6期，第60页。

烟口，这就使得消防人员难以接近着火点，救援工作也难以展开。[1]

二、地铁火灾事故的主要成因

世界性的重大地铁安全事故如韩国大邱地铁纵火案因人为纵火而引发，造成 198 人死亡 146 人受伤的惨剧。阿塞拜疆巴库的地铁火灾案，因机车电路故障，造成 285 人死亡 265 人受伤的严重后果。这一幕幕人间惨剧都说明地铁火灾事故的发生，既有人的原因，也有物的原因。但无论如何，地铁火灾的发生都会有主观方面的原因和客观方面的原因，以下从主客观两方面来展开讨论。

（一）主观原因

1. 人为故意

人为故意，包括工作人员的故意和其他人的故意。工作人员的故意，可能是泄私愤或者参与恐怖主义的行动等。其他人的故意，通常包括普通乘客的纵火故意、乘客参与的恐怖袭击以及其他人员的其他故意（如战时袭击的故意）等情形。有人通过统计国外地铁火灾事故，发现人为破坏引起的地铁火灾事故约占其统计的火灾总案例的 11%。[2]根据本文前述不完全统计，国外人为破坏引起的地铁火灾事故至今约占火灾总案例的 8.9%（扣除原因不明的 12 例），国内人为破坏引起的地铁火灾事故至今约占火灾总案例的 10%（扣除原因不明的 6 例）。其中工作人员故意纵火的，根据前文不完全统计，此种情形占比为零。其中普通乘客故意纵火，即乘客故意违规携带易燃易爆物品，在地铁车厢内蓄意放火的情形也比较少。最具有代表性的火灾事故是 2003 年韩国的大邱市地铁纵火案，当时一名 56 岁的金姓男子在地铁车厢内随身携带的易燃物点燃后跑出了车站。还有恐怖分子恶意纵火。如 2005 年 7 月发生在英国伦敦的地铁火灾事件，就是由恐怖爆炸引起的。恐怖分子恶意制

---

[1]　参见班希翼等：《城市轨道交通火灾事故分析及处理》，载《时代农机》2018 年第 1 期，第 106 页。

[2]　参见杜宝玲：《国外地铁火灾事故案例统计分析》，载《消防科学与技术》2007 年第 2 期，第 216 页。

造爆炸引发了大火，造成了 45 人死亡，1000 多人受伤的人间惨剧。[1]

2. 工作人员的过失或者其他人的过失

工作人员的过失，包括工作人员操作上的过失和工作人员管理上的过失。地铁列车司机的过失操作以及在地铁建设或维修中工人的不当操作，都极易引发地铁火灾。

司机过失操作导致火灾事故的典型案例是 1995 年阿塞拜疆巴库的地铁火灾案。司机缺乏经验，在紧急刹车时把列车停在隧道里，而车辆装饰性材料多为易燃物，燃烧时又产生了浓烟和有毒气体。隧道内烟雾不易散去，大量乘客在逃生中被践踏在地为浓烟所伤，以至于造成 285 人死亡 265 人受伤的严重后果。

在地铁建设或者维修工作中，施工时的焊接、切割工作会产生大量火花，若作业不规范则会导致地铁施工现场可燃的建筑材料着火。[2]典型案例是 2004 年我国北京地铁火灾事故。当时建筑工人在车站施工，电焊的明火溅到了木板上引燃了木板，继而导致了地铁火灾。

另外，工作人员管理上的过失，涉及管理失职的问题。其中主要是指地铁工作人员违反相关法律法规以及安全管理制度，未做好严格把控、玩忽职守、安检松懈、对安全检查执行不彻底。严格来说，人为纵火大多涉及管理人员失职的问题，因为这些易燃易爆物品多由乘客携带进入。2017 年 2 月 10 日发生在我国香港的地铁纵火案以及 2003 年 2 月 18 日发生在韩国的大邱市地铁纵火案中，若地铁工作人员严格执行安全管理制度，做好安全检查，防止乘客将易燃易爆的危险物品带上列车，或许火灾事故就不会发生，这些人间惨剧也可以避免。

还有，乘客的过失也会引发火灾。如乘客乱丢火柴、烟头引发的火灾。最著名的 1987 年 11 月发生在英国伦敦的"国王十字"地铁站火灾，扶梯上的乘客随手丢下一根还在燃烧的火柴，火柴引燃了木质扶梯，引发站厅大火。

---

[1] 参见张岚：《地铁车站火灾事故分析及应急救援》，北京交通大学 2006 年硕士学位论文，第 22 页。

[2] 参见袁勇、邱俊男：《地铁火灾的原因与统计分析》，载《城市轨道交通研究》2014 年第 7 期，第 30 页。

此外，还可能存在其他没有主观过错的主观认识原因，即不是故意也没有过失，其中认识错误是因为人的认识能力无法达到的情况，属于意外情形。

（二）客观原因

1. 电气设备故障

在已发生的地铁火灾事故中，多数是由于电气设备问题所引发的，地铁系统电气设备数量庞大、种类繁多、线路繁杂，这些分布于地铁各个区域的电气设备容易发生老化、短路、过载漏电的问题，从而产生电火花、电弧引发火灾。[1]当机车电路、隧道电路的绝缘层被破坏后，相关线路还不断出现相互碰撞的情况，那么就会出现电流过大导致的火花现象，这会使电气设备的温度迅速提升，从而引发火灾。[2]回顾世界范围内发生的地铁火灾事故，因电气设备线路短路引发的惨剧数不胜数。如前述1995年阿塞拜疆首都巴库的地铁列车火灾事故，就是由电气设备老化引发的。

2. 列车设备故障

列车设备故障主要是列车的行车部件摩擦和老化，如不及时维修保养，极易引发火灾。地铁系统每日从清晨至午夜高速运转十余小时，车辆、司机及调控人员的负荷都相当大，车轴在连续运转下温度会越来越高，列车与轨道之间会不断摩擦产生火花，这种金属之间的摩擦不仅会产生极大的声响，而且当速度很大时可能会发生脱轨现象，造成火灾事故，危及乘客的生命安全。[3]如1991年8月发生在美国纽约的一起地铁火灾事故，就是地铁列车在高速行驶中脱轨引发火灾，该事故共造成5人死亡，155人受伤。[4]

3. 站点设施隐患

地铁车站里的还存在其他设备，如车站站台和车站站厅中的设施，在地

---

〔1〕 参见陈佳乐等：《国内外地铁火灾事故统计分析及对策》，载《建筑安全》2021年第11期，第47页。

〔2〕 参见鲍红兵：《电气火灾监控系统在地铁中的应用及分析》，载《科技风》2020年第5期，第111页。

〔3〕 参见袁勇、邱俊男：《地铁火灾的原因与统计分析》，载《城市轨道交通研究》2014年第7期，第29页。

〔4〕 参见杜宝玲：《国外地铁火灾事故案例统计分析》，载《消防科学与技术》2007年第2期，第215页。

铁火灾事故中，这些由其他设备设施引发的火灾也并非少数。

现如今的地铁站往往由两到三层组成，有的上面一层是商场营业厅，有的连着商业街，有的站厅里包含部分商业服务项目。[1]尤其在国外，如很多车站站厅设有自助餐厅、便利店，店铺隐蔽处还是垃圾存放地，这些地方可燃物多，极易引发火灾。1987年6月比利时布鲁塞尔的地铁火灾事故就是由于自助餐厅起火引发的。1985年4月在法国巴黎，垃圾燃烧引发了地铁站大火，造成6人受伤。[2]

4. 自然环境因素

自然现象引发的火灾通常认为主要是由于雷电等特殊天气造成的，当电闪雷鸣刮风下雨时，电气设备、电线被雨水浸泡，也会发生短路从而引发火灾。在地铁火灾事故中，因自然环境原因导致火灾的情形并不多见，仅占很小的比例。其中最具有代表性的是2019年6月发生在我国浙江的地铁火灾事故，此次火灾就是由于下雨造成了外部电缆短路从而引发的。[3]

5. 其他客观因素

除了上述原因外，还可能存在其他的不可抗力的原因（如爆发战争或地区之间的局部冲突而导致的），或者多种客观原因综合发生作用的情形等。

三、地铁火灾事故的防范对策

现今各国虽在地铁火灾预防上已作出诸多改进，但火灾的频发仍然让人们努力寻求更多更好的防范策略和应对措施。针对前述不同的原因，这里我们提出若干综合性的解决思路与大致方案。可以从人防、物防、技防和联防几方面进行防范。

---

〔1〕 参见杜宝玲：《国外地铁火灾事故案例统计分析》，载《消防科学与技术》2007年第2期，第216页。

〔2〕 参见张岚：《地铁车站火灾事故分析及应急救援》，北京交通大学2006年硕士学位论文，第22页。

〔3〕 参见《绍兴一地铁口突发巨响爆炸伴有火光，官方：外部电缆短路引发燃烧》，载 http://video.sina.com.cn/p/news/2019-06-26/detail-ihytcitk7760971.d.html，最后访问日期：2023年6月22日。

（一）人员预防

1. 加强地铁火灾预防的宣传教育，增强民众的预防意识，强化职工的工作责任心和使命感

当前许多民众有关地铁消防安全的知识非常匮乏，火灾自救意识仍然较为薄弱。相关部门可以积极开展消防知识的宣传与普及工作，加强宣传教育力度，努力提高民众自救能力。

有关部门可以利用广播电视、宣传海报、网络媒体等在公共交通工具、校园、公园等场所，播放地铁火灾事故案例、防火宣传片、张贴海报，让民众明确哪些属于易燃易爆的违禁物品，在潜移默化中增强公众的地铁消防安全意识。与此同时，还可对特定人群如学生、教师、企业职工等进行火灾自救培训，依据地铁环境状况有针对性地进行讲解，使其熟悉灭火器的摆放位置、紧急出口的位置、报警器的位置等，帮助民众掌握一定的扑救和逃生方法，火灾发生后增大其逃生概率。

对于地铁工作人员，还应强化职工的工作责任心和使命感。地铁系统有大量工作人员，或是负责安全管理的治安、安检人员，抑或是售票、检票的票务工作人员等，地铁安全运营需要各部门职工共同协作，缺一不可。增强地铁职工对消防安全工作的责任感、使命感，才能真正为预防和减少火灾事故起到未雨绸缪作用。为此可从以下几点入手，首先，严格职工招聘标准。在招聘选拔之时将职工责任心和使命感纳入考核范围，便可从源头来保证职工质量。其次，加强职工责任心和使命感培训。可定期开展消防安全培训，强调做好火灾防控工作的重要性，增强责任心，提高安全管理意识。最后，还可健全职工责任监督机制。缺少监督考核机制，懈怠之风极易盛行，因此须在具体工作中对职工责任心进行评估检查，建立健全职工责任监督机制，以严格约束职工行为，强化职工的工作责任心和使命感。

2. 强化专业培训，加强应急演练，积极提高应急能力

对于地铁工作人员要强化专业培训、提高应急能力。在日常工作中，要不断地通过安全培训和应急演练提高地铁工作人员知识水平，增强工作人员

的安全意识，提高应急处理能力。[1]当火灾尚未发生时，工作人员可以在安全检查中敏锐地发现哪些物品属于易燃易爆危险品，禁止乘客携带入内；当火灾发生时，各部门可以互相配合有条不紊地处理紧急事故、组织疏散乘客。真正做到无论地铁什么时候发生火灾、哪个部位发生火灾，都能够第一时间作出反应，保护乘客生命安全，采取有效的措施控制住火情，为保障地铁平安运营筑牢安全防线。

地铁责任区的消防员，更应当加强消防演练、积累救援经验，让演习发挥真正的作用，在发生火情时最大限度地减少伤亡、降低财产损失。首先在日常工作中，消防队应当熟悉地铁内部情况，牢牢掌握地铁内部结构设施，如站台、站厅、通道以及消防设施等；同时应当掌握地铁站各时段客流情况和各个通道客流量。其次在日常训练中，可以根据本区域地铁设施特点有针对性地进行训练，做出力量部署、扑救措施、供水方案、注意事项等。最后依据各队的特点和强项明确在火灾扑救中应承担的任务，合理使用救援力量，锻炼队伍救援能力，积累实战经验。

3. 加强电气系统检查维护，强化地铁安全检查

在已经发生的地铁火灾事故中，电气原因导致的火灾占比例最高，占到 25%，因此加强电气系统的定期检查与维护是地铁火灾预防工作的重中之重。[2]首先要定期对电气系统设备进行维护、保养和检查。对设备连接处、绝缘体的绝缘效果、保护装置、防火材料等均仔细检查，发现老化、陈旧设备时及时维护或更换，排除安全隐患。[3]除此之外还要正确认识电气系统中的常见故障，并能够运用相应的检修手段准确地找出原因，采取相应的措施进行处理，保证地铁车辆整体的可靠性，使地铁车辆能够正常、稳定地运行，

---

〔1〕 参见吴丹：《基于贝叶斯网络的地铁行车调度系统人因可靠性分析》，西南交通大学 2018 年硕士学位论文，第 65 页。

〔2〕 参见肖楚阳、宋守信：《地铁电气火灾中机械方面影响因子系统动力学仿真分析》，载《中国安全生产科学技术》2016 年第 8 期，第 81 页。

〔3〕 参见郑德平：《地铁运营中的火灾危险性分析及预防措施》，载《消防技术与产品信息》2017 年第 6 期，第 36 页。

真正做到防患于未然。[1]

而且，要强化地铁安全检查工作。我国民众的公共安全意识普遍不强，对夹带危险品、违禁品的认知含混不清。实践中经常能见到：有人带特殊食物引起车厢异味，有人带宠物在车厢或站台便溺，有人滑着轮滑车进入站台滋生隐患，还有人携带大宗货物乘车而把地铁当作物流运输工具。[2]安全检查是地铁安防的重要手段。如前文所述，相较于其他交通工具，地铁不仅空间相对封闭而且客流量大，一旦发生火灾，人员安全疏散难度很大。而对进站旅客进行安检不仅能对蓄意破坏者产生警示，还能筛查危险品及违禁品，真正做到防患于未然。

（二）设备预防和技术预防

通常的地铁设备预防，涉及改进地铁设备的材料和完善相关设施的配置等内容，这些属于物防的范畴。而关于地铁设备的技术改进等方面，则属于技防的范畴。

1. 改进地铁设备材料

改进地铁设备的材料可从列车车厢内的材料和地铁车站建筑内部的材料两方面入手。一是在列车上全部使用阻燃材料。考虑到消防安全，现代地铁在设计的时候，车体多选用铝合金和不锈钢等非燃化材料，但除此之外，车厢内还存在着大量其他设施，例如车厢座位、扶手、天花板等，这些装饰材料的选用也是减少火灾事故发生的关键，必须严格按照规定，全部使用阻燃材料。二是在地铁车站建筑内部均使用不可燃材料。按照国标要求，地铁站建筑内部装修材料均为不燃材料或难燃材料，不可使用易燃物作为装修材料。因此必须严格按照现行标准规范的要求，地铁车站内建筑装饰材料、站台、展厅、设备间、机房、值班室等的装修材料均使用不可燃材料。地铁材料非燃化是防止火灾发生和避免火灾蔓延的最有效措施，只有这些辅助材料做到

---

[1] 参见白海波：《地铁车辆电气系统中牵引与辅助系统的故障与检修》，载《科技与创新》2014年第10期，第28页。

[2] 参见张东平：《论地铁安检的困境与出路》，载《公安学刊（浙江警察学院学报）》2019年第6期，第46页。

了不可燃或非燃，整个地铁系统的防火等级才得以提高。[1]

2. 完善相关设施配置

完善相关设施配置，可以从以下几方面入手。首先，设置足够的应急照明灯和疏散指示标志。当火灾发生时，通常情况下正常电源会被切断，四周一片漆黑，在昏暗且又狭窄的车厢中，人们看不清方向互相推搡，使得指示标记和信息牌被遮挡，加之火灾产生的浓烟、刺激性气体让人无法睁眼，因此必须配有备用电源，设置足够的应急照明灯，保证断电后的车厢内的照明。同时增加指示标志，确保乘客能看到清晰的标志牌，方便人群疏散，增加逃生机会。其次，配备足够的消防器材和消防设备。可以根据场所需求的不同，合理的在站厅、站台以及人行道等配置灭火器、消防栓、消防喷淋头、防火卷帘等。最后，在排烟方面设置独立的排烟排热系统。在排烟设备的选用上，选择耐热性高的材料，使排烟系统在灾情发生的时候能够正常运行。与此同时合理设置防烟分区、明确排烟方式，加强排烟系统的移动性，避免在固定排烟系统失效的情况下，移动排烟设备在车站入口处进行排烟，造成排烟通道与人员逃离通道叠加，带来潜在危害。[2]

3. 地铁设备的技术改进

地铁设备的技术改进包括改进地铁安检技术和改进地铁设备使用中的阻燃材料的生产技术以及防爆材料的生产技术。首先，积极改进地铁安检技术。积极改进地铁安检技术，对地铁火灾的防范是既人道且精准又高效的举措，对轨道交通的安全运营具有重要意义。传统的安检一般为手工操作，配备 X 射线行李检查机、金属探测门等进行安全检查。但我国地铁客流量大，传统安检手段效率低下已无法满足当前需求，亟待进行技术更新及升级。可将人脸识别等技术引入传统安检系统，通过智能判图、人脸识别等实现对乘客的

〔1〕 参见朱惠军：《城市地铁火灾的特点、事故分析及预防措施》，载《安防科技》2011 年第 3 期，第 39 页。

〔2〕 参见刘昱：《地铁火灾的特点与防范措施分析》，载《科技展望》2016 年第 26 期，第 305 页。

安全检查，将事后补救转为事前预防。[1]其次，是改进地铁设备使用中的阻燃材料的生产技术以及防爆材料的生产技术。在轨道交通系统尤其是地铁中，需要越来越多样的耐火阻燃材料及防爆材料，多种材料进行搭配使用，在发生火灾时，不仅能够降低火灾危害，还能满足不同环境需求。改进地铁设备使用中的阻燃材料的生产技术以及防爆材料的生产技术，改进现有阻燃材料及防爆材料的生产工艺。使用高科技阻燃材料和防爆材料，便可降低火警风险。

（三）联合预防

前述人防、物防和技防，需要联合起来共同预防，齐抓共管，综合治理。因此，联防主要可以从完善法律制度、提升法律制度实施的效能等方面形成更大合力，由此实现更好的预防。

1. 完善立法和相关制度

（1）加强城市轨道交通立法。自地铁迅速发展以来，我国各地纷纷出台了一系列法规，但这些地方性法规仅限于当地，且主要集中在建设、施工方面，关于地铁防灾应急方面规定较少。目前德国、日本、美国等均有专门的城市轨道交通法律法规，我国铁路、公路等综合交通行业也有各自法律，但我国城市轨道交通领域上位法尚处空白。[2]有效的法治管理是地铁乃至其他公共交通安全运营的有力保证，为此必须尽快确定立法层级、范围和权限，加快城市轨道交通立法，依法管理城市轨道交通。一方面，通过立法规范乘客行为，设立专项条款规范违法后的处置。另一方面，对突发客流应急、突发事故处置等做出明确规定。只有通过立法才能明确轨道交通经营单位、乘客、有关行政部门的法律责任，做好反恐、安检、治安防范、消防安全管理、突发事件处置等工作，将多举措的事前预防与完善的事后惩处机制相结合，维护公共秩序保障公共安全。

（2）完善地铁消防安全管理制度。消防安全管理制度是单位消防安全工

---

[1] 参见卢剑鸿：《基于人脸识别技术的城市轨道交通自动售检票和安检系统应用研究——以西安地铁为例》，北京交通大学 2022 年硕士学位论文，第 21 页。
[2] 参见宁人宣等：《全国人大代表佘才高建议：加快推动跨省（市）域轨道交通立法》，载《扬子晚报》2022 年 3 月 10 日，第 A05 版。

作的基础,地铁运营管理部门应当健全地铁消防安全管理制度,在制定详细管理制度的基础上将其落实到实处。首先,制定详备的地铁消防管理制度。详细而全面规定地铁运营中的各项消防工作,包括消防管理基本规定、人员的岗位职责、易燃易爆危险品处理、消防安全培训、消防事故的处理、消防安全工作考评与奖惩等。其次,要将地铁消防安全管理制度落到实处。现今许多地铁运营部门虽有管理制度,但这些制度在实际执行中并未得到有效落实,因此可以对地铁消防安全管理制度中无法执行的部分进行调整,提高其可操作性。[1]

(3)完善地铁火灾应急预案。应急预案是处理火情的基础和依据,制定切实可行的应急预案,对有效组织现场救援具有重要意义。因此地铁运营管理单位及消防救援人员均应根据实际情况,制定详尽完备的地铁火灾事故应急预案,这样在火灾发生时就可以参照预案有条不紊地组织救援,将火灾危害控制在最小范围内。首先,可以在科学分析地铁设施特点的基础上,依据现有救援资源,合理部署救援力量,采取切实可行的救援措施。其次,可以协同公安、消防、救护等相关部门,在规范应急处置程序、明确各机构职能的基础上对应急预案进行有针对性的联合演练。[2]通过一次次的模拟演练,认真总结救援的经验,对模拟演练中出现的问题及时解决并且不断改进完善相关措施。

2. 确保地铁安全管理上的依法行政、严格执法和公正司法

(1)确保依法行政。行政行为直面人民群众,依法行政是体现公平正义的重要渠道。如不能严格确保依法行政,必将出现以权谋私、滥用职权、徇私枉法等现象,引发人民群众的不满及强烈反感。必须严格依法行政,将权力关进制度的笼子,让行政行为走上规范化、合法化的道路,增加人民群众信任度,维护法律尊严,树立法律权威。

(2)确保严格执法。诚如前文所述,我国城市轨道交通领域上位法尚处

---

〔1〕 参见陈黎:《浅谈地铁消防安全管理》,载《城市建设》2010 年第 4 期,第 67 页。

〔2〕 参见梁舜云等:《地铁火灾事故分析及预防措施研究》,载《四川建筑》2009 年第 5 期,第 209 页。

空白，但为了满足现实需要，自地铁迅速发展以来，我国各地也曾出台过一系列地方性法规。地铁行政执法人员对违法行为进行制止时应严格依照法律法规来办事，做到有法必依，执法必严。除此之外，地铁乘客众多，在执法过程中还应注意执法手段，做到和谐执法、文明执法。

（3）确保公正司法。司法承担着保障人权、惩罚犯罪的重要功能，是公平正义的最后一道防线，只有做到公正司法，才能使社会上不良之风得到压制，不公现象得到矫正。因此司法机关在具体的司法活动中，必须严格依据法律、适用法律，对合法权益予以维护，对违法行为予以追究，对犯罪行为予以惩处，使抽象的法律条文真正在社会中体现公平正义。

（4）强化舆论监督。在执法、司法过程中，不可避免会出现一些违法违规行为。杜绝此类行为，离不开社会舆论的监督。因此，必须要强化舆论监督。要关注和重视群众反映、媒体报道的执法过程中存在的问题，及时提出解决措施，落实整改并及时公布结果，还要加快拓展网站投诉、现场投诉等渠道，使群众、媒体能够更便捷、更快速地反映执法过程中存在的不足，促进轨道交通的良性发展。[1]

四、结语

近些年来我国城市轨道交通建设飞速发展，随之而来的不仅是地铁线路的延伸，客运量的增长，还有火灾事故的频发，甚至火灾伤亡数量的攀升问题。群死群伤火灾悲剧的发生，引起了各国对地铁消防安全的重视，各国纷纷对地铁火灾展开研究，以期预防悲剧的再次发生。地铁不同于一般交通工具，载客量大空间却很狭小，地铁站的建筑结构复杂密闭，在地下一旦发生火灾，排烟排热差，人员疏散困难，极易造成重大人员伤亡和财产损失。当前各国虽已在地铁火灾预防上做出诸多改进，但火灾的频发仍然警醒人们努力探究更多更好的防范措施来予以应对。

本文通过整理和分析国内外地铁火灾事故案例，归纳总结出地铁火灾的

---

〔1〕 参见纪燮：《盐城市交通运输综合行政执法改革完善路径研究》，华东政法大学 2021 年硕士学位论文，第 55 页。

类型、特点及其不同的原因。立足我国的实际情况，为防范地铁火灾提出若干建议。希望通过一系列的灾前预防措施，加强地铁消防安全管理，让地铁真正成为城市中最舒适、既快捷又安全的"绿色交通"。

铁路交通事故应急救援和调查处理法律适用问题实证研究

张雯钰[*]　曾明生

一、引言

铁路事故的预防非常重要，应当尽可能防患于未然。万一发生事故，也要尽可能做好应急救援和调查处理工作。我国《铁路交通事故应急救援和调查处理条例》从2007年颁行至今已有16年，经过2012年的修订至今亦有11年之久。该条例的具体适用情况如何？是否需要修改以及如何修改？当前法学界对此研究甚少。笔者试图对铁路交通事故应急救援和调查处理法律适用问题进行初步探讨，以期抛砖引玉。

二、我国铁路交通事故应急救援和调查处理的法律适用现状调查

（一）研究方法

1. 文献研究法。笔者通过中国知网、华东交通大学图书馆馆藏资源查找并下载了多篇相关论文，并认真研读有关著作，搜集诸多新闻报道，以此为素材支撑本文的论点。之后，进一步整理先前搜集的各种文献资料，在思考各种学术观点与其论据、论点的过程中，结合自身掌握的知识和本文研究的内容，发现其可取与不足之处，进而确立本文的写作框架与基本观点。

2. 案例分析法。在研究我国铁路交通事故应急救援和调查处理的法律适

---

* 华东交通大学2022级刑法学硕士研究生。

用问题的过程中，必须加入具体案例的分析。将理论和实践相结合，所得出的结论才更有价值。

（二）数据来源

1. 中国裁判文书网。2023 年 3 月 30 日，笔者在中国裁判文书网上，通过高级检索，在"法律依据"一栏填写"《铁路交通事故应急救援和调查处理条例》"，检索出 2014 年 12 月至 2021 年 4 月的 6 篇法律文书，其中 5 篇判决书，1 篇裁定书；在"全文"一栏填写"《铁路交通事故应急救援和调查处理条例》"，检索出 113 篇法律文书，其中 105 篇判决书，8 篇裁定书。笔者根据不同案由将数量进行统计绘制图 1。

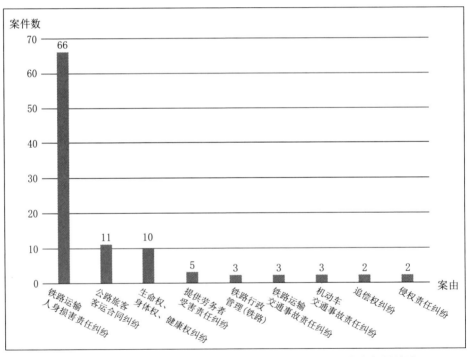

图 1　关于铁路交通事故应急救援和调查处理的案件不同案由数量统计

从图 1 可以看出，铁路运输人身损害责任纠纷的案件数最多，占比 62.86%。从案件数来看，排名前三的案由及其占比分别为：铁路运输人身损害责任纠纷（66 件，占比 62.86%）、公路旅客客运合同纠纷（11 件，占比

10.48%）、生命权、身体权、健康权纠纷（10 件，占比 9.52%）

另外，根据案件类型将法律文书数量可统计绘制图 2。

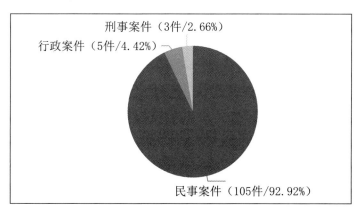

刑事案件（3件/2.66%）
行政案件（5件/4.42%）
民事案件（105件/92.92%）

图 2　关于铁路交通事故应急救援和调查处理的案件不同案件类型数量统计

从图 2 可以看出，案件类型及其占比分别为：民事案件（105 件，占比 92.92%）、行政案件（5 件，占比 4.42%）、刑事案件（3 件，占比 2.65%）。其中民事案件的数量最多。

2. 百度网站。2023 年 4 月 11 日，笔者在百度网站上，通过检索"铁路交通重大事故"，搜索到 6 个已公布的相关新闻报道（现实中此类法律适用的案件可能不限于此，下述数据只说明已公布的部分情况）。其具体案情概况如下：

（1）2008 年 4 月 28 日 4 时 41 分，北京开往青岛的 T195 次旅客列车运行至山东境内胶济铁路周村至王村间脱线，第 9 节至第 17 节车厢在铁路弯道处脱轨，冲向上行线路基外侧。此时，正常运行的烟台至徐州的 5034 次旅客列车刹车不及、最终以每小时 70 公里的速度与脱轨车辆发生撞击，机车（内燃机车编号 DF11-0400）和第 1 节至第 5 节车厢脱轨。胶济铁路列车相撞事故已造成 72 人死亡，416 人受伤。这被认定是一起人为责任列车事故。2009 年 12 月 3 日，法院判决：北京机务段原机车司机李某江、王村站原助理值班员崔某光、王村站原值班员张某胜、济南铁路局调度所原列车调度员蒲某军、济南铁路局调度所施工调度员郑某成、济南铁路局原副局长郭某光身为铁路职工，违反铁路规章制度，导致发生特别重大交通事故，后果特别严重，均构成铁路运营安全事故罪。法院根据各被告人在事故中的责任，判处李某江有期徒刑 4 年 6 个月；判处崔某光有期徒刑 4 年；判处张某胜有期徒刑 3 年 6 个月；判处蒲某军有期徒刑 3 年，缓刑 5 年；判处郑某成有期徒刑 3 年；判处郭某光有期徒刑 3 年，缓刑 3 年。[1]是否有二审，情况不详。

（2）2011 年 7 月 23 日 20 时 30 分 05 秒，甬温线浙江省温州市境内，由北京南站开往福州站的 D301 次列车与杭州站开往福州南站的 D3115 次列车发生动车组列车追尾事故。此次事故已确认共有 6 节车厢脱轨，造成 40 人死亡、172 人受伤，中断行车 32 小时 35 分，直接经济损失 19371.65 万元。[2]笔者尚未找到其公开的判决信息。

（3）2019 年 4 月 21 日 11 时，贵州省清镇市境内，中国铁路成都局集团有限公司（以下简称"成都局集团公司"）由湖潮开往新店镇的 52305 次列车（单机），运行至林织铁路林新段卫城站至新店镇站间 K17+986 处，与进入铁路线路防护栅栏并在线路上行走的行人相撞，造成 3 人死亡。[3]依据《铁路交通事故调查处理规则》第 10 条第 1 项、第 71 条第 3 项及相关法律法规的规定，认定本次构成铁路交通较大责任事故。常某某、饶某某违反《中华人民共和国铁路法》第 51 条和《铁路安全管理条例》第 77 条之规定，违法进入建有铁路线路防护栅栏和有禁行提示的铁路线路并在线路上行走，与运行中的 52305 次列车发生相撞导致死亡，其行为违反国家法律法规，负事故主要责任；吴某某为无民事行为能力的未成年人，不承担事故责任；成都局集团公司作为林织铁路林新段受托运输管理单位，违反《安全生产法》第 38 条、《铁路安全管理条例》第 60 条等规定，事故隐患整治不到位；担当 52305 次列车的机车乘务员违反《安全生产法》第 54 条之规定，未认真执行

---

〔1〕 参见《"4·28"胶济铁路特别重大交通事故案一审宣判》，载 http://www.gov.cn/govweb/jrzg/2009-12/03/content_1479631.htm，最后访问日期：2023 年 3 月 4 日。

〔2〕 参见《国务院处理温州动车追尾事故 54 名责任人》，载 https://news.sina.com.cn/c/2011-12-28/211223711377.shtml，最后访问日期：2022 年 5 月 25 日。

〔3〕 参见《"4·21"林织铁路林新段铁路交通较大事故调查处理情况公告》，载 http://www.safehoo.com/Case/Case/Vehicle/202108/5647472.shtml，最后访问日期：2022 年 5 月 25 日。

有关安全生产规章制度和操作规程。其上述行为违反国家法律法规，存在明显过错，负事故重要责任。贵阳市域铁路有限公司作为林织铁路林新段的产权单位，违反《安全生产法》第46条规定，未认真履行安全生产法定职责，对受托单位成都局集团公司整治事发地点铁路线路防护栅栏破口事故隐患不到位，对贵州金诚保安服务有限公司护路巡防人员的数量不足及巡防不到位等情形不检查不督促。其上述行为违反国家法律法规，存在明显过错，负事故次要责任。

（4）2020年10月15日8时10分，南宁局集团公司管内43031次货物列车运行至黎湛线塘口至湛江站间下行线K302+500处，因发生路基滑塌，造成机后第7节至第27节车辆脱轨，无人员伤亡，中断黎湛上行线行车8小时46分、下行线行车41小时47分，构成铁路交通较大事故。[1]笔者也尚未找到其公开的判决信息。

（5）2021年6月4日5时18分，中国铁路兰州局集团有限公司武威工务段金昌车间在兰新线玉石至金昌站间下行线进行线路机械维修作业，因捣固稳定车临时故障，作业负责人在组织作业人员转场跨越铁路线路时，跨线人员与K596次旅客列车发生相撞，造成9人死亡。依据《铁路交通事故应急救援和调查处理条例》（国务院令第501号）第11条和《铁路交通事故调查处理规则》（铁道部令第30号）第10条、第49条规定，该起事故为铁路交通较大责任事故，中国铁路兰州局集团有限公司负全部责任。作业带班人员周某、现场防护员王某、作业负责人张某等3人被依法批捕。[2]笔者也尚未找到其公开的判决信息。

（6）2022年3月8日21时28分，甘肃省白银市靖远县境内，车号为甘A80314的重型自卸货车沿吴靖线（Y203乡道）自东向西运行中，因该车行驶时未将车厢按规定降下，升起的车厢碰撞红会线吴家川站至靖远西站间K60+807处铁路桥梁，造成该桥梁体翻转倾斜，线路变形，致正常运行通过

---

〔1〕 参见《"10.15"黎湛线43031次货物列车脱轨铁路交通较大事故调查情况公告》，载 https://www.nra.gov.cn/zzjg/jgj/gzgl/gsgz/202012/t20201209_337553.shtml，最后访问日期：2022年5月25日。

〔2〕 参见《官方公布"6.4"兰新线事故调查处理情况：21人被处分》，载 http://www.hi.chinanews.com.cn/hnnew/2021-07-30/593450.html，最后访问日期：2022年5月25日。

的 31024 次（DF8B 型 5078 号机车，中国铁路兰州局集团有限公司兰州西机务段配属并值乘，编组：24-2212-28.8）货物列车牵引机车及机次第一位车辆脱轨，机车脱轨后坠落至桥下，造成铁路机车乘务员 3 人死亡、1 人重伤，中断行车 47 小时 38 分，直接经济损失 797.93 万元。[1]笔者也尚未找到其公开的判决信息。

对上述 6 个案例中的伤亡人数、事故原因和责任认定等情况，可绘制表 1。

表 1　关于铁路交通重大事故的伤亡人数、事故原因以及责任认定

案件名称	伤亡人数	事故原因	责任认定
"4·28" 胶济铁路特别重大交通事故	72 人死亡，416 人受伤	1. 济南铁路局对施工文件、调度命令管理混乱，以文件代替临时限速命令极不严肃； 2. 铁路的运营企业领导不到位、安全生产责任没有落实、隐患排查治理不到位。	多位人员构成铁路运营安全事故罪
"7·23" 甬温线特别重大铁路交通事故	40 人死亡，172 人受伤	1. 设备存在严重设计缺陷和重大安全隐患； 2. 铁道部存在违规操作、把关不严的现象； 3. 有关作业人员安全意识不强，未认真履行职责。	通号集团、铁道部和上海铁路局在这起事故中负有主要责任
"4·21" 林织铁路林新段铁路交通较大事故	3 人死亡	1. 受害人违反《铁路安全管理条例》违法进入铁路线路； 2. 铁路集团公司违反《安全生产法》第 38 条、《铁路安全管理条例》第 60 条，事故隐患整治不到位； 3. 铁路公司违反《安全生产法》第 46 条，未认真履行安全生产法定职责。	对事故相关单位人员进行处分
"10·15" 黎湛线 43031 次货物列车脱轨铁路交通较大事故	无人员伤亡	自然灾害原因。	中国铁路南宁局集团有限公司非责任事故

---

〔1〕　参见《甘肃白银 "3.8" 列车脱轨铁路交通较大事故调查：涉事车辆长期带病作业》，载 http://news.cnr.cn/native/gd/20220508/t20220508_525819268.shtml，最后访问日期：2023 年 3 月 4 日。

案件名称	伤亡人数	事故原因	责任认定
"6·4"兰新线事故	9人死亡	有关人员盲目指挥、现场防护失效、违章跨越线路是事故发生的直接原因： 1. 带班人员违反《安全生产法》第54条、《铁路安全管理条例》第5条以及《铁路工务安全管理规则》（铁总运〔2014〕272号）第322条； 2. 现场防护员违反《安全生产法》第54条、《铁路安全管理条例》第5条以及《兰州局集团公司工务部门普速铁路劳动安全卡控措施》（工安函〔2020〕66号）第24条。	中国铁路兰州局集团有限公司负全部责任
甘肃白银"3·8"列车脱轨铁路交通较大事故	3人死亡，1人重伤	1. 车辆驾驶员刘某某违反《道路交通安全法》第22条； 2. 涉事车辆使用单位对驾驶员培训教育流于形式，对车辆日常安全检查不到位，安全管理制度落实不到位； 3. 涉事车辆登记所有人中亚达公司安全管理制度不健全，制度落实不到位。	1. 靖远振宪建材有限责任公司负事故主要责任； 2. 甘肃中亚达汽车服务有限公司负事故次要责任。

从表1可以看出，其中大部分铁路交通重大事故的发生原因是铁路单位及其相关工作人员违反《安全生产法》，作业人员安全意识不强，违法违规操作，同时铁路单位的安全生产监督管理不到位。

三、我国铁路交通事故应急救援和调查处理的法律适用中存在的问题

（一）赔偿问题

1. 铁路交通事故精神损害赔偿标准难以有效统一的问题

精神损害赔偿最直接的是金额赔偿，但是我国司法实践中，对铁路交通事故精神损害赔偿标准难以有效统一、赔偿尺度难以正确把握，全国不同地方精神损害赔偿差异巨大，由此给社会公平秩序的良性运行产生不利影响。

2. 外籍伤亡乘客的赔偿问题

根据《中华人民共和国涉外民事关系法律适用法》（以下简称《法律适用法》）第 44 条的规定，侵权责任，适用侵权行为地法律，但当事人有共同经常居所地的，适用共同经常居所地法律。侵权行为发生后，当事人协议选择适用法律的，按照其协议。允许当事人事后选择法律的实际效果微小。不能给外籍伤亡乘客提供明确或合理的保护。《法律适用法》第 44 条将当事人意思自治确立为侵权行为地法适用的例外之一，以提高法律适用的灵活性，促进个案实现公平正义。值得一提的是该条仅对当事人意思自治的适用施加了一项限制，即当事人只能在侵权适用发生之后进行法律选择。从这个角度看，《法律适用法》第 44 条对当事人意思自治的适用施加限制似乎合理。然而，侵权发生后的双方当事人，彼此关系往往失和且处于利益对立的格局，从"理性人"角度来看，他们自然会主张适用对自己有利的法律。在这种情况下，他们就法律选择达成一致的可能性很小。"7·23 甬温线特别重大铁路交通事故"赔偿纠纷即为典型例证。由于中国法关于人身损害赔偿的标准远低于外国法，因此外籍当事人坚持主张适用其本国法，而当时铁道部坚持适用中国法，这是双方当事人迟迟达不成赔偿协议的主要原因。即便今后诉诸法院，由于双方当事人在此问题上存在明显的利益对立，因此亦很难期望他们能就法律选择达成合意。[1] 由此可见，《法律适用法》第 44 条规定当事人意思自治的象征意义远大于实践意义，其必要性和合理性颇值得反思。

（二）受案范围的问题

如 2019 年 3 月 23 日 7 时 53 分，由选矿站发车向板石方向运行的被告通化钢铁集团板石矿业有限责任公司的 1012 号电机车在行驶至西线 6km+900m 过程中，将路过此地的刘某（聋哑人）碾压致死，被告承认上述事实，但双方对赔偿事宜没有达成一致意见。法院认为铁路交通事故认定书是专业部门通过对交通事故现场勘察、技术分析和有关经验、鉴定结论，分析查明交通事故的基本事实、成因和当事人责任后所作的技术性结论，是人民法院审理

---

〔1〕 参见霍政欣：《涉外侵权之债的法律适用——以"7·23 甬温线特别重大铁路交通事故"中外籍伤亡乘客的赔偿为视角》，载《法商研究》2011 年第 6 期，第 13 页。

民事赔偿案件的依据。但相关部门未作出铁路交通事故认定书，所以此案件不属于法院的受案范围。[1]《交通事故责任认定书》不是交通管理部门行使职权的具体行政行为，仅仅是一种认定事故双方过错的证据，仅具有证据效力。法院根据没有铁路交通事故责任认定书而作出不受理案件的裁定，会为受害人及其家属增加维权的难度，延长维权的时间。

（三）事故调查报告的问题

根据《铁路交通事故应急救援和调查处理条例》，我国将铁路交通事故分为特别重大事故、重大事故、较大事故和一般事故四个等级。2013 年铁路体制改革后，该条例沿用，国家铁路局及局属各地区铁路监督管理局一般负责对较大以上及情节较严重、影响较恶劣的一般事故开展调查，其他一般事故主要由各铁路安全监督管理办公室调查。事故调查组一般为临时机构，由事故相关部门的专家兼职组成。[2]

国内铁路交通事故调查报告一般由事故概况、调查情况、原因分析、定性定责、存在问题、责任追究、整改建议等部分组成。其中定性定责、责任追究等占据了较多篇幅，在分析存在问题时往往也站在追责的角度，提出的安全建议更偏重督促涉事单位落实整改，有时缺少可操作性或针对性，对于铁路行业的指导性不强；有的事故调查报告对调查范围和分析过程的说明也较为简单，论证的严谨性存在不足。[3]这使得法院在裁判案件的时候难以认定责任归属。

（四）责任主体不明晰，落实责任不到位

政企改革分开后，《铁路法》未从法律上完全明确两者之间的关系，在实践中铁路行政主管部门与国铁集团的职能分工还存在一定的模糊。各省市制定的高速铁路安全管理规定和办法，其中部分省市监督责任、落实责任明确，规定科学规范、清晰明了。而部分省份制定的办法，在落实责任方面还不够清晰，特别是监管部门和地方政府约定的监管边界模糊、模棱两可，可操作

---

〔1〕 参见吉林省白山市社区人民法院（2019）吉 0602 民初 1151 号民事裁定书。
〔2〕 参见聂天琦：《国外铁路交通事故调查现状综述及对我国的启示》，载《中国安全科学学报》2018 年 A1 期，第 153 页。
〔3〕 参见聂天琦：《国外铁路交通事故调查现状综述及对我国的启示》，载《中国安全科学学报》2018 年 A1 期，第 153 页。

性不强，如地方人民政府在高铁沿线安全环境整治方面的职责没有具体规定等。出现问题时可能会出现推诿扯皮，发挥的效能不够的情况，不利于高铁安全监管工作落实、落细。这就使得法院在裁判案件的时候无法准确认定事故的责任分布。[1]

（五）司法公开力度不足的问题

笔者在中国裁判文书网上，通过高级检索，在"全文"一栏填写"《铁路交通事故应急救援和调查处理条例》"，检索出 113 篇法律文书，其中 105 篇判决书，8 篇裁定书。百度网站上的涉及《铁路交通事故应急救援和调查处理条例》的重大铁路事故案件只能查找出调查处理结果，无法查询到这些重大铁路事故案件的法院裁判结果。但是根据笔者前述对铁路交通事故产生的情况可知，实际适用该条例的裁判文书自《铁路交通事故应急救援和调查处理条例》颁行以来，可能达到 500 篇以上。

四、前述问题的原因分析

（一）主观原因

1. 公众对铁路安全应急救援的重要性认识不足

人员素质对安全及其监管力度有重要影响。受国家安全文化以及应急文化建设的影响，我国铁路虽然受众庞大，但是我国铁路安全文化基础仍较薄弱，公众文化素质参差不齐，非业内人士和相关领域研究人员，对铁路安全应急救援的关注普遍较少，对其重要性以及必要性认识不足。因此对其预判定位仍有不准，进而建设投入可能较少，公众监督力度受限，导致铁路安全应急救援建设进程较慢，铁路运营存在安全风险。加之铁路安全应急救援宣传力度仍然较小，应急训练较少，公众安全意识仍然比较薄弱，对铁路安全应急救援的关注度仍然较低。在物欲横流的社会，"利己"已然走到台前，人们行为目的指向性强，公众享用着、消费着铁路的公益性，许多人却丢失了社会责任感和认同感，忽视、漠视甚或抵触这份公共安全责任，对铁路安全

---

〔1〕 参见吴璧君等：《高速铁路安全治理法律法规保障研究》，载《综合运输》2022 年第 2 期，第 36 页。

应急救援亦如是。[1]

2. 受害人及其家属对精神损害赔偿的认知误区

在铁路交通事故中，受害人认为只要受到事故侵害，就可以申请精神损害赔偿，对法律缺乏正确的认知，且经过法律所判定的精神损害赔偿敲定之后，当事人不满意的现象也大量存在。社会上普遍存在一种"要求越多，赔偿越多"的错误认识，导致精神损害赔偿制度存在严重形式化倾向。从查到的裁判文书中可以看出，依据当地经济发展水平，当事人对精神损害索赔金额相对较高的，可能难以获得法院的全部支持。如在 2017 年 11 月 22 日，被告公司列车在马棚至陈家湖 K346+233 处将受害人胡某撞亡，因被告在事发路段没有充分履行安全防护、警示等义务，且未及时对胡某予以抢救致胡某死亡。法院认定胡某沿铁路线路行走，火车鸣笛警示后无避车反应，对此次事故承担主要责任，铁路运输企业承担部分责任。受害人家属诉请被告赔偿死亡赔偿金、丧葬费、误工费等经济损失以及精神损害抚慰金合计 500 794.8 元，法院对原告提出的精神损害抚慰金请求部分予以支持，仅支持 15 000 元。[2] 2015 年 11 月 2 日，在调兵山市施荒地铁路附近，被告铁法煤业（集团）有限公司所属的火车将原告亲属王某撞死，原告亲属诉请法院判令被告赔偿各项损失 832 795 元，其中精神损害抚慰金 100 000 元，法院最终也只支持了 50 000 元。[3] 这种"提得越多赔偿越多"的误区造成很多当事人认为精神损害赔偿制度形同虚设，不能保证相关权利人的合法权益。

3. 立法理念和价值追求上存在差异，以及司法者的主观认识也有不同

有学者指出，美国法立足于本国侵权法律体系的成熟度和侵权责任的赔偿标准高于世界平均水平的国情，选择将损害结果发生地作为确定侵权行为地的标准，以达到维护本国法律政策和本国国民利益的目的；而意大利法虽将侵权行为发生地作为确定侵权行为地的主要标准，但允许受害人选择适用导致损害的事实发生地法，从而很大程度上可避免因适用侵权行为发生地法在

[1] 参见杨丹、亏道远：《完善高速铁路安全 应急救援机制研究》，载《石家庄铁道大学学报（社会科学版）》2020 年第 1 期，第 80 页。
[2] 参见襄阳铁路运输法院（2018）鄂 7102 民初 8 号民事判决书。
[3] 参见沈阳铁路运输法院（2016）辽 7101 民初 1 号民事判决书。

某些情况下对本国国民产生的不利局面,体现其明显的"立法本位"倾向。反观我国法,一方面《法律适用法》第 44 条保留了侵权行为地法的基本原则地位;另一方面,却未以我国社会和法律制度的发展情况为立足点对侵权行为地作出有利于维护我国法律政策和我国国民利益的界定。而且,我国《法律适用法》第 44 条虽力图在法律适用的客观性和灵活性之间寻求平衡,但囿于立法技术上的瑕疵,这一意图在实际适用中很难实现。因共同经常居所地法与当事人意思自治是立法者用以克服侵权行为地法先天缺陷的主要手段,但因经常居所地的含义不明,加之允许当事人事后选择法律缺少实效,这在很大程度上会阻碍立法者维持平衡初衷的实现。[1]由此可见,美国、意大利和我国在立法的价值理念方面存在某些差异。即使同一国家不同的立法者也有不同的立法理念和价值取向,司法者的主观认识也有不同,这对前述案件是否属于受案范围也会产生一定的影响,不同法院或者同一法院不同时期也可能有不同的观点和立场。

4. 责任单位在事故调查处理上通常不愿监管部门参与

一旦发生铁路交通事故,铁路集团公司从自身利益出发,显然是愿意自行处理的,而不愿监管部门参与。这种心态在任何安全生产事故涉及的安全责任主体中普遍存在。在实际操作中,就会存在监管不力、监管空白的问题。这种情况不但违法,从长远看,对铁路运营单位完善安全管理制度、明确安全管理职责、提高安全管理水平及安全防范意识是非常不利的。

5. 对司法公开的认识不足或有抵触心理

有的法官对司法公开的重要作用认识不足,认为只要依法办案就行,推进司法公开没有必要;有的法官一味强调客观困难,认为司法公开只会增加工作负担,存在被动应付、等待观望的态度和认识;有的法官存在畏难情绪,有的因能力不足、作风不正而担心公开后陷入被动,怕"找麻烦""添乱子""出洋相",因而不敢公开、不愿公开等等。[2]

---

〔1〕 参见霍政欣:《涉外侵权之债的法律适用——以"7·23 甬温线特别重大铁路交通事故"中外籍伤亡乘客的赔偿为视角》,载《法商研究》2011 年第 6 期,第 16 页。

〔2〕 参见周强:《最高人民法院关于深化司法公开、促进司法公正情况的报告——2016 年 11 月 5 日在第十二届全国人民代表大会常务委员会第二十四次会议上》,载 http://www.npc.gov.cn/zgrdw/npc/xinwen/2016-11/05/contet_2001171.htm,最后访问日期:2024 年 8 月 5 日。

（二）客观原因

1. 精神损害赔偿理论研究滞后和有关立法较为保守

精神损害赔偿司法制度没有作出能指导实践的实质性的规定。我国精神损害赔偿制度建设起步较晚，至今没有一套科学的精神损害赔偿标准。《铁路交通事故应急救援和调查处理条例》对此也没有明确具体的规定。以致近年来，只要涉及较高额的精神损害赔偿案件，社会反响总是较大。而仔细分析，大多数公众关心的并非案件的具体细节，而是关心为什么损害结果相同，获得的赔偿金额却不同。从这个方面来说，精神损害赔偿的确立标准缺失，导致司法裁判没有明确的依据，裁判结果差距甚大，进而导致公众将矛头都指向司法不公。[1]

2. 精神损害赔偿的司法标准模糊

实践中审理交通事故案件，法官在确定精神损害赔偿时，基本是采取以下模式进行：受害人死亡的，精神损害赔偿标准采用受诉法院所在地规定的最高限额赔偿；受害人伤残的，根据受害人的伤残等级、责任大小，以精神损害赔偿的最高限额为基数，按相应比例来计算出赔偿数额；受害人不构成伤残损伤程度的，在一定范围内，由法官在自由裁量权范围内决定是否要赔偿，以及赔偿多少。大多数涉及精神损害赔偿的案件，法院在审理过程中，司法人员没有具体可以参照的确定标准的方法，司法实践就只能根据案件情况由法官来自己酌情处理。由于是让法官根据案情酌定，又没有统一可参照的标准，而每名法官自身的阅历以及对事物的认识并不都一定相同，因此就算遇到发生的交通事故案件情形相同、事故双方各自承担的责任相同、造成的损害后果亦相同的案件，也会出现最终由不同审理法官所确定的赔偿金额不一样的结果。这些因素的存在，很难做到让相同情形和类型的案件，最终确定的精神损害赔偿金大体一致或者差距不大。[2]

由于上述种种原因，最终出现了损害情形相似、侵权人承担责任相同，

---

[1] 参见罗小明：《交通事故精神损害赔偿标准研究》，中南财经政法大学 2021 年硕士学位论文，第 24 页。

[2] 参见罗小明：《交通事故精神损害赔偿标准研究》，中南财经政法大学 2021 年硕士学位论文，第 24 页。

不同法官或者不同法院确定的精神损害赔偿金额大相径庭的现象，这种现象的出现显然违背了法律面前人人平等这样一个基本原则，极容易引起人们对法官是否公正司法的猜测，也非常容易引发社会对司法裁判不满的情绪，最终使司法公信力降低。[1]

3. 铁路交通事故调查处理程序存在的弊端

在铁道部撤销之前，政企不分是社会反映强烈的问题，从铁路交通事故处理有关规定中就可见端倪，如《铁路法》明确规定，国家铁路运输企业是指铁路局和铁路分局；《铁路交通事故调查处理规则》及《铁路安全监督管理办公室职责规定》又明确铁路管理机构行使安全监督管理职责，有权调查处理铁路交通事故，安全监管办作为铁路管理机构，在各铁路局（集团公司）加挂安全监管办牌子。很明显这种政企不分的体制，使得安全事故调查主体和安全责任主体实质上是合为一体的。即存在自我监管、自行调查处理的问题，这样导致在铁路交通事故处理过程中，特别是涉及与行人、机动车等铁路运营单位之外的一方发生事故，由安全监管办组织的事故调查及调查报告、事故认定书，其公信力受到强烈质疑。当前铁道部已被撤销，顶层的安全生产监督管理职责已经移交国家铁路局，但各铁路集团公司是否还继续行使管理职责尚未明确，如果继续行使，仍然是不合适的。[2]

4. 深化司法公开面临的客观困难

（1）司法公开的体制机制不规范。司法公开过程中，一定程度上存在着内容和形式不统一、不规范、随意性大等问题，司法公开的标准和范围有待进一步细化。督促检查制度及第三方评估机制不够健全，对信息公开的准确性、完整性和及时性缺乏有效管理和科学评估。一些法院只注重信息上网，较少运用大数据技术对数据进行深入分析，司法公开成果应用不足。[3]

---

〔1〕 参见罗小明：《交通事故精神损害赔偿标准研究》，中南财经政法大学 2021 年硕士学位论文，第 25 页。

〔2〕 参见李培新：《关于专用铁路交通事故调查处理程序的探讨》，载《财经界》2014 年第 12 期，第 118 页。

〔3〕 参见周强：《最高人民法院关于深化司法公开、促进司法公正情况的报告——2016 年 11 月 5 日在第十二届全国人民代表大会常务委员会第二十四次会议上》，载 http://www.npc.gov.cn/zgrdw/npc/xinwen/2016-11/05/content_2001171.htm，最后访问日期：2023 年 11 月 23 日。

（2）司法公开工作发展不平衡。全国各地法院的司法公开程度参差不齐，部分法院特别是中西部地区基层法院信息化基础薄弱，软硬件设施达不到司法公开平台建设的要求。有的法院裁判文书上网的自动化水平低，一线审判人员开展裁判文书上网的工作量过大。

同时，在推进司法公开中也面临一些实际困难。当前各类矛盾纠纷增多，人民法院特别是基层法院受理案件数量持续大幅上升，在办案任务繁重的情况下，裁判文书上网、流程信息录入等客观上加大了法院的工作量。一些法院在资金、设施、人力、技术方面投入不足，影响了司法公开工作水平。部分法院尤其是基层法院，经费和技术条件有限，缺乏运维人员，许多法院专业技术人员配备存在"有岗无人""有人不专"现象，难以满足大数据、自媒体时代司法公开要求。此外，一些当事人对司法公开认识不够，认为所有司法活动或者司法文书均应当公开，有的当事人要求公开合议笔录等不应公开的信息，等等，不利于司法公开工作的健康发展。[1]

五、铁路交通事故应急救援和调查处理法律适用问题的对策

（一）推进科学立法，以及完善司法解释

保证铁路行业立法质量的重要基础和前提，是要科学立法、民主立法、依法立法。继续推进高铁安全立法工作，加强顶层设计。加快推进《铁路交通事故应急救援和调查处理条例》修订完善工作，保证应急管理更加规范化、制度化的开展，为加强应急预案管理，健全应急预案体系建设，对应急管理进行更为有效的监督，落实各环节责任和措施提供更为科学具体依据。在该条例修订的基础上加快对《铁路交通事故应急救援规则》《铁路交通事故调查处理规则》的修订完善。一是对事故应急救援和调查处理主体、事故和救援报告流程、事故责任判定等适应性修订；二是针对实践中存在问题，如铁路交通事故定义或范围、事故等级、事故调查组组长职责、事故调查期限、事

---

〔1〕 参见周强：《最高人民法院关于深化司法公开、促进司法公正情况的报告——2016 年 11 月 5 日在第十二届全国人民代表大会常务委员会第二十四次会议上》，载 http://www.npc.gov.cn/zgrdw/npc/xinwen/2016-11/05/content_2001171.htm，最后访问日期：2023 年 11 月 23 日。

故直接经济损失计算办法、事故统计规范化等方面进一步完善。[1]

另外，针对前述"7·23 甬温线特别重大铁路交通事故"中，外籍伤亡乘客赔偿问题暴露出法律适用规则存在的"侵权行为地含义不明、缺乏经常居所地认定标准、允许当事人事后选择法律的实际效用微小"等问题，需要对《法律适用法》第 44 条的规定作出明确、合理的解释，应当出台新的司法解释明确侵权行为地的定义和经常居所地的认定标准，将意思自治原则的适用限定于与合同有关的侵权之债领域。[2]

（二）精神损害赔偿数额标准的确定

在道路交通事故人身损害赔偿案件中确定精神损害赔偿的数额，是一个具有重要意义的环节，能够体现法律的权威性和公正性。和财产损害相比，精神损害赔偿不宜适用等价赔偿，不能简单地从赔偿数额上来衡量。依笔者观点，精神损害赔偿的确定要依照我国相关的法律法规，同时参照国际通行的原则，根据不同的案件，考虑地方的经济发展情况以及受害人的家庭状况，这样才能使精神损害赔偿合理。首先要坚持从实际出发，综合各方面因素，确定补偿标准。必须坚持适度原则，因为精神损害作为一种无形损害，无法用物质来衡量具体的损失，只能根据具体的情况，酌情予以补偿，尽可能减少受害人的痛苦。其次，应坚持注重公平。在确定赔偿标准的过程中，考虑各方利益，既考虑受害者利益，也要考虑侵权人的利益，使双方利益达到均衡，从而实现精神损害赔偿的预期效果。最后，在确定赔偿数额时，法官应当有限度地行使自由裁量权。应当适当参照以下标准：

1. 要考虑侵权人造成损害的原因、损害的动机、侵害程度、损害的具体情况，具体表现在手段、侵权方式、次数、损害持续的时间、侵权人的认错态度和侵权获得利益的大小、侵权人个人和家庭的经济状况等因素。同时也应当考虑侵权行为给受害人造成的损害程度，对受害人的影响是否深远，是否确实影响到受害人的正常生活及影响的程度。影响较大的，赔偿数额就应当

---

[1] 参见吴璧君等：《高速铁路安全治理法律法规保障研究》，载《综合运输》2022 年第 2 期，第 37 页。

[2] 参见霍政欣：《涉外侵权之债的法律适用——以"7·23 甬温线特别重大铁路交通事故"中外籍伤亡乘客的赔偿为视角》，载《法商研究》2011 年第 6 期，第 11 页。

提高。在确定数额的时候还应当结合受害人伤残等级评定结果，根据伤残等级的大小，做出补偿决定。对于严重损害的情况，比如导致受害人成为植物人、瘫痪人、孕妇胎儿死亡，应提出相对较高的赔偿数额，以体现公平原则。[1]

2. 要考虑当事人之间的责任界定、侵权人的经济承受能力以及当地的经济发展水平和平均生活水平。交通管理部门的交通事故责任认定书中对于当事人的责任划分，也是确定精神损害赔偿数额的参考因素。在处理此类案件的过程中还要考虑侵权人的支付能力和实际执行的可能性。由于各方面原因，我国经济发展不平衡，东中西部差异较大，城乡发展不一致。在经济欠发达地区，比如中西部或农村，支付较少的精神损害赔偿金就能够弥补受害人的精神创伤，同时也能对侵权人起到惩罚和教育作用；而在经济发达的地区，就要考虑支付较多的数额，才能达到相应的效果。

3. 参照相关保险条款确定最高赔偿限额因素。在我国机动车商业保险中，有"交通事故精神损害赔偿险条款"。其具体的精神损害抚慰金的计算方式及赔偿原则如下：

（1）确定精神抚慰金数额。十级伤残的，精神抚慰金 2000—3000 元；九至七级伤残的，以 3000 元为基数，每增加一级，增加 2000—3000 元；六级的，15 000—20 000 元；五至二级的，以 20 000 元为基数，每增加一级，增加 4000—5000 元；受害人死亡或伤残等级为一级的，精神损害抚慰金50 000 元。

（2）精神抚慰金的赔偿原则。多等级伤残的，以最高等级确定精神抚慰金，达不到伤残的，原则上不给，确有必要给付的，不超过2000 元；受害人对损害事实和损害后果的发生有过错的，可以根据其过错程度减轻或者免除侵权人的精神损害赔偿责任。[2]

在审判实践中，法院不妨参照保险公司的标准，以弥补法律对这类案件

---

[1] 参见王双喜、王可宝：《浅谈道路交通事故案件中精神损害赔偿的确定》，载 http://www.govgw.com/show-m.asp？id=14435，最后访问日期：2023 年 6 月 20 日。

[2] 参见《最高人民法院关于审理国家赔偿案件确定精神损害赔偿责任适用法律若干问题的解释》第 11 条的规定。

没有确切规定的缺陷。相较于航空事故的损害赔偿[1]，保险公司的赔偿标准更详细具体，也可以因人而异。为了公平合理，建议把保险公司的标准参照成最高限额，法院在审理精神损害赔偿案件的时候，可以参照这个标准，避免受害人漫天要价，同时法院也要有一个参照的标准，可以根据具体的情况做出决定，保障双方当事人的利益，维护公平正义，捍卫法律尊严。

（三）发挥调解优势

在审理铁路交通事故损害赔偿纠纷案件时，法官应注意充分发挥调解优势，促使当事人达成谅解，妥善解决纠纷。司法实践中应该杜绝两种倾向：一是轻视调解，因为调解这个优良传统不能丢，应该继承和发扬，且特别是在此类案件中，调解的社会效果应该肯定，调解工作做好了，可以消除社会不稳定因素，有利于化解社会矛盾，达到法律效果和社会效果的最大限度的统一。另外，调解的价值取向不可忽视。调解程序简单，具有执行快的特点。而判决结案的案件，往往当事人双方较上了劲儿，执行时一般都很困难，原告的困境一时无法得到缓解，失去了诉讼的初衷。二是违背"当事人自愿原则"，强行调解，久拖不决。法官多次反复调解，或者用压制的方法迫使接受调解意见，或者用某些不利于当事人的语言吓唬当事人，使当事人就范，等等，都不足取。因此，在铁路交通事故损害赔偿纠纷案件中，应该重视调解的作用，提高效率。[2]

（四）健全与完善事故调查组的人员遴选机制

铁路事故调查涉及铁道工程、信号处理、运输管理等多门专业，行政官员的知识和经验不足以胜任所有的事故调查工作，因此需要引入专家的协助。但需要指出的是，我国目前尚未建立一个动态更新的"事故调查专家库"或"铁路事故调查专家库"，专家组的专家遴选具有一定的随意性。

比如"7·23"特大事故专家组中的绝大多数专家，虽供职于高等院校、科研院所，却多与当时的铁道部有着千丝万缕的联系。这构成了事故调查专家的"利益冲突"，如此的专家因具有直接或间接的商业利益，应被排除于相

---

〔1〕 参见《国内航空运输承运人赔偿责任限额规定》第3条的规定。

〔2〕 参见庄群：《铁路交通事故损害赔偿研究》，北京交通大学2007年硕士学位论文，第34页。

应铁路事故调查组成员之列。

同时，专家需要具有基本的专业精神和职业操守。事故调查专家组所进行的，并非平素的实验室研究或理论推演，而是为事故调查提供重要的专业支撑。在缺少制度设计和制度保障的情况下，专家们可能会主动"摧眉折腰事权贵"，而事故调查组也会将专家组和专家作为实现自己诉求的"棋子"与"道具"。在未来，应明确专家组和专家在事故调查中的参与程序、法律地位、意见效力，使得专家能真正协助行政机关，展开对事故实事求是、尊重科学的全面调查。[1]这也有助于法院裁判的过程中准确地明晰各自的责任。

（五）建构开放、公正公信的事故调查程序

事故调查工作首先在于"发现真实"。因为事故具有一次性、不可逆转性的特征，如若要准确地查清事故经过、事故原因和事故损失，认定事故责任，先要收集信息资料，对现场进行调查以求获得最接近事实的真相。因此，有关单位和个人应当妥善保护事故现场以及相关证据，不得破坏事故现场，不得伪造、隐匿或者毁灭相关证据。

在事故调查过程中，事故调查组有权向有关单位和个人了解与事故有关的情况，并要求其提供相关文件、资料；事故调查组应当委托具有国家规定资质的单位进行技术鉴定或直接组织专家进行技术鉴定。应该进一步建构开放、公正公信的事故调查程序，通过调查程序中的多元角色合作，通过调查程序的透明化、民主化，来更好地查明事故原因，增加事故调查结果的公正性和可接受性。

事故调查组应在一定期限内查明事故性质，完成事故调查报告，这有利于后续事故的处理、事故赔偿和事故责任追究。《铁路交通事故应急救援和调查处理条例》规定，特别重大事故的调查期限为60日，但"技术鉴定或者评估所需时间"不计入事故调查期限。但直到2011年11月28日，国家安全生产监督管理总局（2018年3月，第十三届全国人民代表大会第一次会议批准国务院机构改革方案，组建应急管理部，不再保留国家安全生产监督管理总

---

〔1〕 参见宋华琳：《铁路事故调查法律制度的建构及反思》，载《浙江社会科学》2012年第2期，第42页。

局）网站才公布了《"7·23"甬温线特别重大铁路交通事故调查报告》。公众、媒体很难预判何时才会公布调查结果，漫长的时间、巨大的不确定性，使得调查结果的权威性、公信力大打折扣。在未来，应明确事故调查的期限，并对不计入调查期限的"技术鉴定或者评估所需时间"耗费予以清晰说明。[1]建构开放、参与的事故调查程序，完成事故的调查报告，有利于司法机关对事故赔偿和事故责任追究进行更好的处理。

（六）加强司法公开的力度

1. 进一步提高对司法公开的认识。引导各级法院和广大法官充分认识深化司法公开对促进司法公正、提升司法公信力的重要作用，进一步强化司法公开理念，切实增强推进司法公开的自觉性和主动性，克服畏难情绪，真正做到愿公开、敢公开、善公开。同时，加大宣传力度，引导当事人和社会公众正确认识司法公开，积极争取社会各界对司法公开的理解和支持。[2]

2. 继续推进司法公开平台建设。除涉密或涉及公民个人隐私的案件外，应当加大裁判文书全面公开的力度，建立严格的上网核准工作机制，杜绝选择性上网问题。建立全国法院统一的案件信息查询系统，实现让案件当事人通过同一平台查询所有流程信息的目标。加强执行信息公开，进一步加强网络执行查控工作，扩大信用惩戒范围，构建"一处失信、处处受限"的信用惩戒大格局，让失信者寸步难行。利用中国庭审公开网这一新的司法公开平台，积极推动庭审网络直播工作，对更多的案件特别是有典型意义的案件进行网络直播，接受社会监督，开展法治教育。[3]

3. 进一步完善司法公开的制度机制。加强司法公开的规范化、制度化建

---

[1] 参见宋华琳：《铁路事故调查法律制度的建构及反思》，载《浙江社会科学》2012 年第 2 期，第 43 页。

[2] 参见周强：《最高人民法院关于深化司法公开、促进司法公正情况的报告——2016 年 11 月 5 日在第十二届全国人民代表大会常务委员会第二十四次会议上》，载 http://www.npc.gov.cn/npc/zgrdw/npc/xinwen/2016-11/05/content_2001171.htm，最后访问日期：2023 年 11 月 23 日。

[3] 参见周强：《最高人民法院关于深化司法公开、促进司法公正情况的报告——2016 年 11 月 5 日在第十二届全国人民代表大会常务委员会第二十四次会议上》，载 http://www.npc.gov.cn/npc/zgrdw/npc/xinwen/2016-11/05/content_2001171.htm，最后访问日期：2023 年 11 月 23 日。

设，研究出台相关技术标准和操作规范，进一步明确应公开信息的界限、时限要求。强化对下监督和分类指导，建立健全司法公开责任追究和督导制度，督促各级法院将司法公开各项要求落实到位，不断提升司法公开质量。推动为欠发达地区法院信息化建设提供政策倾斜和资金支持，为深化司法公开奠定坚实基础。[1]

六、结语

安全是铁路发展的底线。我国高铁路网快速扩张、运输规模持续扩大，技术装备迭代升级，运营场景复杂多变，铁路安全事关人民群众的根本利益、事关铁路改革的发展大局、事关社会和谐和国家稳定。必须坚持统筹发展和安全，增强机遇意识和风险意识，树立底线思维，尽最大可能防范安全风险，确保人民群众的生命健康和财产安全，推进铁路安全治理体系和治理能力现代化。

本文从铁路交通事故应急救援和调查处理的法律适用入手，分析铁路交通事故处理存在的主要问题，研究并提出相关的措施和建议，为司法机关今后处理案件提供理论思路，为提高铁路交通高质量发展提供保障。

---

〔1〕 参见周强：《最高人民法院关于深化司法公开、促进司法公正情况的报告——2016 年 11 月 5 日在第十二届全国人民代表大会常务委员会第二十四次会议上》，载 http://www.npc.gov.cn/zgrdw/npc/xinwen/2016-11/05/content_2001171.htm，最后访问日期：2024 年 8 月 5 日。

【调研报告】

关于南昌铁路运输两级法院
赴赣州、厦门、福州调研的研究报告

联合课题组[*]

（2023 年 7 月）

根据主题教育工作安排，按照党中央关于在全党大兴调查研究的工作方案和省委实施方案要求，结合傅信平院长提出的"六个课题"的要求，为贯彻落实《关于在全党大兴调查研究的工作方案》，发现并解决全面依法治国中的重大问题，完善中国特色社会主义法律体系，推进依法行政，建设法治社会，助力交通强国建设，积极开展调研活动。2023 年 5 月 23 日至 26 日，由南昌铁路运输中院分党组成员、副院长杨斌，华东交通大学铁路法治研究院常务副院长、教授曾明生和南昌铁路运输法院民事庭庭长廖晓娇等组成调研组，制定调研方案，先后赴赣州、厦门、福州对"一带一路"中欧班列运行过程中、铁路建设和运行过程中遇到的法律问题、需要的司法服务以及对铁路运输法院的意见建议开展专题调研。调研组采取视察走访、数据分析、座谈交流等形式开展调查研究，发现和查找工作中的差距和不足。现将调研情况报告如下。

一、各地工作现状

（一）赣州国际陆港的主要情况

赣州国际陆港位于江西省赣州市南康区，2014 年开工建设，2016 年建

---

* 联合课题组组长：杨斌；副组长：曾明生、曹开国；成员：廖晓娇、王乾坤、李紫薇、沈明帅、王睿、崔怡凡、查蕊、白佳雪、毛骏豪、肖文斌。

成，占地面积 3500 亩，完成投资 130 余亿元，已建成铁路赣州国际港站、国际铁路集装箱中心、海关监管作业场所、现代物流分拨中心、冷链物流产业园、跨境电商海关监管中心、进口汽车检测中心以及国际木材集散中心等八大核心功能区。目前，赣州国际陆港与深圳、厦门、广州、满洲里、二连浩特、霍尔果斯、阿拉山口等沿海沿边口岸互联互通，开通了 5 条铁海联运"三同"班列线路，中欧（亚）班列线路覆盖中亚 5 国和欧洲主要物流节点城市。

赣州市推动赣州国际陆港整合定南、龙南、瑞金等地的铁路货运资源，建设"一港多区"，打造对接融入粤港澳大湾区的物流通道主载体。赣州国际陆港区位优势明显、政策扶持到位，通过提供公共海外仓、提升服务水平，打造友好的营商环境，使发运企业获得极佳的体验感。

（二）厦门海沧站和中欧班列的情况

海沧站是中国铁路南昌局集团公司漳州车务段下属的一个货运站，位于鹰厦线海沧支线，主要办理港口货物、整车、集装箱、危险货物等运输业务，品牌运输产品有中欧中亚班列、行包专列、植物油专列等。车站年运输收入最高达 4.79 亿元。车站下设两个货场，一场（白礁货场）地处漳州台商投资区内，二场（海沧货场）位于厦门自贸区连接海沧港 7 号泊位码头。

中欧（厦门）班列是国内首条从自贸试验区开出的中欧班列。中欧（厦门）班列自 2015 年 8 月开通，通过整合两家国企班列平台运营商海发集团、建发集团，形成中欧（厦门）班列统一品牌。开通至欧洲和中亚及俄罗斯的三条国际货运干线，主要通达 12 个国家和 34 个城市，实现中国香港地区、中国台湾地区及泰国、越南等东南亚地区的海铁联运。据统计，2021 年厦门中欧班列开行突破 1000 列，累计完成近 8 万标箱，货值超 30 亿美元（含城际合作班列）。[1]其中创新亮点是，中欧（厦门）班列被列入"中欧安全智能贸易航线试点"计划，成为该计划的首条铁路运输试点线路，实现"海上丝绸之路"和"陆上丝绸之路"的无缝连接。

---

〔1〕 参见《中欧班列（厦门）开行突破 1000 列》，载 http://www.ncjrailway.com/c/2021-06-04/517173.shtml，最后访问日期：2023 年 12 月 20 日。

（三）福州南站扩建情况

新建福厦铁路福州南站房屋建筑及配套工程属于扩建工程，在既有福州南站东侧设客专场，新建总建筑面积 40.72 万平方米，其中站房建筑面积 5 万平方米，站场规模 8 台 16 线，建成后总计 15 台 30 线。既有东、西站房在 6.6 米标高增设连通道，使既有站房候车厅与新建候车大厅在站内互联互通，实现新老站房功能的有机整合。在站内空间结构设计上，采用树状柱式作为空间构成要素，既凸显了空间的开阔大气，又彰显了"榕城"的城市文脉。

（四）福州站段的情况

福州铁路枢纽是国铁"八纵八横"路网中京台通道与沿海通道的交会点，已有合福高速线、杭深线、昌福线、峰福线接入，呈 T 型布局；规划或建设中的接入线路有福厦高速线等，线路建成后枢纽将呈三角形、顺列式布局。枢纽内现有福州站与福州南站为主要客运站，此外有永泰、闽清北、罗源、连江、福清站办理客运业务。福州客运段的参会人员介绍，自 2020 年开展铁路沿线外部环境整治工作以来，尤其是习近平总书记作出指示后，地方很配合，铁路沿线环境已经有了明显好转。

（五）福州铁路运输法院的现状

近年来，福州铁路运输法院通过大力推进前端化解矛盾纠纷，充分发挥调解的作用，实现溯源治理；通过开设类案快速通道，集中审理的方式，节约审判资源；通过多元联动的方式，走访施工现场，加强与施工单位的联系。多项工作取得可喜成绩。

其中为了推进行政争议实质性化解工作，福州铁路运输法院构建起"五方、三全、三书"的行政争议实质化解机制：协同行政机关、监察机关、检察机关、属地法院，推动五方良性互动，同心聚力；推行全面、全员、全程协调，全面把握真实诉求，立案、审判、执行全员参与，形成诉前调解平台主导、诉中法官协调、判后督导执行的全过程全链条协调化解；发放诉前调解建议书、协调化解通知书、败诉风险告知书，督促行政机关参与协调化解，促进行政争议实质化解。

二、调研发现的主要问题

（一）中欧班列运营中的法律问题

1. 锂电池等带电产品难以通过铁路运往境外。当前跨境电商的热度不断上升，含有锂电池、干电池等带电产品市场需求量大，目前通过海运等方式运输带电产品，但是考虑到铁路运营安全问题，为避免碰撞发热导致火灾，铁路运输对带电产品的管理极为严格，难以通过铁路运往境外。

2. 铁路运单、提单问题。第一，铁路运单的规范性不足，在出口押汇、进口承兑付款、收货人提货、保险、执行运作等方面缺乏保障。第二，目前只有海运实现了提单物权化，而铁路运输通常没有提单。中老铁路已经有电子提单，收货人提货时必须输入发货人提供的密码，以此来保障发货人的权益。

3. 涉外案件管辖问题。除专属管辖和协议管辖以外，中欧班列运行过程中出现的纠纷由哪一法院管辖并不明确。

4. 发货人经营状况困难。第一，货物短少问题。货物在口岸车站换装时经常出现短少的情况，尤其是一些价值较高的货物短少情况严重。公安机关介入的效果不明显，通过诉讼维权也存在取证难、执行难的问题。第二，集装箱的归属问题。中亚线路的收货人收货后拒绝归还集装箱以及班列驾驶员卸货后将集装箱变卖，给发货人造成损失。第三，收货人弃货问题。由于货币严重贬值，收货人优先支付仓储费和海关滞纳金而无法支付清关费用，当货物价值不高时容易出现弃货现象，但是发货人支付运费和集装箱的费用均无法收回，也无权处置货物。

5. 法律依据落后。中欧班列适用的《国际铁路货物联运协定》自 1951 年生效以来至今几乎没有修改，难以适应现在的经济发展。

（二）铁路建设中的法律问题

1. 劳资纠纷问题。一些岗位流动性大，一些短期工作的员工可能利用公司管理的瑕疵恶意讨薪，但是铁路公司因举证困难而难以维护自身的正当权益。

2. 铁路工程环境保护设计问题。虽然设计单位已经依法合规采取了环保措施，但是沿线居民对环境要求越来越高，可能追溯到信息公开阶段的问题，应当如何使工程措施在法律规定与公众需求之间实现平衡？

3. 有关协商和安全评估缺乏明确的规定。《铁路安全管理条例》第 34 条第 2 款规定，在铁路线路路堤坡脚、路堑坡顶、铁路桥梁外侧起向外各 1000 米范围内，以及在铁路隧道上方中心线两侧各 1000 米范围内，确需从事露天采矿、采石或者爆破作业的，应当与铁路运输企业协商一致，依照有关法律法规的规定报县级以上地方人民政府有关部门批准，采取安全防护措施后方可进行。但是如何与铁路运输企业进行协商，如何进行安全评估等问题都缺乏明确的规定。

4. 沿线居民阻碍施工问题。铁路施工前需要征地，涉及土地、青苗、树木的补偿问题，虽然已有政府指导价，但是有的村民不愿意执行规定，漫天要价，阻碍铁路施工。

（三）铁路运输中的法律问题

1. 沿线居民侵占铁路用地。第一，沿线居民占用构筑物对外出租，但是证明侵权人时存在举证困难。第二，沿线居民占用铁路用地种植经济作物，行政机关处置经济作物的成本高。第三，沿线居民在桥下堆放地材、停放汽车，难以追究侵权责任人，并且现有法律对上述行为的处罚金额低，难以起到威慑作用。

2. 沿线生产、生活影响铁路安全。铁路沿线进行开荒、种植，影响汛期的线路安全，桥下施工、临近桥梁的作业、桥下修建电路等严重威胁铁路安全。

3. 损坏铁路设施问题。桥梁、涵洞等限高架被撞坏，需要抢修恢复，虽然高铁桥下修建了栅栏，但毁坏比较严重，修复开支大。

4. 铁路企业内部管理方面，劳动争议问题突出。劳务派遣退工、待遇支付、奖惩考核措施等方面的纠纷突出。但是职工往往在事后被动搜集证据，导致证据不完整，难以维护自身权益。

5. 第三人侵权问题。铁路运输过程中，旅客受到第三人侵权时更倾向于通过铁路旅客运输合同向铁路运输企业追究责任。铁路运输企业基于严格责任通常先行承担全部责任，再向第三人追偿，这样既容易造成诉累，又不利于查明事实和责任承担。

6. 旅客人身伤害问题。在电梯、扶梯、站台等场所经常发生旅客人身伤害事故。尽管铁路方已经采取安全措施并尽到警示义务，但是铁路运输企业通常承担80%以上的赔偿责任，并且法院在判决的过程中赔偿比例不一致。

（四）铁路法院审判工作中的难题

1. 管辖问题。在案件受理过程中，存在铁路专门管辖与协议管辖的冲突以及不动产专门管辖与铁路专门管辖的冲突。

2. 案件管理系统问题。各省法院内网系统不一致，案件无法对接，存在监管盲点。

3. 业务指导问题。希望南昌与福州铁路法院能够加强沟通联系，定期开展调研座谈。

三、完善工作的对策建议

以下大致从前述问题的顺序展开探讨。

（一）关于中欧班列运营的法律建议

1. 关于锂电池等带电产品难以通过铁路运往境外问题的对策。不久前，有企业主在中国政府网"@国务院 我来说"栏目留言，反映2022年底出台的铁路运输安全新规中"满足一定条件的情况下不作为危险货物运输"的"一定条件"不够明确，导致中欧班列公司和义乌等车站对含锂电池的手电筒、头灯、太阳能灯等电子产品一概拒收，影响了商家出口，盼进一步细化标准。对此，国家铁路局收到中国政府网转去的网民留言后，认真研究办理，作出如下答复：《铁路危险货物运输安全监督管理规定》（交通运输部令2022年第24号）第50条第1项明确，运输时采取保证安全的措施，数量、包装、装载等符合相应技术条件，铁路危险货物品名表特殊规定不作为危险货物运输的，不受本规定的限制。铁路局公布实施的《铁路危险货物品名表》（TB/T 30006-2022）特殊规定78、79，明确了含锂电池产品等不作为危险货物运输的具体条件。如需通过铁路运输不作为危险货物运输的锂电池产品，建议其委托具备资质的检测检验机构对锂电池产品是否符合《铁路危险货物品名表》特殊规定78、79，以及产品安全性和运输包装进行检测鉴定，向铁路运输企业提出运输需求时，将检测鉴定报告作为证明材料提交，经铁路运输企业受理确认符合铁路运输相关规定后，即可办理运输。[1]

2. 关于铁路（运）提单问题的应对策略。铁路（运）提单通常没有物权凭证的功能，理论上对铁路（运）提单物权化问题仍存在争议，实践中处于试点、探索创新的阶段。海运提单具有物权凭证的功能和作用几无争议，虽然商务部和国务院都提出要探索赋予国际铁路运（提）单物权凭证功能，但作为新兴事物的铁路（运）提单是否有必要和海运提单一样承担起物权凭证的角色以及铁路（运）提单在实践和理论上是否能够承担起物权凭证的角色都不无疑问。有学者从经济学角度分析铁路运（提）单拥有物权凭证属性的可行性。其论文通过结合时空分析对铁路运单属性的变化对于国际贸易成本影响（包括运输成本和资金成本）进行研究，认为国际铁路直通运输的大发展使铁路企业等各贸易相关方对铁路运单的属性产生了新的需求，而铁路运单具备物权属性之后对于国际贸易成本中的运输成本和资金成本的减少都有一定程度的积极影响。故而，其认为虽然提单物权化存在诸多风险及法律法规设置不足等障碍，但在经济学角度上仍是可行的。[2]也有专家从法学角度分析了"一带一路"背景下铁路提单创新的正当性。其通过对海运提单学说的去伪存真，并对照司法裁判之注解，认为铁路提单具有物权凭证功能属性不仅在法理上可以证成，并且还具有深化"一带一路"建设的制度保障、促进贸易规则体系的完善、提升路上国际贸易效率和安全性以及结算融资效益等价值。她还认为铁路提单质押既满足权利质押的实质要件，又能在体系解释下满足权利质押的形式要件，且不违背法院对物权法定的司法立场。故其认为物权化的铁路提单创新具有充分的法律正当性，对营造国际化、法治

---

〔1〕 参见《国家铁路局答"部分火车站拒收含锂电池产品、发不了中欧班列"问题》，载 https://www.gov.cn/hudong/202307/content_6890472.htm，最后访问日期：2023 年 11 月 23 日。
〔2〕 参见高瑞琦：《国际铁路直通运输中铁路运单物权凭证属性的经济学分析》，北京交通大学2018 年硕士学位论文，第 55 页。

化、便利化多边贸易营商环境有重大的法治规则意义。而且进一步区分了铁路提单与铁路运单的本质及功能，从铁路提单的产生背景及意义角度进一步论证了物权化铁路提单的合理性和合法性，指出除货运方式不同外，铁路提单本质上与海运提单并无差别。其建议充分利用"一带一路"机制框架，从推广使用、统筹国内国际立法和构建铁路提单制度创新利益共同体等方面，通过出台铁路提单单证规则示范方案等方式，使物权化铁路提单制度成为国际惯例，形成国际影响力。[1]又有人从降低企业融资成本、保障交易安全和促成私法自治与物权法定的良性互动三个层面证成物权化铁路提单的必要性，进而对相关规则的构建路径和法律适用提出了建议。[2]诸如此类，这些观点对研究铁路提单物权化问题具有相当的启发和帮助。对此值得深入研究。[3]

3. 关于涉外案件管辖问题、关于发货人经营状况困难问题，有待进一步研究解决。其中有些需要通过完善立法、完善司法解释或者加强执法等途径来解决。

(二) 关于铁路建设中的法律对策

1. 贯彻落实"源头治理，多主体协同"的纠纷解决机制。矛盾纠纷源头治理是社会治理的重要方面，旨在从根源上防范风险、化解矛盾，通过凝聚和发挥基层智慧，第一时间、最小成本解决问题，构筑起预防化解矛盾纠纷、遏制重大刑事案件和社会问题发生的第一道防线。[4]以铁路建设为代表的建设工程行业与其他行业相比，其中一个重要的特点就是建设工程施工人员的流动性较强。铁路建设工程是典型的劳动密集型产业，因其生产方式传统，

---

〔1〕 参见杨临萍：《"一带一路"背景下铁路提单与铁路运单的协同创新机制》，载《中国法学》2019 年第 6 期，第 66 页。
〔2〕 参见孙妍：《铁路提单规则的构建路径与法律适用》，载《社会科学研究》2020 年第 5 期，第 139 页。
〔3〕 部分探讨，参见曾明生主编：《铁道法治学导论》，中国政法大学出版社 2022 年版，第 536~538 页。
〔4〕 参见王斌通：《新时代"枫桥经验"与矛盾纠纷源头治理的法治化》，载《行政管理改革》2021 年第 12 期，第 67 页。

体现在产业现代化的程度不高，仍然离不开庞大的劳务人员队伍。[1]尤其是近些年铁路建设工程转移至中西部地区，多处山区、人烟稀少、交通不便、环境恶劣，所以零散用工模式成为铁路建设施工人员的重要来源渠道。这种用工模式主要是为了一个建设项目而临时雇佣，基本上没有签订劳动合同。[2]铁路建设涉及劳动人员众多，使得民工工资风险成为影响铁路建设项目顺利完成的关键风险之一。而其中劳动合同纠纷、恶意讨薪行为等是产生民工工资风险的重要原因。[3]因此，从根源上解决民工工资风险对确保铁路建设项目顺利完成至关重要。

首先，用人单位与劳动者在签订劳动合同时应当更为规范，从源头减少纠纷，构建和谐社会。北京市高级人民法院 2018 年 12 月 3 日发布的《劳动关系诚信建设主题社会报告》显示，2018 年 1 月至 10 月，北京市三级人民法院共新收一、二审劳动争议、人事争议案件 28 113 件，结案共计 22 468 件。从案由上看，劳动合同纠纷占 98%。[4]可见，大多劳动纠纷是因劳动合同条款模糊或漏洞而导致的。因此，减少劳资纠纷可以先从规范劳动合同入手，实现源头治理。具体做法可以如下：第一，铁路企业要积极主动地和劳务人员签订劳动合同，避免出现劳动者与铁路企业形成长期事实劳动关系的现象。长期以来，铁路企业与一些零工之间的劳动关系通常以签订劳动协议书方式维系。劳动协议书内容简单，对劳资双方的权利义务没有明确具体的约定，无法起到合同监督管理作用，极易出现纠纷。因此，铁路企业要减少劳资纠纷第一步就是要以劳动合同的形式确定劳资双方的劳动关系。第二，铁路企业要在劳动合同中明确规定劳资双方的权利义务，尤其是涉及劳动者工资的这一部分内容，避免出现恶意讨薪的现象。应当规范签署劳动合同，并且将焦点放在薪资构成以及薪资发放上，规范薪资发放程序，从源头避免员工发

---

〔1〕 参见李东晗：《铁路建设工程施工作业人员激励机制研究》，北京交通大学 2022 年硕士学位论文，第 1 页。

〔2〕 参见周月萍等：《建筑施工企业用工特点及风险防范》，载《中国建筑装饰装修》2013 年第 12 期，第 40 页。

〔3〕 参见易善伟：《铁路建设项目稳定风险管理》，载《中国铁路》2013 年第 5 期，第 16 页。

〔4〕 参见：《北京首次发布〈劳动关系诚信建设主题社会报告〉》，载 http://www.ce.cn/xwzx/fazhi/201812/04/t20181204_ 30936757. shtml，最后访问日期：2023 年 6 月 20 日。

生恶意讨薪行为。第三，加强劳动合同管理，建立健全劳动合同管理制度，对劳动合同进行收集、归档，防止出现劳动纠纷发生后铁路企业举证困难的情况。第四，重视加强对施工人员的教育培训，提高施工人员整体素质。通常情况下，一个建设工程项目的完成往往是逐层下包的，因此，施工人员的职业素质和专业水准直接影响到铁路工程建设的质量。[1]然而，大部分情况下，铁路建设中实际施工人员良莠不齐，尤其是私自外包的工程中，更易发生施工人员恶意讨薪的问题。为了赶工期，出于快速便捷的考虑，绝大部分施工人员都是未接受过系统专业培训的临时工，并且他们也不具备专业的工程建设的安全意识。此外，未接受过专业培训，既会影响工程进度，也会影响工人工资的发放。因此，必须对施工人员开展施工前的教育和培训工作，学习相关技能和工艺包括先进的机械设备的操作，与此同时，还应强调施工现场制度并深化安全生产意识和责任意识，提升全员的综合素质。[2]对于进入新的岗位的从业人员，应当接受教育培训，使其尽快掌握新岗位所需的基本理论与业务知识。未经教育培训或教育培训考试不合格的，不得上岗。

其次，在发生劳动纠纷后应当及时与人社等有关部门沟通。民工从事劳务的基本目的就是获得一定的经济效益，对他们而言，经济权益是其他一切权利的重要基础，因此经济权益的实现和保障举足轻重。[3]所以，在铁路企业与劳动者发生劳动纠纷后，不能采取强硬措施，要先安抚劳动者的情绪，同时要积极主动地与人社部门沟通，依托人社部门加强与劳动者之间的协商沟通，最大限度地把劳动争议解决在萌芽状态。

最后，铁路运输法院应增强服务铁路的意识，坚定维护铁路运输企业合法权益的信心。铁路运输法院应当发挥司法的引领、推动、保障作用，提前

---

〔1〕 参见温富：《当前铁路工程建设项目施工管理中存在的问题及对策研究》，载《交通建设与管理》2013 年第 6 期，第 93 页。

〔2〕 参见刘保中：《铁路工程建设施工管理存在的问题及其对策分析》，载《城市周刊》2019 年第 35 期，第 40 页。

〔3〕 参见侯涛：《我国农民工劳动纠纷法律解决机制之完善》，载《濮阳职业技术学院学报》2018 年第 1 期，第 42 页。

介入劳动纠纷，与铁路运输企业、人社局一同，构建"调裁审"一体化处理劳动争议新格局，推进诉源治理新模式，快速高效便捷地维护当事人合法权益，促进劳动关系和谐与社会稳定。[1]

2. 着力加强铁路建设和环境保护协同发展，进一步完善公众参与环境影响评价制度。与其他交通方式相比，铁路运输具有占地少，单位运输能耗及污染物排放量较低的比较优势，是一种绿色交通运输方式。虽然如此，铁路建设仍需要进行大量的土石方开挖填筑，对局部地表及周边环境产生扰动，铁路运营也会产生一定程度的噪声振动、气体等污染物排放。[2]随着全国高铁建设进程的大力推进，以及人民对生活质量要求的提升和环境保护标准的提高，高铁对沿线的环境影响及生态破坏已成为社会关注的热点问题，并引起国家及地方政府的高度重视。合理协调好铁路建设与环境可持续发展的关系，将成为影响高速铁路和谐营运的重要因素。[3]因此，要不断优化铁路建设环境保护措施，推进铁路建设、运输与环境保护同步规划、同步实施、同步发展，实现经济效益、社会效益与环境效益统一。

一方面，要牢固树立绿色交通理念，完善铁路建设项目环境保护设计标准，提高铁路建设项目环保设计水平，不断优化各项生态环境保护措施。铁路建设项目选线、选址应严格执行有关法律法规标准，提高环保勘察设计的深度、广度和精准度，加强环保措施设计和投资保证，确保铁路建设环保工作在源头上得到控制和保证。[4]环境保护与水土保持设施在执行"三同时"制度的同时，要确保环境保护工程、水土保持工程满足环境影响评价批复及水土保持方案批复的要求，并保证运营期行车安全和使用安全。在具体操作

〔1〕 参见《法院＋仲裁，助力企业化解劳动争议》，载汝州市人民政府门户网站，http://www.ruzhou.gov.cn/contents/36914/587568.html，最后访问日期：2023年7月15日。

〔2〕 参见周卫军等：《铁路建设项目环境影响及对策措施》，载《中国铁路》2020年第8期，第23页。

〔3〕 参见王玉红等：《高速铁路建设的环境影响分析及环保策略建议——以沪宁城际铁路为例》，载《环境科学与管理》2016年第6期，第180页。

〔4〕 参见《国家铁路局关于铁路行业全面加强生态环境保护坚决打好污染防治攻坚战的意见》，载https://www.nra.gov.cn/xxgk/gkmlztjg/jgxx/gkgc/202204/t20220405_290240.shtml，最后访问日期：2023年11月23日。

中，对沿线自然保护区、风景名胜区、饮用水水源保护区等环境敏感区的有效保护，[1]在铁路建设项目设计、施工过程中首先要考虑的是绕避自然保护区、风景名胜区等保护目标。实在无法绕避的应尽量采用无害化（隧道）或影响小（桥梁）的建设形式通过。[2]噪声、振动等环境影响应控制在标准范围内，声屏障等线上设备确保安装质量。水土保持措施按照批复要求严格实施。涉及弃土场、弃渣场，按照水土保持方案批复或变更补充设计文件中的要求落实。[3]在狠抓设计深度的同时，要督促参建单位在项目建设全过程落实环保要求，加强培训教育，增强环境保护意识，扎实推进铁路工程建设的环保工作。

另一方面，进一步完善公众参与环境影响评价制度，严格落实程序公开原则，及时公布铁路建设中的各类信息，保障公众的知情权，主动接受公众监督。有序、有效的公众参与不仅符合正当程序的要求，有助于行政决策合法性的证成，能够通过追求程序正义促进实体权益的保护，客观上起到制约公权力的作用，并且能够为多元主体提供博弈的平台，有助于各类信息和价值的融合并促进共识与合作，提升行政决策的理性和可接受性，从而避免事后的无序参与和争议。[4]铁路建设项目事关公民的出行安全和生活方便，将公众及早纳入环境影响评价过程中是很有必要的。《环境影响评价公众参与办法》虽然规定了专项规划编制机关应当在规划草案报送审批前，举行论证会、听证会，或者采取其他形式，征求有关单位、专家和公众对环境影响报告书草案的意见。但对参与形式选择权和陈述权的规范空缺。目前主要是由公众参与程序的组织者对征求公众意见的形式进行确定并组织实施，公众对参与形式的选择尚未得到重视。申言之，参与形式的选择权完全落在组织者手中。

---

[1] 参见张安安：《EPC 模式下铁路环水保管理的研究》，载《环境与发展》2020 年 12 期，第 229 页。

[2] 参见周卫军等：《铁路建设项目环境影响及对策措施》，载《中国铁路》2020 年第 8 期，第 27 页。

[3] 参见王志科等：《高速铁路工程建设环境保护与水土保持全过程技术管理探讨：以新建中卫至兰州铁路（宁夏段）工程为例》，载《铁路节能环保与安全卫生》2023 年第 2 期，第 17 页。

[4] 参见唐明良：《环评行政程序的法理与技术——风险社会中决策理性的形成过程》，社会科学文献出版社 2012 年版，第 153 页。

当环境行政行为中需要公众参与时，往往认为公众参与程序自组织者发起公众参加听证会、论证会等活动时开始，但是何时开始、何地开始、选择何种形式往往在开展公众参与之前就由组织者已经决定了。[1]在行政成本有限、项目可行性不确定的情况下，相关部门会缩减环评流程，减少行政成本开支，导致项目风险评估不到位。在我国环境影响评价过程中，公众参与方式往往是问卷调查方式，但调查问卷无法准确地分发给相关人员。并且，问卷调查中的问题普遍是建设单位和环评单位设置的，这些问题缺乏技巧性，未涉及项目特性等内容，公众往往处于被动接受的地位，公众参与只是一种形式，难以发挥出应有的作用。[2]因此，应当丰富公众参与的方式，针对不同环境影响程度的铁路建设项目，为其提供合适的参与渠道，设置灵活多样的参与方式，保证公众意见收集全面。[3]对于建设范围影响较小的项目，可以通过发放调查问卷的形式向公众征求意见，相关部门需要根据人群比例合理地设置问卷调查范围和发放数量，确保问卷设计的技巧性和针对性，体现出建设项目的特性和环境敏感性问题，加强和群众生活之间的联系。[4]对于影响范围较大的项目，因涉及人数较多，影响范围广泛，可以通过大众媒体、互联网等形式征求公众意见。对于影响范围波及偏远地区的项目，可通过广播、村民会议、入户宣传等形式征求公众意见。发挥好不同参与形式的优势，相互补充，确保信息准确有效传递。

3. 完善有关铁路沿线采矿、采石或者爆破作业的相关规定，尽快建立完善爆破施工单位与铁路运输企业之间的协商机制，明确报批程序和安全措施评估标准，实现铁路运营安全与经济发展之间的平衡。目前我国正处在铁路建设的高速发展时期，铁路线路越来越长，覆盖范围越来越广，这就使得铁路

---

〔1〕 参见于晶晶：《行政正当程序视角下环境公众参与制度的规范与完善》，载《中国环境管理》2021 年第 1 期，第 152 页。

〔2〕 参见朱莹静：《浅析建设项目环境影响评价中的公众参与》，载《河南建材》2019 年第 6 期，第 201 页。

〔3〕 参见梁红倩：《公众参与铁路建设项目环境影响评价研究》，长安大学 2021 年硕士学位论文，第 34 页。

〔4〕 参见朱莹静：《浅析建设项目环境影响评价中的公众参与》，载《河南建材》2019 年第 6 期，第 201 页。

线性工程两侧存在矿石或者需做爆破作业的可能性越来越大。[1]在铁路沿线进行爆破施工，比较典型的是铁路附近矿石露天炮采施工。同时，既有线路附近修建铁路进行土石方爆破、斜穿既有铁路隧道的新建铁路（公路）隧道爆破开挖等爆破作业方式越来越多。这些铁路沿线爆破施工作业会对铁路设施和列车安全运行构成威胁。[2]

当前，我国对于铁路沿线从事采矿、采石或者爆破作业的规定主要体现在《铁路安全管理条例》的第 34 条。其中第 2 款规定，在铁路线路路堤坡脚、路堑坡顶、铁路桥梁外侧起向外各 1000 米范围内，以及在铁路隧道上方中心线两侧各 1000 米范围内，确需从事露天采矿、采石或者爆破作业的，应当与铁路运输企业协商一致，依照有关法律法规的规定报县级以上地方人民政府有关部门批准，采取安全防护措施后方可进行。在已废止的《铁路运输安全保护条例》中也提到了，在铁路线路两侧 1000 米范围内禁止从事采矿、采石及爆破作业。如因修建道路、水利工程等公共工程确需实施采石、爆破作业的，应当与铁路相关部门协商达成一致，并采取必要的安全防护措施。对比《铁路安全管理条例》和《铁路运输安全保护条例》关于采矿、采石和爆破作业方面危及铁路运输安全有关表述，其最大的不同在于《铁路运输安全保护条例》明确了禁止从事采矿、采石及爆破作业的范围（修建道路、水利工程等公共工程除外）为 1000 米，而在《铁路安全管理条例》中只提出了原则性处置意见。[3]行政法规如此规定，也就是意味着在 1000 米范围内从事采矿、采石或者爆破作业不再受到工程性质的限制，由此对安全评估及采取安全措施提出了更高的要求。

首先，通过协商机制施工单位与铁路运输企业之间达成共识。双方协商主要解决两个问题：一是铁路运输企业初步判断施工单位能否进行采矿、采

---

[1] 参见赵朗：《浅谈铁路建设项目周边采矿、采石等爆破作业的压覆范围补偿有关问题的处置》，载《四川水泥》2018 年第 8 期，第 290 页。

[2] 参见汤霞：《铁路沿线爆破作业对铁路设施和列车运营的安全影响评价》，载《中国水运》2014 年第 11 期，第 269 页。

[3] 参见赵朗：《浅谈铁路建设项目周边采矿、采石等爆破作业的压覆范围补偿有关问题的处置》，载《四川水泥》2018 年第 8 期，第 290 页。

石或者爆破作业；二是对建设项目周边采矿、采石或者爆破作业的压覆范围补偿问题。针对第一个问题，爆破引发飞石或其他固体物侵入到铁路线路内，是对运营安全构成最直接的危害。[1]所以，要对此进行安全评估。由于安全评估问题专业性比较强，且至今尚未有统一的安全标准，因此，铁路运输企业可以委托给专业机构对铁路沿线爆破作业进行安全评估。对于第二个问题，地方政府作为征地拆迁实施主体，压覆矿的补偿等有关工作必须坚持在地方政府的组织下实施，根据补偿标准，双方协商补偿数额。铁路建设项目压覆矿权利补偿的同时也涉及土地征地补偿，所以压覆矿等处置的评估补偿政策可借鉴征地补偿，建立压覆采矿、采石的"征矿"补偿机制和政策，采取协商方式，履行评估程序，制定补偿标准，核算补偿费用，对原矿业权人分类进行补偿。同时，国家还应出台相关财税优惠政策。[2]在依法合规实施补偿的同时，铁路运输企业需协调和督促地方矿产、安全等相关部门，严格按照有关法律法规，严管铁路沿线有关爆破作业，从源头杜绝可能危及铁路安全的危险源。[3]其次，明确报批程序。铁路安全事关重大，每一步都至关重要。因此，在此过程中必须发挥程序的价值，把握好每一个关卡。最后，要加强安全评估的试验研究，尽早形成一个统一的安全评估标准。

4. 进一步完善法律法规与补偿机制，紧紧依靠地方政府，加强组织领导工作，充分考虑征地拆迁对象的合法权益，做深入细致的宣传解释工作，依法进行铁路建设的征地拆迁工作。[4]其一，进一步完善法律法规与补偿机制。迄今为止，国家颁布了《土地管理法》《土地管理法实施条例》等法律法规，但在拆迁补偿方面仍然缺乏细致化的规定，因此，立法上应当进一步明确拆迁补偿的标准，杜绝钉子户漫天要价。大部分情况下，钉子户漫天要价的主

---

〔1〕 参见汤霞：《铁路沿线爆破作业对铁路设施和列车运营的安全影响评价》，载《中国水运》2014 年第 11 期，第 269~270 页。

〔2〕 参见雷岩等：《刍议建设项目压覆矿产资源处置》，载《中国国土资源经济》2016 年第 10 期，第 36 页。

〔3〕 参见赵朗：《浅谈铁路建设项目周边采矿、采石等爆破作业的压覆范围补偿有关问题的处置》，载《四川水泥》2018 年第 8 期，第 290 页。

〔4〕 参见马志国等：《铁路建设项目征地拆迁实施分析及对策建议》，载《中国铁路》2022 年第 10 期，第 44-47 页。

要原因是因为拆迁补偿的不合理。在拆迁补偿方面，拆迁双方普遍难以达成一致，僵持不下的最终结局则是导致矛盾和冲突的激化。在立法上应进一步完善法律法规与补偿机制，明确拆迁补偿的标准。[1]其二，紧紧依靠地方政府，加强组织领导工作。铁路建设过程中解决沿线居民阻碍施工难题，要求在进行拆迁工作时必须重视政府所起到的关键作用，应当紧紧依靠地方政府。当前新建铁路项目征地拆迁工作基本采用地方政府包干模式。[2]《土地管理法》《土地管理法实施条例》等法律法规中明确规定，征地拆迁、补偿、安置方案均需报经当地人民政府批准后，由市、县人民政府土地行政主管部门组织实施。对补偿有争议的，由县级以上人民政府协调，协调不成的，由批准征用土地的人民政府裁决。不难看出，在征地拆迁补偿过程中，政府的主导作用属于重中之重。与此同时，政府必须加强组织领导工作，在铁路建设单位和施工企业中搭建沟通桥梁，明确各自职责范围，依法合理确定所涉土地、青苗、树木的补偿款。其三，充分考虑征地拆迁对象的合法权益。合理确定钉子户的权利范围，禁止权利滥用应当在征地拆迁中受到重视。铁路施工前需要征地，涉及土地、青苗、树木的补偿问题，农民成了拆迁的主要对象群体。铁路建设单位或者施工企业应当在协助地方政府征地拆迁中，应精准丈量、评估被征用的土地、房屋或者其他财产，避免误量、错量，损害当事人的合法权益。其四，做深入细致的宣传解释工作。在征地拆迁之前必须召开动员大会，向被拆迁村（居委会）组和拆迁户宣传建设项目的重要性以及此项目对当地经济发展的意义；组织征地拆迁范围内的村（居委会）组党员和干部进行法律法规的学习，以及有关政策的宣传解释，以发挥他们的辐射与带头作用；采用多种形式搞好宣传解释工作，可印制一些图画宣传手册，重点说明征地拆迁补偿与安置的政策、标准、好处、操作程序，让群众更直观地了解征地拆迁工作情况，有利于消除他们对拆迁的顾虑；在确保相关工作人员完成了学习培训后，逐步深入征地拆迁对象家中结交朋友，进行感情沟

---

〔1〕 参见林沙等：《钉子户权益的保护与掣肘》，载《商业文化》2011 年第 8 期，第 21 页。

〔2〕 参见马志国等：《铁路建设项目征地拆迁实施分析及对策建议》，载《中国铁路》2022 年第 10 期，第 44 页。

通和释疑解惑，了解和帮助解决群众的实际困难，并一户一户面对面地做群众的思想工作。其五，依法进行征地拆迁工作，规范拆迁程序。一是要确立先补后拆的规定。二是规范拆迁方取得开发资格的行政许可程序。政府主管部门先以公共利益需要将土地使用权收归国有，再经过竞标拍卖以及行政许可方式将拆迁权土地使用权转让给开发商，最后以土地使用权转让费用中的部分或全部给予被拆迁户合理补偿。而在拆迁整个过程中，被拆迁居民应享有知情权、参与权、陈述申辩权和听证权。[1]

（三）关于铁路运输中的法律对策

1. 完善法律法规，落实具体有效的工作机制。良法是善治之前提，法律规范具有重要的指引、预测和评价作用。为了保障铁路高质量发展以及人民群众的生命财产安全，在现有法律规范的基础上，要树立起高铁安全法治保障观念，以法治来保障高铁安全，[2]进一步贯彻落实《关于加强铁路沿线安全环境治理工作的意见》，坚持人民至上、生命至上，不断健全法治体系，完善法规制度及其相关机制建设。

在完善有关法律法规的基础上，一方面要将"双段长"工作机制落到实处，另一方面要强调和保障各部门联动的工作机制。地方人民政府分管负责同志和铁路运输企业主管领导牵头负责的"双段长"工作机制对于铁路运输安全具有重要的保障作用。[3]地方人民政府与铁路运输企业之间的有效沟通与合作，为铁路运输中安全问题的预防、发现提供了良好的基础，利于解决问题、改进工作方法，让铁路运输安全吃下"定心丸"。而且，在《铁路法》《铁路安全管理条例》等现有规定中强调和保障各部门联动的工作机制。针对目前仍存在的地方政府职能部门、公安机关、综治护路部门、铁路监管部门、铁路运输企业等分工不明确、职责不清晰、责任不落实等问题，[4]要在立法

---

〔1〕 参见林沙等：《钉子户权益的保护与掣肘》，载《商业文化》2011 年第 8 期，第 20 页。

〔2〕 参见曾明生：《高铁公共安全法治保障研究的现状、原因及对策》，载《河南警察学院学报》2021 年第 6 期，第 124 页。

〔3〕 参见《〈关于加强铁路沿线安全环境治理工作的意见〉解读》，载 https://www.nra.gov.cn/xxgk/gkml/ztjg/gfzd/zcjd/202204/t20220405_280620.shtml，最后访问日期：2023 年 7 月 19 日。

〔4〕 参见张加奇：《铁路外部环境安全隐患治理对策》，载《中国铁路》2020 年第 2 期，第 67 页。

中明确各部门分工、细化责任，保证地方政府、公安机关、综治护路部门及铁路监管部门与运输企业能够厘清各自职责范围，实现高效合作沟通，从而彻底整治铁路运输中的相关安全隐患，防止资源浪费、治标不治本的现象出现。例如，在解决沿线居民侵占铁路用地的问题上，地方政府部门和铁路运输企业需要合理划定铁路用地，明确并公开相关物件所有权归属，纠纷出现时便于公安机关调查取证，帮助化解沿线居民之间以及沿线居民与政府部门、铁路运输企业之间的矛盾。在解决损坏铁路设施的问题上，地方政府部门需要与综合护路部门以及铁路监管部门通力合作，依法使用新兴技术与手段锁定铁路设施破坏者，同时协商制定合理且有效的赔偿方式，实现有错必纠的同时缓解政府修复设施的巨大压力。在各部门联动的工作机制方面，可以重点从以下几点开展工作。

其一，开展常态化巡线护路工作，完善护路联防和协同治理工作机制。铁路运输企业和地方政府部门要组织护路队伍对重点线路进行常态化的巡线护路工作，对沿线居民占用构筑物对外出租、占用铁路用地种植经济作物、在桥下堆放地材、停放汽车、在铁路沿线进行开荒、种植及可能威胁铁路运输安全的自然灾害等安全隐患进行重点排查，联合地方政府对排查的安全隐患进行妥善处理，做到早发现、早治理、早消除。发现沿线居民占用构筑物对外出租以及沿线居民在桥下堆放地材、停放汽车等行为的，要联合地方公安部门及时调查取证、固定证据，追究相关责任人的法律责任。对于难以处置的要主动报告，及时解决重点难点问题。同时将铁路沿线安全环境治理工作纳入城市运行管理服务平台等协同监管，促进监管政策、措施、力量、资源有效融合。[1]运用督促检查强化责任落实，压实各方责任、团结协作、攻坚克难，落实各项任务，确保治理工作取得实效。

其二，有效识别重点高风险运输路段，以科技为支撑，建立铁路安全隐患数据库，精准防控。铁路运输企业在进行铁路安全隐患排查时需要更加精准，收集各铁路运输路线的主要风险点，结合周边地理环境、经济状况、人

---

[1] 参见《国务院办公厅转发交通运输部等单位关于加强铁路沿线安全环境治理工作意见的通知》，载《中华人民共和国国务院公报》2021年第17号。

口数量等因素识别高风险运输路段，进行重点排查。运用视频检测技术，在铁路设施易毁损以及风险发生率高路段安装监控设备，进行全天候检测，发现沿线居民占用构筑物对外出租，在桥下堆放地材、停放汽车、占用铁路用地种植经济作物等行为的，及时调查取证，将相关证据移交当地公安部门，追究行为人的法律责任。建立铁路安全隐患数据库，将风险发生率高的地点纳入铁路安全隐患数据库，对安全隐患的类型、发生的原因、危害后果等邀请铁路专家进行分析、研判。降低重点地区铁路隐患发生率，将铁路运输安全隐患扼杀在萌芽状态。

其三，要加强舆论宣传，增强沿线居民的护路意识。我国铁路运输线路长、地理环境复杂、各地区居民文化水平差异大，铁路沿线地区居民存在铁路运输安全意识差、法律意识淡薄等情况。铁路监管部门、铁路运输企业要开展铁路沿线普法宣传活动，普及侵占铁路用地、利用铁路用地进行种植生产活动的危害性以及法律后果。在易发生居民侵占铁路用地进行生产生活影响铁路安全的地区设置警示牌、宣传标语，普及护路知识。要开展安全宣传进企业、进农村、进社区、进学校、进家庭工作，会同有关方面充分利用车站、政府网站、电视广播、报刊、新媒体等媒介，主动宣传保护铁路沿线安全环境相关法规、政策等知识，加强爱路护路教育，不断提升全社会共同改善铁路沿线安全环境的意识，营造良好舆论氛围。[1]

2. 促进执法规范化建设、进一步推进落实法律监督。执法和法律监督相辅相成，是全面推进依法治国、建设社会主义法治国家、坚持以人民为中心的重要环节，同时也是解决铁路运输过程中重难点问题以及保障铁路运输安全的基本要求。

首先，促进执法规范化建设。国家铁路局印发了《国家铁路局铁路行政处罚裁量权基准》（以下简称《基准》），《基准》中主要规定了铁路行使行政处罚裁量权的基本原则、适用范围、裁量等级等，其中要求铁路监管部门应当严格遵守依法裁量原则、过罚相当原则、公平公正原则、正当程序原则、

---

〔1〕 参见《国务院办公厅转发交通运输部等单位关于加强铁路沿线安全环境治理工作意见的通知》，载《中华人民共和国国务院公报》2021 年第 17 号。

处罚与教育相结合原则以及综合裁量原则。[1]该六项基本原则一方面有利于限制执法权的范围，防止权力滥用、维护社会公平正义，另一方面有利于权力主体合理地发挥作用，对侵害铁路运输安全的主体作出对应的行政处罚。因此应当学习并落实该《基准》的精神与内容。例如，针对沿线居民在桥下堆放地材、停放汽车等行为，现有法律对上述行为的处罚金额低以致难起到威慑作用，相关执法主体完全可以在《基准》的范围内，合理认定行为的违法程度，设定梯度处罚，对严重的违法行为适度提高处罚金额，从而达到较为理想的威慑与教育作用。只有执法权在法律的框架内被健康地行使，具体的法律规定才能得到有效的落实，法律规范下的社会生活才能有序进行。因此，需要加强执法的规范化建设，保证执法有力度更有温度，为良好的铁路运输环境创造条件、提供温暖。其次，落实法律监督。切实增强监管能力，加大对影响铁路沿线安全行为的处罚力度，形成上下联动、横向贯通、多方合力的治理工作局面，建立铁路沿线安全环境长效治理机制，消除铁路沿线安全隐患。一方面要促进部门监督与社会监督的相辅相成，积极建立并实行举报机制，横向贯通、多方合力，改善铁路运输的内外部环境。在部门监督中，各部门要建立一个合理、具体可实施的细则，互相沟通与协作，做到有规可依、有规必依，防止权力滥用，造成人心惶惶的局面。同时各部门之间还要互相监督，形成良性的监督环境。在社会监督中，要积极发挥群众与社会媒体的力量，坚持群众路线，努力发现铁路运输中存在的安全隐患，做到预防和治理相结合。举报机制有利于较好地解决铁路沿线居民占用铁路用地种植经济作物、进行桥下作业的行为。有功必奖、有错必纠，积极解决沿线居民的就业和住房环境问题，有利于形成良性的监督氛围，更好地发挥举报机制的作用，消除铁路沿线安全隐患。另一方面要发挥上级对下级的监督和指导作用。上级铁路部门要定期对下级的工作进行检查和评定，以便督促下级的工作，及时发现问题、解决问题。下级也应当主动向上级汇报工作，尤其是要及时向上级报告一些疑难问题，形成上下联动、积极

---

〔1〕 参见《〈国家铁路局铁路行政处罚裁量权基准〉政策解读》，载 https://www.gov.cn/zhengce/202307/content_6890743.htm，最后访问日期：2023 年 7 月 19 日。

主动的工作局面。

3. 坚持公正司法，加大普法力度。司法是维护社会公平正义的最后一道防线，司法公正不仅仅是社会公正的体现，也是全民守法的重要前提。在维护铁路运输安全的过程中，一方面要坚持公正司法，另一方面也要加强普法工作的力度，使司法与守法形成良性互动，助力社会主义法治国家的建设与铁路高质量发展，具体需要注意以下三个方面。

首先，坚持以事实为依据、以法律为准绳。坚持事实清楚、证据确实充分的标准，努力查明和还原事实真相，准确运用法律规定，在事实与法律之间不断探寻以达到内心确信，保证司法的公正。其次，依法合理地认定证据。在铁路企业内部劳动争议等问题中，职工往往在事后被动搜集证据，导致证据不完整，进而难以维护自身权益。在面对铁路企业职工维权难的问题上，司法机关应当严格依据法律法规中对证明责任分配的规定，保护职工的合法权益，帮助其提高工作效率，能够积极排查、发现铁路运输安全隐患。最后还要考虑到普法的重要性。事实上，当职工意识到自身的合法权益能够得到及时有效的保护时，其法律意识也会相应增强，也即当司法公正的阳光照亮每一个人、每一个地方时，全社会的法律意识也会增强。如果拥有全民守法的社会环境，那么司法公正也会得到保障，法律也会得到更大的发展。也就是说，在运用法律处理和化解纠纷时，还需考虑到普法工作的重要性。其中，一要加强校园普法。学生正处于自身人生观、价值观、世界观形成的关键时期，因此有必要将守法以及善于运用法律手段维护自身合法权益的意识传递给他们。尤其在铁路交通发展迅速的今天，乘坐高铁出行已经成为了学生就学、旅游的重要方式，在面对倒卖高铁票、高铁霸座等行为时，具有法律意识不仅可以维护自身合法权益，而且能够打击违法犯罪、维护社会正义。二要加强社区普法。相关部门可以与各社区合作，在住宅区、商业区等放置遵守铁路安全法律法规的标语、宣传片等，利用周末开展铁路法规普法活动以及铁路运输安全的演讲活动，从而调动群众了解铁路安全法治的积极性和主动性。三要充分利用网络媒体进行普法。互联网时代下，各种社交媒体如雨后春笋般出现，抖音、微信、微博等的存在大大减少了信息的传播壁垒，因此，积极利用公众号、抖音号等宣传和普及铁路沿线安全的必要性与重要性，对于铁路运输安全的全面构建有着事半功倍的效用。

4. 更加重视铁路企业管理，加强工会建设，发挥工会在铁路职工维权中的积极作用。首先，要进一步完善铁路企业内部管理规定。铁路单位应当建立健全风险预警机制，风险预警是铁路单位处理和面对风险发生的一种前置措施，合理完善的风险预警机制能够为解决问题提供充分的时间，也能降低铁路沿线事故的发生概率。[1]建立健全风险预警机制要求铁路运输企业充分发挥自身企业优势，定时巡查铁路沿线的情况，及时汇报存在的安全隐患并积极上报地方政府相关部门，合作解决问题。铁路单位还应当制定和完善隐患治理全员参与机制，制定隐患自查自治的正向激励措施、职工群众举报隐患奖励制度。[2]全员参与机制能够调动职工参与隐患治理工作的积极性，隐患自查自治措施能够发挥职工的主动创造性，达到早发现隐患早治理的效果，职工群众举报隐患奖励制度反向推动了职工检查安全隐患的积极程度。隐患治理全员参与机制需要企业定期组织职工经验交流会，以正向激励带动职工主动投入到铁路沿线安全隐患的排查当中。其次，加强落实企业内外的监管规定。一方面，铁路沿线企业要积极接受来自外部的监督，包括但不限于地方政府部门、新闻媒体、群众等，以便提升企业管理能力和对安全隐患的发现与治理能力，提升群众对铁路沿线企业的信任度。另一方面，铁路企业内部监管部门要积极履行自身职能，及时发现企业管理和职工工作中的问题并予以纠正。在此基础之上，铁路监管部门可通过购买服务方式，委托第三方专业的服务机构来承担安全风险分级管控和隐患排查治理的监督抽查、检测、

---

〔1〕 参见《铁路安全风险分级管控和隐患排查治理管理办法》第16条第1款：铁路单位应当建立健全风险预警机制，明确预警条件，推动安全风险监测预警设备应用，对风险点实施监测和预警，及时掌握风险的状态和变化规律，防范事故发生。

〔2〕 参见《铁路安全风险分级管控和隐患排查治理管理办法》第43条第1款：铁路单位应当制定隐患自查自治的正向激励措施、职工群众举报隐患奖励制度、隐患治理全员参与机制，鼓励、发动从业人员主动参与排查和消除隐患或不安全因素。

评估和技术咨询服务。[1]再次，铁路企业应当建立专业的人才队伍。铁路运输安全涉及民商法、行政法、刑事法等各个法领域，也涉及人工智能、自动化系统等各方面，尤其是铁路反恐问题同样涉及涉铁恐怖活动犯罪的综合治理问题，因此需要众多学科研究人员的合作研究。[2]一支专业性强的人才队伍能为安全隐患的发现与治理提供智力支持。保证专业的人做专业的事，有利于提高排查安全隐患的效率，更快更好地解决现存的纠纷与难题。最后，企业应当重视内部的普法工作，增强职工的法律意识。相关部门应当定期组织铁路安全法律法规的学习交流会，邀请专家分享理论前沿，更好地将理论与实践结合起来。同时，向职工宣传维权意识，在工作的同时能够保障职工的合法权益。企业管理对于铁路运输安全治理有至关重要的作用，是企业与外部通力协作、互相交流的重点。

5. 在第三人侵权方面，在侵权人明确的情况下，应当由第三人直接承担赔偿责任，减少诉累。实践中面对第三人侵权的情况时，往往由被侵权人通过铁路旅客运输合同向承运人先进行求偿，而后承运人再向侵权人追偿。但是这种现象可能会加重当事人的诉累，增加司法负担。实践中大多情况下承运人先行承担责任的基础是严格责任，但是严格责任并非无过错责任。无过错责任强调只要行为人造成了损害后果就应当承担相应责任而不问其主观是否具有过错，并无免责事由。严格责任强调行为人的行为与损害结果之间必须具有因果关系，同时，行为人具有抗辩事由，这一点不同于无过错责任。因此，一味要求承运人先行承担责任事实上具有侵犯承运人抗辩权的嫌疑，也即在面对第三人侵权时，如果承运人具有免责事由，则应由侵权的第三人直接承担赔偿责任。一方面有利于更好地维护被侵权人的利益，另一方面也能减少司法资源的浪费，提高司法效率。

6. 在人身损害案件中，应采用限额赔偿制度。一方面，如果一味地要求

---

[1] 参见《铁路安全风险分级管控和隐患排查治理管理办法》第58条：铁路监管部门可通过购买服务方式，委托第三方服务机构承担安全风险分级管控和隐患排查治理的监督抽查、检测、评估和技术咨询服务。
[2] 参见曾明生：《高铁公共安全法治保障研究的现状、原因及对策》，载《河南警察学院学报》2021年第6期，第127页。

铁路企业承担绝大部分的赔偿会导致铁路企业的运营能力及安全监管积极性下降。另一方面，一刀切式的责任承担比例也不利于查明真相，促进司法公信力的提升，甚至会助长不良风气的产生。对此，应当确定承运人承担违约责任的依据及相应的责任大小，采取限额赔偿制度。若责任人对给他人造成的重大损失，既非出于故意也不存在重大过失，则仅在法律规定的限额内承担相应责任，[1]由此平衡高危作业者与受害人的利益。而且，在赔偿比例方面应当形成统一、明确的标准，建立我国铁路旅客人身损害限额赔偿标准和计算体系[2]。在"中国铁路哈尔滨局集团有限公司与孟宪泽铁路运输人身损害责任纠纷"一案中，二审法院综合考虑案件实际情况，确定中铁哈尔滨局集团应承担 80% 的事故责任，孟宪泽应承担 20% 的事故责任。[3]在"潘伟红与中国铁路兰州局集团有限公司铁路运输人身损害责任纠纷"一案中，一审法院根据案件事实及双方的过错程度，酌情认定，被告承担本次事故 70% 的赔偿责任，原告承担本次事故 30% 的赔偿责任。[4]在"肖君和与中国铁路昆明局集团有限公司昆明客运段铁路运输人身损害责任纠纷"一案中，二审法院认定昆明铁路局集团有限公司昆明客运段对损害后果承担 70% 的责任，肖君和承担 30% 的责任。[5]由此可见，法院在判决过程中对赔偿比例的认定不一致，因此需要在赔偿比例方面确定一个较为明晰的标准，以推动铁路运输过程中产生的人身损害纠纷得到更好地解决。例如在《铁路法》中确立适当的计算标准，并由国务院铁路主管部门根据该标准确定赔偿限额范围。[6]还有，应当探讨建立铁路运输强制保险制度。铁路运输具有高度危险性，电梯、扶梯、站台等场所经常发生旅客人身伤害事故。尽管铁路方已采取安全措施

---

〔1〕 参见汪东丽：《我国铁路限额赔偿制度的演进与重构》，载《中国海洋大学学报（社会科学版）》2017 年第 3 期，第 84 页。

〔2〕 参见邹开亮、陈西西：《铁路旅客人身损害限额赔偿制度的重构——以〈民法典〉的实施为背景》，载《宜宾学院学报》2022 年第 7 期，第 35 页。

〔3〕 参见哈尔滨铁路运输中级法院（2018）黑 71 民终 11 号民事判决书。

〔4〕 参见银川铁路运输法院（2018）宁 8601 民初 9 号民事判决书。

〔5〕 参见成都铁路运输中级法院（2019）川 71 民终 18 号民事判决书。

〔6〕 参见邹开亮、陈西西：《铁路旅客人身损害限额赔偿制度的重构——以〈民法典〉的实施为背景》，载《宜宾学院学报》2022 年第 7 期，第 35 页。

并尽到警示义务，但仍然不能杜绝事故的发生。旅客安全是铁路运输中最重要、最基本的任务。铁路运输的高危性和设备设施的现状，以及自然风险、不可抗力、人为破坏、意外事故等因素的大量存在，铁路运输的安全风险仍居高不下，纵然铁路运输企业精心防范，旅客人身伤害之事故发生数量仍然较多。从历史数据看，铁路运输中发生的旅客人身伤亡事故数量多，并且危险程度不亚于道路交通事故。我国《机动车交通事故责任强制保险条例》规定机动车的所有人或者管理人必须缴纳"交强险"。"交强险"制度的建立为公路运输提供巨大的保障。从我国现实国情来看，铁路运输强制保险制度同样有其必要性。是否建立铁路运输强制保险制度，是近几年争论的焦点，但从总体上来说仍是利大于弊。此外，可以建立铁路运输旅客人身损害救助基金。当旅客遭受人身损害无法从铁路运输企业或保险公司获得足够的赔偿时，可以申请铁路运输旅客人身损害救助基金，以弥补自身的损失，这也体现了铁路运输的人文关怀，在适当减轻铁路运输企业法律责任的同时，能够有效化解铁路运输人身损害纠纷，维护铁路运输秩序。

（四）关于铁路法院审判工作中的法律对策

1. 在案件管辖方面

江西、福建两省对涉铁案件的理解不同，导致两省涉铁案件受理范围不同。因此应当进一步明确铁路运输法院的管辖范围。

（1）明确铁路运输法院的专属管辖范围。2012年7月17日最高人民法院公布了《最高人民法院关于铁路运输法院案件管辖范围的若干规定》，其中第1条第1款明确铁路运输法院受理同级铁路运输检察院依法提起公诉的刑事案件；第3条明确了铁路运输法院专属管辖的11类民事纠纷案件。以福州铁路运输法院为例，其刑事审判主要是办理福建省境内福州、厦门铁路公安处和福州铁路运输检察院提起公诉的各类刑事案件；民事审判主要是办理福建省境内铁路修建、管理和运输过程中发生的合同纠纷、与铁路运输有关的侵权纠纷案件。[1]

---

〔1〕 参见《福州铁路运输法院简介》，载 http://fj.fztlfycourt.gov.cn/article/detail/2014/07/id/1329316.shtml，最后访问日期：2023年7月10日。

（2）明确铁路运输法院的指定管辖范围。《最高人民法院关于铁路运输法院案件管辖范围的若干规定》第 5 条和第 6 条规定，省、自治区、直辖市高级人民法院可以指定辖区内的铁路运输基层法院受理本规定第 3 条以外的其他第一审民事案件，在报最高人民法院批准后实施。由此可知，铁路运输法院可以管辖除涉铁案件以外的其他类型的案件。例如，2017 年发布的《江西省高级人民法院关于南昌铁路运输中级法院、南昌铁路运输法院跨行政区划管辖南昌、新余、鹰潭市行政案件的公告》明确了南昌铁路运输两级法院管辖行政案件的范围。2019 年发布《福建省高级人民法院关于深化行政案件跨行政区域管辖改革的公告》，列举了指定福州铁路运输法院受理以福州地区（含平潭综合实验区）市、县级政府为被告的行政强制、行政复议等七类一审行政案件类型，[1] 同时明确当事人对福州铁路运输法院作出的行政判决、裁定提起上诉的案件，由福州市中级人民法院审理。[2]

（3）对铁路修建合同纠纷案件管辖的思考铁路修建合同纠纷既涉及建设工程纠纷专属管辖，又涉及铁路运输法院与地方法院的管辖划分，同时由于铁路施工可能横跨多个司法管辖区域，其管辖问题应当予以厘清。

《最高人民法院关于铁路运输法院案件管辖范围的若干规定》第 3 条第（六）项明确"与铁路及其附属设施的建设施工有关的合同纠纷"由铁路运输法院管辖。2015 年 2 月 4 日施行的《最高人民法院关于适用〈中华人民共和国民事诉讼法〉的解释》（以下简称 2015 年《民事诉讼法解释》）第 28 条第 2 款规定了建设工程施工合同纠纷由不动产所在地人民法院管辖。2015 年《民事诉讼法解释》施行前，铁路修建合同纠纷案件依照《最高人民法院关于铁路运输法院案件管辖范围的若干规定》的规定，由铁路运输法院管辖。而 2015 年《民事诉讼法解释》施行后，铁路修建合同纠纷是否能适用建设工程施工合同纠纷案件的不动产案件管辖规则、是否仍然属于由铁路运输法院专门管辖案件等问题缺乏明确的规定。在司法实践中，此类案件由施工行为

---

〔1〕 参见《福州铁路运输法院扎实推进行政案件跨区域管辖改革》，载《福建法治报》2023 年 4 月 8 日。

〔2〕 参见《福建省高级人民法院关于深化行政案件跨行政区域管辖改革的公告》，载 http://fz-jafy.fzjacourt.gov.cn/article/detail/2019/12/id/4702665.shtml，最后访问日期：2023 年 7 月 10 日。

地人民法院受理的情形也时常发生，其理由及依据是铁路修建合同纠纷案件属于建设工程施工合同纠纷，应适用不动产案件专属管辖规则，由不动产所在地人民法院管辖。

铁路修建合同纠纷的管辖出现上述争议性问题的原因，不仅包括司法解释之间规定的不明确，也包括铁路运输法院与地方人民法院职能定位的模糊性。综合分析涉及此类案件管辖的司法解释规定，应确定如下规则：首先明确此类案件由铁路运输法院专门管辖，再按照不动产纠纷案件专属管辖规则在铁路运输法院间确定具体的管辖法院。理由如下：[1]

第一，建设工程施工合同纠纷、铁路修建合同纠纷同为建设工程合同纠纷项下的案由，2015 年《民事诉讼法解释》将前者确立适用不动产纠纷专属管辖规则确定管辖法院，但铁路修建合同纠纷属于铁路运输法院专门管辖的涉及铁路建设的建设工程施工合同纠纷，考虑到便利当事人诉讼、便利案件审理的因素，由不动产所在地的铁路运输法院专门管辖不仅有利于法院对建筑工程造价评估、质量鉴定、执行拍卖及案件后期的执行，还有利于统一裁判尺度。

第二，2015 年《民事诉讼法解释》第 28 条第 2 款的规定可视为规范不动产案件专属管辖的一般规定，《最高人民法院关于铁路运输法院案件管辖范围的若干规定》第 3 条第（六）项的规定则属于涉铁建设工程施工合同纠纷的特殊规定。铁路运输法院与地方人民法院关于此类案件管辖问题的争议应当优先适用《最高人民法院关于铁路运输法院案件管辖范围的若干规定》，在确定属于铁路运输法院管辖的基础上，再进一步明确具体的管辖法院。

2. 在案件管理系统方面

《人民法院第五个五年改革纲要（2019—2023）》将"构建中国特色社会主义现代化智慧法院应用体系"作为本轮司法改革的总体目标之一，全流程无纸化办案通过技术手段实现了司法的规范化运行，提高了诉讼效率，增

---

〔1〕 参见义义：《对于涉及铁路建设施工工程合同纠纷案件管辖的思考》，载 http://xjfy.xjcourt. gov.cn/article/detail/2015/08/id/4665778.shtml，最后访问日期：2023 年 7 月 16 日。

强了当事人的司法获得感，是智慧法院建设的重要载体和抓手。[1]由于江西、福建两省的法院内网系统不对接，导致福州铁路运输法院与南铁两级法院难以及时、有效沟通案件，影响了办案效率。对此，两级三院应加强沟通，及时交流案件审理情况，各级法院在注重本地信息技术标准化建设的同时，也要重视当前或未来与其他各个法院系统之间的兼容性，为全国法院之间的数据交换和信息共享预留空间。

（1）建立制度化、常态化的案件信息交换机制。一是建立专门的案件联络渠道，安排专门的案件联络人。两级三院应该设立专门的联络渠道，以便双方进行及时的沟通和信息交流，节省时间和成本，提高工作效率。安排专门的案件联络人，作为双方沟通的桥梁，负责协调双方的案件对接和工作安排。二是定期交流案件审理情况。两级法院应该定期组织会议，交流案件审理情况和执行进展情况，及时向对方通报案件的重要进展，共同商讨解决方案，促进案件审判、执行规范化。三是建立信息共享平台。两级三院之间应该建立信息共享平台，共享案件信息、司法经验、法律法规等内容，方便双方进行信息交流和共同学习。同时加强信息安全保障，确保案件信息的安全和保密。

（2）优化本地信息技术标准化建设，实现两省法院内网系统对接。两级三院应合理规划本地信息技术发展，同时注重与其他法院的信息技术兼容性。在信息技术标准的基础上，建立数据交换和信息共享的规范，为全国法院之间的数据交换和信息共享预留空间，提高案件管理系统的兼容性和可操作性，为涉铁案件多元化解机制提供保障。

（3）建立完善的电子档案管理体系。随着无纸化办案办公模式的走深走实，两级三院应加强电子档案管理的规范化建设，建立电子档案管理流程和标准，深化电子档案资源的开发和利用。通过以电子档案为主、纸质档案为辅的管理模式，提高案件管理的效率和公正性，有利于解决因法院内网系统不一致导致的监管盲点问题。

---

〔1〕 参见娄必县、崔明莉：《智慧法院视野下全流程无纸化办案的反思与完善》，载《重庆理工大学学报（社会科学）》2023年第3期，第152~153页。

3. 在业务指导方面

南昌铁路运输中级法院应当坚持问题导向，对南昌铁路运输法院、福州铁路运输法院在审判过程中出现的问题给予精准指导，强化系统治理。南昌铁路运输两级法院与福州铁路运输法院分别位于江西省和福建省，跨省交流的不便利对必要的业务交流造成了一定的困难。因此，应当通过信息互通、案件会商、联动调研等方式共享信息、交流案件审理经验，实现共商共治，推动矛盾纠纷的有效化解，助力构建和谐社会。

（1）建立信息互通制度。

一是，建议三方互设联络员。南昌铁路两级运输法院与福州铁路运输法院各自确定一至两名联络员，负责收集、整理本院有关案件审理过程中的信息资料，调查、了解本院在案件审理过程中的常见问题和重大疑难问题，及时进行反映、沟通并提出建议措施以解决问题，建立常态化、制度化、实时化的交流机制，为信息畅通协调高效的工作运行奠定基础。[1]

二是，搭建信息共享平台。南昌铁路两级运输法院与福州铁路运输法院可以共同建立涉铁案件信息交流平台，实施联络员负责制，及时展开信息对接，提供案件线索，随时跟进案卷移送、执行等工作的进度，全面掌握案件有关情况的同时大幅提高工作效率。

（2）建立案件会商协同制度。三方应当着力研究会签案件会商协同会议的实施细则，推动案件会商协同制度的具体落实。

首先，明确案件会商协同会议的召开。既可以是上级法院根据下级法院的审判业务情况，主动召开案件会商协同会议，充分发挥上级法院对下级法院的指挥、协调和指导作用。也可以是下级法院针对本院在案件审理中所遇到的疑难问题申请召开案件会商协同会议。

其次，明确案件会商协同会议的内容。南昌铁路两级运输法院与福州铁路运输法院开展案件会商协同会议应当重点研讨并解决涉铁案件审理过程中遇到的各种问题。既要抓住理论热点，研究涉铁案件中战略性和全局性的问

题，充分发挥理论的作用，将理论运用于实践，指导工作，聚焦重点，把握关键，以重点工作的突破带动整体工作的全面提升；又要抓住各自的业务结合点，研究各项业务工作的内在联系，协调解决涉铁案件中的共性问题，努力形成整体合力以最大限度地提升审判质效；还要抓住工作难点，针对涉铁案件中的管辖权争议、法律适用标准的分歧等难点问题，着力研究破解的具体途径，将消极因素转化为积极因素。[1]

（3）加强联动调研。2023 年 3 月 19 日，中共中央办公厅印发了《关于在全党大兴调查研究的工作方案》，明确指出"必须坚持问题导向，增强问题意识，敢于正视问题、善于发现问题，以解决问题为根本目的，真正把情况摸清、把问题找准、把对策提实，不断提出真正解决问题的新思路新办法。"围绕"全面依法治国中的重大问题，完善中国特色社会主义法律体系、推进依法行政、严格公正司法、建设法治社会等主要情况和重点问题"突出重点、直击要害，结合实际确定调研内容。

针对涉铁案件中出现的新情况新问题，南昌铁路两级运输法院与福州铁路运输法院应当做好破解复杂难题的对策性调研、新时代新情况的前瞻性调研、典型案例的解剖式调研等，兼顾横向与纵向的协调联动，联合开展铁路领域违法犯罪专项治理行动，持续加强调查研究工作，进行现场走访，做好问题检视整改，制定对策措施，将调研成果运用转化到审判工作当中，推动重点、难点问题的有效治理和解决，不断破解涉铁案件审理过程中的矛盾和问题。

4. 在人才培养方面

涉铁案件呈现高度专业化特点，铁路法院应加强涉铁案件审判团队配置，充实年轻干警进入审判团队。

（1）加强涉铁案件审判团队的配置。近年来，涉铁民商事案件数量不断增长，涉铁刑事案件数量平稳且占比较小。铁路法院应该根据涉铁案件的特点和工作需要，加强审判团队的配置。通过增加审判人员数量、调整审判人

〔1〕 参见徐燕平：《行政执法与刑事司法相衔接工作机制研究——兼谈检察机关对行政执法机关移送涉嫌犯罪案件的监督》，载《犯罪研究》2005 年第 2 期，第 53~54 页。

员的结构和职责等方式，充实审判团队的力量，助力涉铁营商环境优化，服务保障铁路高质量发展。针对法院队伍不同类别、不同层次、不同岗位的履职标准和职位特点，按照分类分级、精准施训原则，着眼提高法院队伍专业化职业化水平。[1]

（2）培养涉铁案件审判专业化人才。涉铁案件具有高度专业性，需要铁路领域专业化知识。铁路法院应该注重培养具有涉铁案件专业化知识和技能的人才，例如铁路交通运输、建设施工等方面的专业人才。通过加强人才培训、引进专业人才、走访铁路公司学习等方式，了解铁路领域的最新动态和发展趋势，提高审判人员的专业化水平和理论应用能力。

（3）充实青年干警进入审判团队。青年干警是法院最有活力的群体，身系法院发展重任。抓实建强青年法官队伍，重点在抓业务素质过硬。人民法院面对新时代发展提出的新使命、新要求，必将全面提高审判水平，全力强化司法保障切实转化为大局服务、为人民司法。一是注重司法理念现代化培育。坚定不移树立、毫不犹豫坚持符合审判工作规律的能动司法意识，实施因人施教、个性化培训，开展领导干部上讲台、青年干警微课堂、人民法院大讲堂系列活动，以上讲台促深入学，以争当老师培育业务能手，强化政治理论、业务技能、综合素养的提升。二是注重提高岗位练兵的深度。开展示范庭、优秀裁判文书、典型案例评选系列活动，组织青年干警进行庭审观摩及评选，在观摩学习中寻找突破，在学思践悟中迅速提升。组建青年干警案件评查小组，分析发现审判工作薄弱环节，不断增强专业能力、群众工作能力，不断适应能动司法对法官素质能力提出的更高要求。三是注重提升岗位练兵的高度。借助审判委员会、专业委员会，法官助理列席旁听案件讨论和点评，提升青年干警系统思维、广阔视野、业务水平。制定调查研究工作方案，成立青年课题调研组，不断提升理论研究能力。四是注重延伸岗位练兵的广度。完善内部轮岗制度，法官助理在参加入额遴选之前，要经历多庭室、多岗位锻炼，以此培养复合型人才，

---

〔1〕 参见马世忠：《大力加强新时代人民法院教育培训工作》，载 https：//www. chinacourt. org/article/detail/2020/09/id/5449827. shtml，最后访问日期：2023 年 7 月 17 日。

实现"业务+"高度融合。[1]广泛推行法官教学、案例教学、现场教学,综合运用讲授式、研讨式、案例式、模拟式、体验式等教学方法,实现教学相长、学学相长。

(4)完善涉铁案件知识管理体系。铁路法院应该完善涉铁案件知识管理体系,包括知识分享、知识传承、知识保护等方面。通过建立知识库和人才智库、组织讲座和研讨会等方式,促进知识的共享和传承,提高审判人员的知识水平和专业化水平。

主要执笔人:
王睿、沈明帅、崔怡凡、查蕊、白佳雪、毛骏豪、肖文斌
(华东交通大学铁路法治研究院)

---

〔1〕 参见刘秋桦:《铸忠诚强担当 抓实建强青年法官队伍》,载 https://www.chinacourt.org/article/detail/2023/05/id/7275842.shtml,最后访问日期:2023 年 7 月 17 日。

《铁道法治研究》征稿启事

《铁道法治研究》（第1卷）（由中国政法大学出版社出版）是由华东交通大学铁路法治研究院主办的以"立足中国，面向世界，推进铁道法治研究，服务社会，服务人民，志在一流"为理念的学术文集，也是国内法学界专门聚焦于铁道法治领域的综合性学术文集。借鉴北大《刑事法评论》的经验，拟每年出版1卷，连续出版系列文集。

《铁道法治研究》坚持正确的舆论导向，主要收录铁道法治领域的新理论、新成果、新实践和新探索，旨在促进国内外铁道法治学术交流，推动国内铁道法治理论积极发展。竭力倡导与建构一种以现实社会关心和终极人文关怀为底蕴的、以促进学科建设与学术成长为目标的、一体化的铁道法治学研究模式。第2卷现面向社会公开征集学术论文，竭诚欢迎海内外法律学人、实务工作者赐稿，特别欢迎紧扣热点形势、见解独到、具有重要学术价值或具有突出实践意义的高质量的铁道法治领域学术论文。

一、征稿方向

《铁道法治研究》以"立足中国，面向世界，推进铁道法治研究，服务社会，服务人民，志在一流"为理念，力求打造开放性的全国一流铁道法治学术交流平台。征稿方向涵盖铁道法治的全领域各方面，主要包括但不限于以下方向的内容：铁道法治基础理论研究、铁路民商经济法治研究、铁路行政法治研究、铁路刑事法治研究、铁道法治一体化专题研究、其他轨道交通法治研究等相关内容。

二、来稿要求

1. 本文集接受的稿件篇幅原则上不少于 1.5 万字，不超过 5 万字。

2. 本文集设置"特稿""铁道法治基础理论""铁路民商经济法治""铁路行政法治""铁路刑事法治""铁道法治专题探究（包括铁路安全法治保障、地铁灾害事故防范等法律问题研究）""域外视野""书评"等栏目，同时根据选题策划灵活设置相关栏目，欢迎作者针对栏目进行投稿。本文集可以接受学术论文、译文、法条评注、案例释评、调研报告等形式的稿件。

3. 来稿请在正文前加列"内容提要"与"关键词"（英文提要、关键词附在文章结尾）。内容提要为文章主要观点之提炼，字数一般控制在 300 字以内；关键词一般为 3 至 5 个。本文集可以接受独著作品与合作作品，不接受在读硕士研究生单独提交的论文（但是与法学博士或者副高以上学者实际合作并且达到质量要求的除外）。

4. 作者应保证对其作品具有著作权并不侵犯其他个人或组织的著作权，来稿须为未经发表的原创作品，即须在同一语言下未事先在任何纸面和电子媒介上发表。

5. 本文集编辑部保留对来稿进行技术性加工处理的权利，文责由作者自负，来稿应严格遵守学术规范，并严禁抄袭、剽窃等侵犯知识产权的情况出现。

6. 本文集对所有收录文章酌付相对丰厚的稿酬，并依法享有版权。凡本文集投稿的稿件，即视为作者同意授权本刊其作品包括但不限于电子版信息网络传播权、无线增值业务权等权利，授权本文集可授予合作单位再使用、授予相关数据库收录之权利，作者前述相关的著作权使用费将由本文集编辑部在本文集稿酬内一次性给付。若作者不同意前述授权的，则请在来稿时书面声明，以便做适当处理；作者未书面声明的，视为同意本文集编辑部的前述安排。

7. 本文集收录载文章的观点仅代表作者个人观点，不代表本编辑部和主办单位的观点。

三、投稿方式

来稿请将文章电子版（word 版本）以电子邮件形式发送至本文集编辑部邮箱：tdfzyj1@126.com。

编辑部采用双向匿名审稿制，审稿期限一般为三个月。逾期未收到编辑部录稿通知的，作者可另行处理稿件。

竭诚欢迎各位法律学人和实务工作者向本文集投稿，感谢您的支持！

华东交通大学铁路法治研究院

《铁道法治研究》编辑部

2023 年 6 月 30 日